現代観光地理学への誘い

Introducing Contemporary Tourism Geographies

観光地を読み解く視座と実践

神田孝治
Koji Kanda
森本 泉
Izumi Morimoto
山本理佳
Rika Yamamoto
編

目　次

第Ⅱ部　観光地を人から読み解く

第Ⅲ部　観光地の新しい潮流を読み解く

第Ⅳ部　隣接領域の視座から観光地を読み解く

序『現代観光地理学への誘い』とは

「観光地を読み解く視座と実践」の理解へ向けて

神田孝治

観光とは空間的な現象である。なぜなら観光は、出発地の空間から目的地の空間への空間的移動を必ずともなっているからである。そのため、空間に注目する地理学において、観光は重要な研究対象である。

地理学において観光研究が盛んになるとともに、理論的かつ学際的な傾向が見られるようになったのは、1990年代に入ってからである。本書はこうした現代の観光地理学の姿を示し、いかなる視座において研究がなされているのか、そして具体的な研究の実践はどのようなものなのかについて論じることを目的としている。また、観光という現象は近代期に誕生しているが、現代の観光はそれとは異なる特徴を有している。こうした、現代の観光にみられる新しい様相の理解を目指すことも、本書の目的である。

このような目的をもつ本書では、観光地理学において主に注目されてきた観光地に焦点をあてることにしたい。観光地とは観光のための場所として社会的に創り上げられた空間である。本書は、こうした観光のための場所を、現代の観光地理学においていかに読み解くことができるのか、またその現代の様相はどのようなものか、ということに関して具体的な事例をもとに論じていくものである。

序章では、現代における観光地理学の特徴について概説し、続いて「観光地を読み解く視座と実践」について記した第Ⅰ部から第Ⅳ部までの章の簡単な紹介を行う。さらに、本書の活用の仕方も記すなかで、『現代観光地理学への誘い』を読む際のガイドの役割を果たすことにしたい。

1．現代における観光地理学

まず、1990年頃までの地理学における観光研究の特徴についてまとめておきたい。鶴田英一は、その頃までの英語圏における観光地理学の研究を、「観光地と観光資源に関する認知及び観光行動に関する研究」、「観光流動の分析」、「観光施設・産業の立地に関する研究」、「観光地の発展に関する研究」、「観光現象の地域に対するインパクトの研究」、「観光資源・景観の評価に関する分析」、「観光地の開発計画・規制などに関する応用研究」に大別している（鶴田 1994）。ここで指摘されたのは、こうした研究が経験主義的もしくは実証主義的方向にとどまっており、理論的・認識論的検討を求める人文地理学の潮流と切り離されているということであった。そして、このような表面的な分析がなされる傾向は日本の観光地理学でも同様であり、人文地理学における理論的な研究と対話する必要性が提起されている（鶴田 1994）。

1990 年代に入るとこうした傾向は大きく変化し、「文化論的転回」と呼ばれる学際的な知的潮流の影響を受けるなかで、地理学の観光研究は活性化している（Jackson 2000）。人文地理学において 1980 年代後半から注目された、文化論的転回といわれる研究の潮流において、文化は、実体として存在するのではなく、社会的に構築されるものと考えられた。こうした観点からすると、観光は重要な研究対象として浮上する。例えば、観光研究の活性化に重要な役割を果たした、J. アーリの「観光客のまなざし」についての考察では、それが社会的に組織化されていることを指摘している（アーリ 1995）。1990 年に発表されたこうした考え方は、まさに文化論的転回以降の地理学における文化認識と連動しており、文化・社会地理学と観光研究を架橋することになったのである。

上述の研究潮流において、政治や経済と文化の関係が重要なポイントとなっていた。政治との関係性については、カルチュラル・スタディーズやポストコロニアル批評、そしてジェンダー研究で主として議論されたものであり、こうした研究は文化の政治学と呼ばれている。この観点からの地理学者の観光研究としては、例えば J. ダンカンと D. グレゴリーが編集した書籍（Duncan & Gregory, eds. 1999）における、紀行文にみられる文化政治に着目した研究がある。また経済的側面については、現代の資本主義社会において、他所と差異化して場所を商品化するために文化が重要な役割を果たしていることから、そうした場所の生産への観光のかかわりなどが、地理学者であるS. ブリトンの1991年に発表された論文で検討されている（ブリトン 1999）。

なお、このような文化に注目した議論は、均質化するグローバリゼーションの一方でローカリゼーションという差異化が進行する資本主義社会の空間性や、権力やアイデンティティの問題における地理的空間の重要性を浮き彫りにした。そのため、文化論的転回は、「空間論的転回」と呼ばれる「空間」に対する注目とも連動することになった。ここでの空間は、座標システムで記述可能なものではなく、社会的な構築物として理解されている。こうしたなかで、地理学の観光研究は、文化論的転回とともに空間論的転回の影響を受けるようになったのである。先に紹介したブリトンの研究は、まさにそうした研究成果だといえる。

ただし、1990年代後半以降には、文化論的転回以降に盛んになった言説や表象の研究から、物質に注目した研究への転換がみられるようになった（森 2009）。こうしたなかで、構造から出来事へ、必然性から偶然性へ、表象・記号から身体・行為へと焦点が移ると同時に、静的なものから動的なものへと主たる関心が変化している。出来事の生成の過程を関係論的に理解することや、動きに注目しながら複雑性を把握することなどが目指されるようになったのである。

このような研究で焦点があてられたものの1つに、移動に関する問題があった。例えば先に紹介したアーリは、1995年発行の著書において、国境や明確な国民的アイデンティティなどが侵蝕されている現代社会において、移動が重要なポイントになっていることを指摘している（アーリ 2003）。そしてアーリは、「移動論的転回」を出現させた重要な研究と位置づける2000年発行の著書において、物質性、身体、ネットワーク、複雑性などについての議論と結びつけつつ、移動に関する考察を深めていく（アーリ 2006）。こうしたなかで、グローバルに移動し、カメラなどの非人間と結びつき独特な移動を行う観光客は、重要な研究対象になっている。観光研究においても、例えば2011年に発行された観光客のまなざしに関する書籍の第3版（アーリ・ラースン 2014）では、移動に特徴づけられた社会の様相に注目しつつ、観光客のまなざしのグローバル化について論じたり、パフォーマンスに焦点をあてた観点から同用語を再考したりしている（神田 2013）。

以上のような状況のなかで、2012 年に発行された観光地理学についての書籍（*The Routledge Handbook of Tourism Geographies*）は、文化論的転回、空間論的転回、移動論的転回といった様々な知的転回の影響を受けるなかで、それまでの観光地理学の議論から脱却して前進する、現代の観光地理学の様相をまとめている（Wilson, ed. 2012）。同書で強調されているのは、学際的な状況において、多様化し、多元化し、進化している観光地理学のあり方である。実際の執筆者も、いわゆる観光地理学者ばかりでなく、文化地理学などの他の領域を専門とする地理学者、そして社会学者などの地理学以外の専門分野の研究者が含まれている。まさに、同書に含まれる章の１つで「geography of tourism」から「geographies of tourism」への転換として論じられたような、新しい観光地理学の姿が生じているのである。

こうした現代の観光地理学のあり方とその関心は、現代の学問、現代の社会、そして現代の観光の様相と密接に連動している。このような状況を広く表現する用語に、「ポストモダン」があるだろう。グローバル化が進展するとともに、工業社会から消費社会・情報社会へと転換するなかで、画一性や分化などを特徴とする近代から、多様性や流動化などを特徴とするポストモダンの時代に移行したことがしばしば論じられている。現代の観光もこうしたポストモダン的な特徴を多分に有しており、現代の観光地理学はその様相を照射するにあたっての重要な視座を提供するのである。

２．観光地を読み解く視座と実践

第Ⅰ部から第Ⅳ部の章・コラムでは、現代の観光地理学における視座に基づきながら、観光地について具体的に読み解いていく。なお、現代の観光地理学にみられる視座を中心に考えた場合、その対象とする時代は現代に限らない。特に文化論的転回にみられる視点は、近代における観光の特徴も浮き彫りにするものであり、対象とする時代はより広範である。一方で現代の観光地の特徴を明らかにすることに力点を置く際には、視座の新規性よりも具体的な様相の描写が中心となる場合もある。「現代の観光地理学」の視座や実践とともに、「現代の観光地」の様相についても論じることを目指した本書においては、具体的な観光地の考察を通じて、全体としてこの両者についての理解が深まるようになっている。以下では、各部の概要を紹介することで、本書の手引きとしたい。

第Ⅰ部「観光地化された空間を読み解く」は、観光地として創り上げられた空間の理解を目指す、本書の基本となるパートである。まず1章「リゾート」は、文化論的転回や空間論的転回の影響を受けた観光地理学の視座、そして近代と現代の観光地の特徴について概説する、本書の基軸となる章である。2章「自然」では、その社会的な生産について論じているが、ここでは特に観光とナショナリズムの関係性についての理解を深めることができる。続く3章は長きにわたって重要な観光対象となっている「聖地」を取り上げ、記号・表象から事物に着目したものまで、現代の観光地理学において重要ないくつもの視座を紹介している。4章の「ヘリテージ」では、イデオロギーとオーセンティシティという現代の観光地理学で注目すべき重要な観点が示されている。5章の「都市」においては、都市景観の特性をふまえたまち歩き観光の実践という、現代観光の興味深いあり方が記されている。

第Ⅱ部「観光地を人から読み解く」は、人に注目した観点から観光地を理解するあり方を示したパートである。まず6章「ツーリスト」では、人に焦点をあてて観光地を考えるうえで最も重要なポイントとなる観光客に注目し、その経験と地域の関係が考察されている。続く7章「ホスピタリティ」では、観光客の受け入れ側に焦点をあて、観光地における多様な歓待のあり方を浮き彫りにしている。8章の「エスニシティ」は、先住・少数民族を対象とした観光の現代的様相が論じられている。オルタナティブツーリズムとの関係性、インスタ映えする被写体となる際の力関係、先住・少数民族の主体性といった、興味深い観点や様相が描かれている。続く9章の「ジェンダー」では、観光について考えるうえで欠くことができない性にかかわる問題を論じている。権力関係に焦点をあてつつ、この章では観光とジェンダーの多元的かつ動的な関係性を読み解いている。10章「ジェネレーション」は、観光について検討するうえで重要な、世代という観点からの考察である。そこでなされるメディアの表象分析や提起されている批判的思考は、現代の観光地理学を特徴づける重要なあり方である。

第Ⅲ部「観光地の新しい潮流を読み解く」は、現代観光の新しい様相に注目したパートである。11 章の「エシックス」では、持続可能な観光などに焦点をあてながら、観光倫理について多角的に検討している。UNWTO が 1999 年に世界観光倫理憲章を定めたように、現代の観光や観光地を考えるうえで、この倫理に関する観点は重要である。12 章で注目する「ダークツーリズム」も、近年の観光を考えるうえでの注目すべきポイントである。死や災害にかかわる場所を訪れるダークツーリズムは、楽しみを前提として考えてきた観光研究の視座を問い直す興味深い現象である。またこうした観光は、文化政治と観光地の関係性を浮き彫りにするという点でも注目される。13 章で論じる「アート」は、現代における観光振興で重要な要素になっている。この章では、地域活性化のツールとして、そして地域を表象する際のデザインとして注目されるアートについて、観光とのかかわりも含めて検討している。また、まさに現代の観光を特徴づけるものとして、14 章で取り扱う「デジタルメディア」がある。この章では、デジタルメディアの影響で生じた新しい観光地を取り上げ、そこを境界が融解したポストモダン的状況や移動に注目した観点から考察している。こうした研究も、現代の観光地理学の 1 つの方向を示しているといえよう。15 章は、グローバルな観光移動が生じさせた「オーバーツーリズム」という、現代の観光地を考えるうえで重要な事象を取り扱っている。最近の COVID-19 による影響を含めた考察は、極めて示唆に富むものとなっている。

第Ⅳ部「近接領域の視座から観光地を読み解く」では、観光地を考察する際の近接領域の視座が論じられている。ポストディシプリナリーないしはトランスディシプリナリーと呼ばれるように、現代では学問分野の境界が崩れていっており、先述のように、こうしたあり方が現代の観光地理学の特徴になっている。本書のこれまでの章も、文化地理学などの他領域を主たる専門とする地理学者によるものが中心であるが、さらに地理学以外の学問分野の知見に目配せすることは、現代の観光地理学においては欠かすことができない。16 章の「観光社会学」は、1990 年代以降の観光研究を牽引した学問分野であり、本章で提起されている視座は現代の観光地理学においても極めて重要である。17 章の「観光人類学」も、現代における観光研究の根幹をなす視座を提起してきた。文化人類学者による観光研究について知ることは、現代の観光地理学者に必須であろう。また 18 章の「観光心理学」、19 章の「観光歴史学」、そして 20 章の「観光計画学」といった、観光地理学の近接領域における研究の視座と知見を学ぶことも重要である。こうしたさまざまな他領域における学術的視座・知見も活用するなかで、現代の観光地理学における研究の進展が図られるのである。

3．『現代観光地理学への誘い』からはじめる知の探究

ここまで、現代における観光地理学の特徴や、各章の内容についての簡単な紹介を行ってきたが、章末にはそれぞれのテーマを補強するコラムも附されている。紙面の都合上内容に言及できなかったが、章に加えてコラムも読み、理解を深めていただきたい。

なお、本章を含め各章は 8 頁、各コラムは 2 頁で構成されている。こうした分量においては、そこで書かれる内容も限定的であり、より深い理解を求めるのであれば、さらなるステップが必要である。まずは、章末に附された「課題」に基づき、各章のポイントを理解し、そこから思考を深める実践を行うとよいであろう。そして、各章末に「文献案内」をつけているので、関心をもった内容に関しては、そこで紹介されている書籍・論文をぜひ読んでいただきたい。そうした学びにあたっては、各章・コラムにある「参考文献」も活用することをおすすめする。

このように本書は、現代における観光地理学や観光地について理解を深めるための「誘い」の書籍なのであり、そこから次なる展開が期待されている。この『現代観光地理学への誘い』を起点とし、さらなる学術的な知の探究に向かっていただけたら幸甚である。

課題

1．（本章から考えてみよう）：現代の観光地理学の特徴について考えてみよう。

2．（調べて考えてみよう）：現代の観光地理学に関連する書籍・論文を読み、その内容から研究の特徴について考えてみよう。

文献案内

1．大橋昭一・橋本和也・遠藤英樹・神田孝治編（2014）『観光学ガイドブック――新しい知的領野への旅立ち』ナカニシヤ出版。

学際的な近年の観光研究の状況、そこでなされる考察のキーワードなどについて、まずは同書で理解するといいであろう。

2．遠藤英樹・橋本和也・神田孝治編（2019）『現代観光学――ツーリズムから「いま」がみえる」新曜社。

現代における観光学の視座がさらに深く探究されているので、こちらもぜひ一読していただきたい。

参考文献

◎アーリ、J.（1995）『観光のまなざし――現代社会におけるレジャーと旅行』加太宏邦訳、法政大学出版局。

◎アーリ、J.（2003）『場所を消費する』吉原直樹・大澤善信監訳、法政大学出版局。

◎アーリ、J.（2006）『社会を越える社会学――移動・環境・シチズンシップ』吉原直樹監訳、法政大学出版局。

◎アーリ、J.・ラースン、J.（2014）『観光のまなざし［増補改訂版］』加太宏邦訳、法政大学出版局。

◎神田孝治（2013）「文化／空間論的転回と観光学」『観光学評論』1-2。

◎鶴田英一（1994）「観光地理学の現状と課題――日本と英語圏の研究の止揚に向けて」『人文地理』46-1。

◎ブリトン、S.（1999）「ツーリズム、資本、場所――ツーリズムの批判的な地理学にむけて」畠中昌教・滝波章弘・小原丈明訳、『空間・社会・地理思想』4。

◎森正人（2009）「言葉と物――英語圏人文地理学における文化論的転回以後の展開」『人文地理』61-1。

◎ Duncan, J. & Gregory, D. (eds.) (1999) *Writes of Passage: Reading Travel Writing*, Routledge.

◎ Jackson, P. (2000) Geography of Tourism. In Johnston, R. J., Gregory, D., Pratt, G. & Watts, M. (eds.), *The Dictionary of Human Geography: Forth edition*, Blackwell.

◎ Wilson, J. (ed.) (2012) *The Routledge Handbook of Tourism Geographies*, Routledge.

第Ⅰ部

観光地化された空間を読み解く

1　リゾート

余暇空間の特徴について考える

神田孝治

我が国においては、古くから、比較的長期間の余暇活動として、農閑期における湯治の習慣や全国からのお伊勢参り等があったが、産業の近代化の過程で農業従事者が減少し、都市化とともに労働者のサラリーマン化が進展するにつれ、まとまった休暇を取ることが困難となってこれらの活動も衰退し、その後は比較的短期間の周遊型や慰安型の観光活動が盛んとなっていった。一方、この間欧米諸国においては、労働者対策として連続休暇制度の整備や一般大衆が低廉に利用できるリゾート地の開発が行われ、仕事中心の日常生活とは別の第２の生活の場として滞在型余暇活動を楽しむライフスタイルが定着することとなった。

総合保養地域整備法が目指したゆとりある国民生活は、こうした欧米諸国においてライフスタイルの一部として定着している滞在型の余暇活動を我が国に普及させ、広く国民の生活にメリハリを利かせて人生にゆとりと潤いを与えることであり、そのための滞在空間が総合保養地域であった。[1)]

これは、リゾート法と呼ばれる1987年に制定された総合保養地域整備法について説明した文章の一部である。ここでの記述は、リゾートとはいかなるものか、そしてその日本および欧米諸国における様相を端的に示している。特に注目すべき点としては、リゾートとは、比較的長期間の滞在型「余暇活動」を行う空間であり、それは欧米諸国において発達したものであるということである。本章では、このリゾートについて、余暇との関係に注目しながら、その空間的な特徴について考えてみたい。

1．余暇時間の誕生とリゾートの発達

余暇とは英語の leisure（レジャー）に相応する語であるが、その意味を辞書で調べると、例えば『広辞苑』では、「自分の自由に使える、あまった時間」（新村編 2018）と記されている。こうした定義にみられるように、余暇について理解するにあたっては、まずは時間に注目することが重要であり、これまで特に労働時間との関係が考察されてきた。

A. コルバンは、18 世後半にはじまる産業革命によって、余暇時間が創造された点について論じている（コルバン 2000）。19 世紀初頭までの西洋社会においては、農民や職人をはじめとする労働者の時間は、強制されることが少ない、偶然の出来事や気晴らしのための中断がなされることもある不連続な時間であった。しかしながらその後、産業革命による工業化の進展の影響で、出来高払いの仕事が時間によって定められた仕事になっていき、労働時間は秩序立てられ、効率と生産性に駆り立てられた時間へと変容していった。そして、このような社会的時間の再配分による労働時間の新しい様相は、一方で自分のための自由時間という余暇時間を明確に創り出していったのである。

ただし、工場制工業の導入は、労働と余暇の時間区分を明確化するとともに、実質的な余暇時間を大幅に減少させることになった。例えばイギリスでは、産業革命以前においては、労働と余暇の時間が混じり合うとともに休日も多かった。農村での仕事は、天候や季節に左右され、労働が季節的・断続的であったために休養日が多く存在しており、家内工業の盛んな地方では、月曜日と火曜日のいずれか、もしくは両日ともがしばしば遊びの日になっていた。それが、19 世紀初期の繊維工場などでは、日曜日以外の年休が大幅に減少し、5 日ないし 12 日になっていたのである（荒井 1989）。

こうした長すぎる労働時間は、イギリスでは 19 世紀半ばから減少していく。1850 年の工場法によって、繊維産業の工場労働者のうち女性と若年者が土曜半休になり、1890 年代にはこの土曜半休がほとんどの産業界に定着していった。また第一次世界大戦中、軍需に応じて長時間労働や日曜労働が常態

化するなかで、1919年には大部分の肉体労働者の労働時間が8時間にまで短縮され、1922年までに多くの企業において3日から12日間の連続有給休暇が労働者に与えられるようになった。1930年代に入ると、労働組合や労働党の要求で、すべての労働者に年次有給休暇を与えるという原則が確立され、1938年に有給休暇法が制定されると、労働組合をもたない低賃金労働者にも1週間の有給休暇が与えられることになった（荒井 1989）。本章冒頭の引用にもあったように、ここで紹介したイギリスをはじめとする欧米諸国において、比較的長期の余暇時間が制度的に確保されていったのである。

この余暇時間の過ごし方としては、イギリスにおいては産業革命による工業化以前から、パブなどにおける飲酒が主なものとなっていた。しかしながら、18世紀にオランダから伝わった蒸留酒のジンが人気を集めたことで、飲酒による酩酊者が増加し、それが社会問題化するなかで1820年代から禁酒運動が開始された。こうしたなかで、工場経営者、行政改革家、禁酒運動家などの一部は、飲酒のような粗野なものではなく、もっと上品で合理的な余暇活動を労働者に与えるべきだと考えるようになった。このように新しい余暇活動が模索されるなかで、人気を集めたものの1つがT.クックが推進したパック旅行であった。禁酒運動家であったクックは、禁酒大会への参加者を運ぶために、1841年にイギリスのレスターからラフバラまでの団体割引鉄道旅行を組織し、大成功を収めた。そしてクックは、この行楽列車を皮切りに、飲酒にかわる健全な余暇活動としての観光旅行を普及していくことになる（荒井 1989）。余暇の定義として「自分の自由に使える、あまった時間」というものを本節冒頭で紹介したが、実際には望ましい「自由」のあり方が社会的に創り出されていき、そうしたなかで観光が注目されたのである。

また、産業革命と連動して、余暇活動を行うための空間であるリゾートが発達することになった。19世紀のイギリスにおける工業都市では、工業化による大気や水の汚染といった環境問題を抱えており、また農村部から多くの労働者が都市に移動したため、住民の増加による住居の過密や不衛生な生活環境が生じていた。そのため、19世紀半ばに鉄道網が整備され、移動のための時間短縮と料金の低価格化が成し遂げられると、工業都市に住まう多くの人々は、都市を逃れて近郊の海浜リゾートに押しかけるようになった（荒井 1989; アーリ 1995）。産業革命によって労働時間が明確化されて余暇時間が誕生したように、都市という労働のための空間が出来上がる一方で、そこと異なるリゾートという余暇空間が創り出されたのである。

2．近代的なリゾートの特徴

ここで、近代的なリゾートの特徴について考えてみたい。1つは、先に都市との対比という点を指摘したように、そこが差異化された空間になっていることである。これについては、J.アーリの「観光客のまなざし」という考えが参考になる（アーリ 1995）。彼は、観光客のまなざしの対象とされるのは、日常との対称性を有する非日常のものであり、通常は労働と明確に対比されるものであって、強烈な楽しみが期待されるものであると指摘している。この概念を提起した書籍でアーリが、事例としてまず海浜リゾートを取り上げているように、都市という日常的な労働の場と対比される、非日常の楽しみが期待される空間がリゾートなのである。

こうした近代リゾートの特徴は、例えば東洋のマンチェスターと呼ばれる大工業都市として成長した大阪と、和歌山県南部の白浜温泉との関係性に明瞭に見て取ることができる。白浜温泉は1919年から土地会社によって開発が進められ、1933年に大阪からの鉄道接続がなされるなかで、まさに大阪を中心とする都市住民のためのリゾートとして創り上げられていた。この白浜温泉は、1933年発行のある旅行案内書で「清浄な空気と太陽の紫外線から遮断され騒音と煤煙の下でビヂネスビヂネスと仕事の重壓の下で働いてゐる人々にとつては真に人生の楽園である」と宣伝されていたように、労働と煤煙の大都市大阪との対比によってその魅力が創り出されており、そこは人生の楽園といわれる場所にもなっていたのである（神田 2001）。

産業革命を通じて本格化した資本主義社会には、生産効率の向上を図るために運輸・通信技術が発達して、空間的な障壁が減衰していくという特徴もある（ハーヴェイ 1999）。すなわち、資本主義社会においては空間が均質化していくのであり、イギリスにおける海浜リゾートの発達、そして日本における白浜温泉の形成といった先述の事例にみられるように、とりわけ鉄道による空間的な障壁の減衰によって、都市からのアクセスが容易になることでリゾートは創り出されたのである。

こうした均質化の傾向としては、対外的な投資と貿易を拡大するための帝国主義の進展を通じて、世界空間が再編されたことも重要である。それによって、実際に旅行できる空間が拡張されると同時に、博覧会、新聞、ラジオなどのメディアによって世界が展示されるなかで、人々の欲望の空間も拡大していったからである。観光現象に関しては、先のクックのパック旅行の展開を象徴的なものとして挙げることができるであろう。クックは、1851年に開催されたロンドン万博へ鉄道を利用した団体旅行で大量の観光客を送り込み、1855年のパリ万博を機に海外旅行を手がけ、その後、イタリア、スイス、アメリカ、中東へと旅行の範囲を広げ、1872年には世界一周旅行を実現している（ブレンドン 1995）。

近代期のリゾートに関していえば、そこが遠方の他所と関係していたことが注目される。例えば白浜温泉の場合は、その計画のベースとなったのは、ドイツ人が植民地化した中国の青島に開発した海水浴場であった。そうして創出された白浜温泉において、当時、洋風のイメージが強調されていたことが認められる。また、帝国主義時代に創造された南国の楽園的なイメージも次第に同温泉に投影されるようになり、1935年頃から「南紀白浜温泉」という呼称が用いられるようになっていく（神田 2001）。グローバルに均質化する動きと連動して、リゾートの差異化の記号も創られていったのである。

このように、リゾートという空間には、差異化と均質化という、資本主義社会における相反する動きの影響を見て取ることができる。この点についてH. ルフェーブルは、資本主義社会において創り出される空間が、もろもろの現存の差異や個別性を縮減し均質化していくとともに、あらゆるものを断片化して差異化をすすめるという、矛盾した特徴を有していることを指摘し、それをとりわけ余暇の空間に見出している（ルフェーブル 2000）。アーリは、観光におけるそのような性質を、半日常や日常化された非日常性として表現している（アーリ 1995）。

3．変容するリゾートのあり方

本章冒頭で、日本においてリゾート法が1987年に制定されたことに触れたが、これは国の承認のもとで都道府県が策定した計画にもとづいてなされる民間事業者を活用したリゾート開発構想であり、42の地域において基本構想が創られ事業が進められた。しかしながら、2003年の政策評価においては、同施策の一定の成果は認められるものの、経済状況の悪化や余暇時間増大に対する見込み違いなどを背景に問題を抱えている事例が多数出ていることが指摘され、「基本構想の抜本的な見直し、特定施設・重点整備地区・基本構想自体の削除や廃止も含めた再検討」が提起されるに至っており[2)]、基本構想地域はその後30にまで減少している（2021年6月現在）。

このように、結果的には成功したとはいいがたいリゾート法であったが、リゾートの発展に陰りがみられるのは日本ばかりではない。例えばアーリは、イギリスの海浜リゾートが、1970年代から1980年代に多くの場所で衰退してしまっている点について論じている（アーリ 1995）。この海浜リゾートの状況について、彼はそこに存在する施設に注目し、桟橋や展望塔といった人間の肉体を非日常的な自然現象と結びつけることを可能としていた構築物が橋・高層ホテル・船・航空機などの新しい施設の前で霞んでしまったこと、遊園地あるいはレジャーランドが海浜以外に立地するテーマパークなどの新しい娯楽施設との競争にさらされたこと、キャンプ場が海浜以外の場所にある人口海浜も供えたレジャー施設に対抗できなかったことなどを指摘している。さらに都市の脱工業化も進むなかで、海浜リゾートが差異化された非日常の場所ではなくなってきているというのである。

こうしたリゾートをとりまく様相について、アーリはポストモダンとの関係でも論じている。ポストモダンについては、D. ライアンによる検討が参考になる（ライアン 1996）。彼の考察をまとめると、啓蒙思想にもとづき理性・進歩といった観念と連動している近代は、社会的には工業社会と結びついたもので、合理性、普遍性、標準化、専門化、分化、固定、安定、永遠などが強調されるものである。一方、1980年代から盛んに議論されることになった、近代的なものを否定するポストモダンは、社会的には消費社会・情報社会と結びついており、強調されるものとして、流動化、多様化、断片化、不確実性、不安定性、不規則性、カオスなどがあることになる。

アーリはこうした特徴が認められるポストモダンについて、観光との関係において、とりわけ「境界の融解」や「脱分化」という観点で論じている。なかでもリゾートの衰退については、海外を中心に海や砂が多くの場所でみられるようになったこと、宿泊施設が都市でもつくられるようになったこと、そしてレジャー施設のようなものがどこにでも発達したことなどから、それまでリゾートの魅力を支えていた境界が融解してしまった点を指摘している（アーリ 1995）。先述のように、空間的な障壁が減衰していくなかで、既存の境界が融解してしまい、リゾートは他の場所との激しい競争環境に置かれるようになったのである。このような、均質化と差異化がともに求められる矛盾した状況のなかで、多くのリゾートはその非日常性が毀損され、場所間競争に敗れていったのであり、その一方で一部のリゾートは、国際レジャーセンターとして多くの観光客を集めるようになったのである（アーリ 1995）。

また、近年の注目される現象として、労働と余暇の新しい関係を提起するワーケーションがある。例えば和歌山県では同語について、「ワーク（仕事）とバケーション（休暇）を掛け合わせた造語で、テレワークを活用することで、リゾート地や温泉地等、普段の職場とは異なる場所で働きながら地域の魅力に触れることのできる取組」[3)]であると説明し、2017 年からその推進に向けた活動を行っているが、かかる焦点のひとつが先に取り上げた南紀白浜温泉となっている。ICT の発達を背景としてはじまったこうした取り組みは、COVID-19 の流行のなかで注目を集めており、リゾートは余暇の空間であるとともに、労働の空間としても認識されつつある。リゾートの位置づけは、社会状況の変化にあわせて変わり続けているのである。

課　題

1．（本章から考えてみよう）：リゾートと余暇、そして観光地の関係性や、これらの様相の変化について考えてみよう。

2．（調べて考えてみよう）：特定のリゾートを取り上げ、その変容について、社会的状況の変化もふまえて考えてみよう。

文献案内

1．コルバン、A.（2000）『レジャーの誕生』渡辺響子訳、藤原書店。

余暇について考えるにあたっては、まず同書を参考にするとよいであろう。

2．アーリ、J.（1995）『観光のまなざし——現代社会におけるレジャーと旅行』加太宏邦訳、法政大学出版局。

観光研究の記念碑的な書籍である同書において、最初に検討されているのが海浜リゾートである。「観光客のまなざし」という観光研究の基本的な考え方を理解するうえでも必読書である。

3．ライアン、D.（1996）『ポストモダニティ』合庭惇訳、せりか書房。

近代から現代に至る社会状況の変化を論じる際に、ポストモダニティに関する知識は重要である。まずは同書を起点に関連書籍を読むといいであろう。

注

1）国土交通省（2003）「総合保養地域の整備——リゾート法の今日的考察」https://www.mlit.go.jp/hyouka/pdf/review/14/resort/honpen.pdf（最終閲覧日 2020 年 6 月 8 日）

2）前掲 1）参照。

3）和歌山県　情報政策課（2020）「Wakayama Workation Project」https://wave.pref.wakayama.lg.jp/020400/workation/index.html（最終閲覧日 2020 年 6 月 8 日）

参考文献

◎アーリ、J.（1995）『観光のまなざし——現代社会におけるレジャーと旅行』加太宏邦訳、法政大学出版局。

◎荒井政治（1989）『レジャーの社会経済史』東洋経済新報社。

◎神田孝治（2001）「南紀白浜温泉の形成過程と他所イメージの関係性——近代期における観光空間の生産についての省察」『人文地理』53-5。

◎コルバン、A.（2000）『レジャーの誕生』渡辺響子訳、藤原書店。

◎新村出編（2018）『広辞苑　第 7 版』岩波書店。

◎ハーヴェイ、D.（1999）『ポストモダニティの条件』吉原直樹監訳、青木書店。

◎ブレンドン、P.（1995）『トマス・クック物語——近代ツーリズムの創始者』石井昭夫訳、中央公論社。

◎ライアン、D.（1996）『ポストモダニティ』合庭惇訳、せりか書房。

◎ルフェーブル、H.（2000）『空間の生産』斎藤日出治訳、青木書店。

絵はがきからみた温泉地の変化

絵はがきには多くの種類があるが、風景写真を印刷した名所絵はがきは、そのなかで主要な位置を占めた。旅先で絵はがきを買い求めて家族などに送る、または旅行の記念に絵はがきを蒐集するという行為は、交通機関の整備にともなう旅行の大衆化、郵便制度の充実、写真と印刷技術の発達といった要素によって成立した。絵はがきの消費量が劇的に増えたのは、1904（明治37）年の日露戦争期以降で、その大きな理由は軍事郵便と記念絵はがきの発行にあった（細馬 2020）。

絵はがきには、図書・雑誌のような書誌情報がなく、年代を特定しがたいという問題がある。そこで、私製はがきが認可された1900（明治33）年から1945（昭和20）年までの発行時期を特定する手がかりとして、（ⅰ）宛名面の3分の1が通信文に使えるようになった1907（明治40）年、（ⅱ）宛名面の2分の1が通信文に使えるようになった1918（大正7）年、（ⅲ）宛名面上部に右横書きで記された「きかは便郵」が「きがは便郵」と濁点が加わった1933（昭和8）年という3つの画期が利用できる。ただし、この手がかりは、発行時期を見分けるもので、写真の撮影時期を示すものではないことに注意せねばならない（関戸 2010）。

本コラムでは、群馬県の草津温泉を事例に取り上げる。草津温泉については、多くの鳥瞰図が刊行されているため、絵はがきと対照して建物の比定を行いやすい。図1には、湯畑周辺の絵はがきを示した。湯畑は草津の最も重要な源泉で、複数の共同浴場も立地しており、温泉街はここを中心に発達した（関戸 2018）。

中央に広がるのが湯畑で、湯ノ花を沈殿させ、それを採取するための湯樋十数本が架けられている。①の左手前にある広告塔は、1913年刊の写真帖、1914年・1916年の鳥瞰図で確認できる。一方で、②にある1921年頃に湯畑脇に造成された高山植物園はみえないので、1910年代の撮影といえる。湯畑の奥に共同浴場・瀧の湯の屋根、右手に共同浴場・松の湯、左手に「きり山」の看板がかかる旅館・桐山がある。湯畑はブロックと木柵で囲われていることがわかる。

②は、湯煙で画面奥が確認できないが、広告塔はなく、岩石や植物が並ぶ高山植物園と案内看板、松の湯の手前に街灯がみられる。

③では高山植物園が撤去されたことがわかる。左奥の3階建て入母屋造の山本館本店は1928年頃までに建築された。左手には「徳川八代将軍御汲上之湯」記念塔があり、「昭和5年6月元幕府家人中村熊太郎書」と刻まれているので1930年建立と推察される。中央奥にみえる桐山は、石を置いた板葺き屋根の3階建てであるが、④になると、屋根がトタン葺きの入母屋造になっている。

④では湯畑の囲いが木柵から石柵に取り替えられていることに注目したい。湯畑に残されている石柵の1本に「昭和九年八月草津町　旅館コモロ館　小林盛久」と彫られており、湯畑の囲いは、1934年までに整備されたと考えられる。記念塔の右手には、1935年に運行を始めたボンネット型の省営バスがみえる。このほか、松の

関戸明子

図１　草津温泉の湯畑の変化
（a）広告塔、（b）巡査派出所、（c）松の湯、（d）瀧の湯、（e）桐山、（f）山本館本店、（g）御汲上之湯記念塔
発行時期：①②③ 1918-33 年、④ 1933-45 年（筆者所蔵）

湯が改築されたこと、山本館本店に塔屋（展望室）が加わったこと、その左右に３階建ての旅館が新築されたことが読み取れる。

草津町は 1936〜37 年に５つの共同浴場を改築した。松の湯は、薄い木片を重ねたこけら葺きの屋根であったが、瓦葺きへと変化している。草津温泉の入浴客数は 1930 年代に大きく伸びた。こうした動向に対応した共同浴場の改良や旅館の新築などの具体的な温泉地の変化を、絵はがきの写真で読み解くことができる。

個人的な写真撮影が困難であった時代、絵はがきは土産話として風景を伝える重要なメディアであった。草津温泉の９枚組絵はがきには、運動茶屋から浅間山を遠望した構図に噴煙を作為的に描き加えた１枚がある（関戸 2010）。火山が観光の対象となったのは、近代的な新しい風景観によるところが大きい。袋入りの絵はがきセットを取り上げ、観光地を象徴する風景として、何が選ばれているのかを検討することも重要なテーマとなる。

参考文献
◎関戸明子（2010）「名所絵はがきを読む」『歴博』158。
◎関戸明子（2018）『草津温泉の社会史』青弓社。
◎細馬宏通（2020）『絵はがきの時代　増補新版』青土社。

2 自　然

観光と創られる風景

神田孝治

自然とは、所与の客観的存在としてあるものではなく、社会的に生産されるものである（淺野・中島編 2013）。観光と自然の関係を考えた場合、まさにこうした自然についての認識が重要となってくる。この点を理解するうえで重要な出来事の１つに、国立公園の指定を挙げることができる。国立公園は、1872 年に指定されたアメリカ合衆国のイエローストーンが世界最初のものである。日本においては、1911 年の第 27 回帝国議会で国立公園設置に関する建議・請願がなされたことを契機として、国立公園に関する議論が本格化した。そして、1931 年に国立公園法が公布され、1932 年に候補地とされた 12 か所の国立公園が、1934 年と 1936 年に順次指定されている。

この国立公園は、「国立公園ノ選定ニ関スル方針」において、「国民的興味ヲ繋ギ得テ探勝者ニ対シテハ日常体験シ難キ感激ヲ與フルガ如キ傑出シタル大風景ニシテ海外ニ対シテモ誇示スルニ足リ世界ノ観光客ヲ誘致スルノ魅力ヲ有スルモノタルコト」を必要条件として選定することとされており、詳細な条件のなかに「自然的風景地ニシテ其ノ区域広大ナルコト」ということが記されている。すなわち国立公園とは、特定の「自然的風景地」を「傑出シタル大風景」と位置づけ、それが「海外ニ対シテモ誇示スルニ足リ世界ノ観光客ヲ誘致スルノ魅力ヲ有スル」と国が認める制度となっていたのである。荒山正彦は、こうした国立公園の指定を通じて、「観光資源が国家の構成員としての国民にとって、意味や価値が共有されるような国土空間の成立に寄与した」ことを指摘している（荒山 1995）。国家による国立公園の指定によって、観光がかかわるなかで自然が社会的に生産されたのである。

本章では、第二次世界大戦以前の日本で指定された国立公園の１つである吉野熊野国立公園を取り上げ、観光との関係に注目しつつ、特に熊野の風景の創造について考えてみたい。

1．吉野熊野国立公園の指定と熊野の風景

熊野とは、紀伊半島の南端に位置する牟婁《むろ》郡（1879年に和歌山県西牟婁郡・東牟婁郡および三重県南牟婁郡・北牟婁郡に分割）を指している。熊野の風景として近代期にまず注目されたのは、北山川流域の峡谷である瀞峡《どろきょう》（図1）であった。瀞峡の風景は、1902年に発行された雑誌『太陽』の第10回懸賞写真において「雨中の瀞八丁」が一等入選を果たしたことや、1925年5月に後藤新平が熊野へ来遊した際にその風景を絶賛したことを通じて、次第に社会的に認知されるようになった。

また、1927年に大阪から勝浦まで大型船を就航させた大阪商船が、1925年に南紀保勝協会を設立して瀞峡と那智の滝（図2）の宣伝に力を入れたことから、瀞峡に加えて那智の滝も熊野の代表的な風景地に位置づけられていった。これら両者への注目は、1927年の大阪毎日新聞社・東京日日新聞社主催、鉄道省後援でなされた日本新八景の選定において、地元の保勝会や県が協力して渓谷部門の瀞峡と瀑布部門の那智の滝に票を集めていたことからも確認できる（前川編 1976）。投票の結果、瀞峡は渓谷部門で第3位、那智の滝は瀑布部門で第13位の票数を獲得し、最終的には日本新八景選定委員会の審査により、それぞれ25景の渓谷部門と瀑布部門の筆頭に位置づけられている。この日本新八景の選定によって、瀞峡と那智の滝が熊野を代表する風景として広く認識されていったと考えられる。

図1　瀞峡（絵はがき：筆者所蔵）

図2　那智の滝（絵はがき：筆者所蔵）

その後の熊野の風景は、主に吉野熊野国立公園との関係において論じ

られることになった。吉野熊野国立公園とは、奈良県（吉野郡7か町村）、三重県（多気郡・南牟婁郡13か町村）、そして和歌山県（新宮市および東牟婁郡・西牟婁郡22か町村）にまたがる、1936年に指定された国立公園である。この地の国立公園化へ向けた動きは、1913年に吉野山保勝協会が設立されたことにはじまり、1922年に吉野郡会議長名や奈良県議長名で国立公園指定の請願書や意見書が内務大臣宛に提出されて具体化している。しかしながら、吉野群山の高さが低いことや民有林が多いことなどから、1928年頃から熊野地方を加えた国立公園指定が模索されるようになった。その後、1931年11月には国立公園委員会委員の田村剛と脇水鐵五郎による吉野・熊野地域の視察がなされ、翌年9月に「吉野及熊野」という国立公園候補地が承認されることになったのである。

1936年に和歌山県が発行した『國立公園の知識』は吉野熊野国立公園について解説した書籍であるが、その「景観美概要」の項目にある「北山川及熊野川」の説明において「本河川は吉野群山と熊野海岸とを連ぬる唯一の連鎖帯であつて、しかも本公園の中核をなし、本公園の成立よりすれば頗る重要なる役割を演ずる」との言及がなされている。ここから瀞峡は同公園で重視されていたことがわかる。しかしながら、那智の滝については「景観美概要」のどこにも記述がなされていない。また、同概要は、「熊野海岸」、「北山川及熊野川」、「吉野群山」、「気候」、「霊地、史蹟その他」で構成されており、最初に「熊野海岸」の解説が記されている。吉野熊野国立公園の指定を契機として、熊野の風景認識が大きく変容したのである。

ここで第一に取り上げられている熊野海岸とは、「約九一粁の間岬角《こうかく》、港湾、砂汀《さてい》、断崖等連亘して本邦第一流の景勝を聚めて居る」とされた、鬼ヶ城（図3）から橋杭岩にわたる三重県と和歌山県にまたがる臨海部を指していた。この熊野海岸について田村剛が、「前途洋々として無盡藏かとも想はれる風景資源は實に最近熊野海岸に於て発見せられた。／そこは史蹟としては神代に遡り得るほどに古いが、風景地としては未だ十分にその價値を世に問ふに至つてゐない。言はば文字通りの處女地である」と1933年に評している（前川 1934）。熊野の海岸風景は、国立公園の選定にかかわった人物によって、新しい風景資源として発見されたのである。

こうした結果、国立公園指定後の1937年に発行された観光案内書でも、以下のように海岸と峡谷を強調して観光地としての熊野を論じるようになったのである。

図3　鬼ヶ城（絵はがき：筆者所蔵）

> 熊野の山水は綜合せられた自然風景美と稱すべきでありませう。紀伊半島の南半を占めた熊野地方の沿岸は、黒潮に洗はれて至るところに豪壮な海岸美を発揮し、内に入つては峡谷から山岳の広範囲に亘つて、雄渾にして巧妙極まりない自然景観を実現し、優れた観光地帯をなして居ります。（大阪鐵道局編 1937）

2．熊野の風景とナショナリズム

1934年と1936年に指定された12か所の国立公園は、阿寒、大雪山、十和田、日光、富士箱根、中部山岳、吉野熊野、大山、瀬戸内海、阿蘇、雲仙、霧島であった。このような第二次世界大戦以前に指定された国立公園の風景は、「瀬戸内海を除き、山岳、渓谷、森林が圧倒的に多いこと」、そしてこのような風景はナショナリズムと親和的な「日本を代表する風景」として選び出されたことが指摘されている（荒山 1998）。

ここで唯一の例外として挙げられている瀬戸内海国立公園は、山岳ばかりでなく海洋の景勝地も選定しようとする動きのなかで、1931年夏頃から調査が進められた地域であった。すなわち、瀬戸内海とほぼ同時期に調査がなされた熊野海岸は、熊野において新しく発見されたというだけでなく、国立公園制度においても比較的新しく見出された風景だったのである。こうした熊野海岸の国立公園としての価値について、同地の選定に大きな役割を果たした脇水鐵五郎は、「海国たる我国では海岸美に勝れた土地を公園内に取入れて、我国特有の風景を表徴することも必要であると考へられる」とし、

「海国」日本に特有の風景として熊野の海岸美を位置づけていた（脇水 1937）。すなわち、海岸の風景も山岳的風景と同様にナショナリズムと親和的な風景として発見されたのである。

さらに、熊野の国立公園選定にあたっては、「我国では歴史上著名なる史蹟を有する土地を公園中に包含せしめて、国民精神涵養の資に供することも必要」であると脇水が考え、海岸美と同時にそこが「神武天皇御東征の際の最後の御上陸地」であることを彼が主張したことが選定につながったとされる（脇水 1937）。自然風景ばかりでなく、著名な史蹟の存在や皇室とのつながりが言及されるなかで、熊野はナショナリズムを喚起する場所とされたのである。

皇室とつながる熊野の歴史は、下記にあるように他の国立公園との差異化や、吉野と熊野の接続という点でも大きな役割を果たすとも考えられていた。

> この地域が國立公園として選ばれた理由は多々あると存じますが、全國の国立公園と比較して、最も優れた特徴といふのは、わが國の建國以来、幾多の歴史に深い關係を有してゐる事だと思ひます。……攝津の海岸に御上陸になりました神武天皇の御一行が、直接大和にお入りになる事が出来ず、道を轉じ、海路紀州に向はせられ、同地から道臣命《みちのおみのみこと》を嚮導《きょうどう》とされて吉野にお出ましになつた御堂筋といふのが、今日の「熊野」から「十津川」を經て山岳重疊たる吉野群山を經て、幾多艱難辛苦《かんなんしんく》を嘗めさせられて遂に大和平野に出でさせられたのであります。（藤木 1933）

こうした認識があるなかで、先に紹介した『國立公園の知識』の「景観美概要」において、最後の項目に「霊地、史蹟その他」が挙げられ、「熊野は神武天皇御東征の際御親征の第一歩を印されたる地であつて、それより大和橿原宮に建国の礎を築かるるまで、獰猛なる土賊を平げられつつ吉野群山の嶮《けん》峻《しゅん》を踏破せられ、あらゆる困苦欠乏と闘はれたる、最も光輝ある建国の史蹟を藏《ぞう》してゐる」ことが記されている。さらには熊野三山（熊野本宮大社、熊野速玉大社、熊野那智大社の総称）が注目され、「熊野には所謂熊野三山あり、熊野の歴史にして熊野三山と没交渉なるものは殆んどなく、上古より霊験あらたかなる大社として、歴代天皇の厚く御尊崇遊ばされたるところである」ことも指摘されている。このように、吉野熊野国立公園、とりわけ熊野は、自然風景と皇室の歴史が混じり合うことでその価値が主張されるようになったのである。

3．変わりゆく熊野の風景

吉野熊野国立公園の指定によって生じた熊野の風景に対する認識は、第二次世界大戦後に大きく変容していく。とりわけその変化に影響を与えたのは、熊野のリゾート地化へ向けた動きである。1986 年に発表された和歌山県の長期総合計画『新世紀の国 21』では、県土開発の基本として「テクノ＆リゾート計画」を推進するとし、内陸山間地域および県南部地域を「紀の国リゾートゾーン」と位置づけ、そこを「黒潮」、「高野熊野」、「木の国高原」の３つのリゾートエリアに区分した。この長期総合計画によって熊野は、海岸部が黒潮リゾートエリアに、熊野三山を中心とする内陸部が高野熊野リゾートエリアに分断されることになった。そして熊野を名称に掲げた「高野熊野リゾートエリア」は、「高野・熊野文化を背景として森林性レクリエーション施設、温泉保養施設などを整備し、人々の精神と肉体のリフレッシュをめざす」と説明されている。熊野は、高野山と結びつけられるなかで、自然風景としては森林が想起されるものになり、「人々の精神と肉体のリフレッシュをめざす」場所と位置づけられるようになったのである。

その後、「高野熊野リゾートエリア」に含まれる熊野を中心として、1999 年に「ジャパンエキスポ　南紀熊野体験博　リゾートピアわかやま’99」が開催される。「こころにリゾート実感」をテーマに掲げていた同イベントでとりわけ注目されていたのが、「熊野古道」であり、そこを「現代に生きる人々の「癒し」の場として象徴的に取り上げ」ている（南紀熊野体験博準備委員会 1997）。こうして熊野は、熊野三山を目指す熊野古道という道に象徴される風景として提起されるようになったのである。

以上のような南紀熊野体験博を契機として、熊野三山や熊野古道を世界遺産に登録することを目指す動きがはじまることとなった。そして、3つの霊場（高野山、熊野三山、吉野・大峯）とそれらを結ぶ参詣道が、2004年7月1日に「紀伊山地の霊場と参詣道」として世界遺産に登録された。本章にかかわりこの世界遺産で注目されるのは、「紀伊山地」という山岳地帯がキーワードになっていることである。「3つの霊場とそれらを結ぶ参詣道は深い樹林に覆われた山岳地帯に展開し、那智大滝やゴトビキ岩などの自然物が信仰という精神上の関連性を有する文化的景観であるとの評価」がなされたのであり、山岳地帯が注目されるとともに、吉野熊野国立公園では等閑視されていた那智の滝に焦点があてられるようになったのである。またこうした認識は，日本という国家のスケールではなく、世界遺産という制度のなかで、「アジア・太平洋地域」という空間スケールにおける「信仰の山」という意味を付与されてのことであった（世界遺産登録推進三県協議会編 2005）。

このような世界遺産登録との関係で、熊野の風景も山岳的なものとして理解されるようになっている。例えば、2002年に和歌山県世界遺産登録推進協議会が発行した『オフィシャルブック　高野・熊野ウォークガイド』における熊野古道の紹介文では、「熊野三千六百峰とも呼ばれる紀伊山地の深い山並み。遥か遠い旅路を経て、巡礼者がようやくたどり着いた聖地、熊野。そこには生命力あふれる山があり、川があり、滝がある。人々はこの大自然の中に神仏の姿を見た」と、山岳の聖地として熊野を描き出している。熊野の風景は、リゾート地化を経てなされた世界遺産登録と関係して、吉野熊野国立公園の指定にあたって提起されたものとは大きく異なるものに変化しているのである（神田 2010）。

課　題

1．（本章から考えてみよう）：第二次世界大戦以前に指定された国立公園の特徴について考えてみよう。

2．（調べて考えてみよう）：観光の対象とされる特定の自然の風景地を取り上げ、どのような制度によっていかなる意味づけが与えられているのかを調べ、その特徴について考えてみよう。

文献案内

1．淺野敏久・中島弘二編（2013）『自然の社会地理』海青社。

社会的に創り出される自然については、

本書で理解を深めるとよいであろう。

2．村串仁三郎（2005）『国立公園成立史の研究――開発と自然保護の確執を中心に』法政大学出版局。

日本の国立公園を理解するにあたって、その成立史を詳述した本書は極めて参考になる。

3．神田孝治（2011）「日本統治期台湾における国立公園の風景地選定と心象地理」『歴史地理学』53-3。

日本統治期台湾における国立公園の指定について論じた本論文から、日本の国立公園のあり方についてさらに理解を深めることができる。

参考文献

◎淺野敏久・中島弘二編（2013）『自然の社会地理』海青社。

◎荒山正彦（1995）「文化のオーセンティシティと国立公園の成立――観光現象を対象とした人文地理学研究の課題」『地理学評論』68A-12。

◎荒山正彦（1998）「自然の風景地へのまなざし――国立公園の理念と候補地」（荒山正彦・大城直樹編『空間から場所へ――地理学的想像力の探求』古今書院）。

◎大阪鐵道局編（1937）『熊野めぐり』大阪鐵道局。

◎神田孝治（2010）「熊野の観光地化の過程とその表象」『国立歴史民俗博物館研究報告』156。

◎世界遺産登録推進三県協議会編（2005）『世界遺産　紀伊山地の霊場と参詣道』世界遺産登録推進三県協議会。

◎南紀熊野体験博準備委員会（1997）『JAPAN EXPO　南紀熊野体験博　リゾートピアわかやま'99　基本計画書』南紀熊野体験博準備委員会。

◎藤木九三（1933）「國立公園を語る（二）――吉野群山と熊野」『国立公園』5-3。

◎前川十寸据編（1976）『南紀観光史』南紀観光史刊行会。

◎前川眞澄（1934）『国立公園　熊野風景』前川眞澄。

◎脇水鐵五郎（1937）「紀南風景の基をなすもの」『風景』4-12。

現代の国立公園・自然公園

1872 年アメリカ合衆国に設置されたイエローストーン国立公園が、近代的な自然保護地域のはじまりである。その後、自然保護地域は世界的に普及した。2018 年現在、全世界には約 24 万か所の自然保護地域があり、陸地 2000 万 km^2（総面積の 14.9%）、海洋 600 万 km^2（同 7.3%）を占める（UNEP-WCMC et al. 2018）。現在、自然保護地域における課題は、自然保護とツーリズムとの単純な二項対立から、自然保護、ツーリズム、生業とのバランスへと展開している（Williams & Lew 2015）。本コラムでは、その現代的課題を、スペインのピコス・デ・エウロパ国立公園（以下、PENP と略）からみてみよう。

スペインでは、1905 年に勧業省にツーリズム関連部署が設置された。また、1916 年に国立公園法を制定し、翌年に国立公園中央評議会を設置、1918 年に国立公園指定が開始された。1980 年代以降になると、民主化と自治州制度の導入が進み、自然保護の目的も当初の審美的視点から科学的視点に変化した。自治州指定による自然公園などの新たな自然保護地域が加わり、その面積は飛躍的に拡大した。

従来スペインの国立公園は国の管轄であったが、1990 年代から一部の自治州が国立公園の権限を要求した結果、国立公園の運営は徐々に自治州主体となった。2004 年の憲法裁判所判決により、基本的に州が主体となって国立公園を運営することになった。さらに、スペインが国際的な自然保護制度に参加したため、国家レベル、EU レベル、世界レベルという重層的な形で設置された。2018 年現在、スペイン国内レベルの自然保護地域は計 1783 か所に及び、陸地面積の 13%を占める。さらに 2000 年代以降、NPO などが運営する新しいタイプの自然保護地域も指定されるようになった。

PENP は、スペイン北部のカンタブリア山脈の一部、アストゥリアス州、カンタブリア州、カスティーリャ・イ・レオン州の州境に広がる。この地区は西岸海洋性気候で雨が多く、過去に氷河の影響を受けたカルスト地形が広がり、2000 m級の山々に険しい峡谷が刻まれている。同公園の風景は、空の青、雪の白、山肌の灰色、森や草原の緑に移牧施設が組み合わさった独特の美しさをもっている。利用者に人気があるのは、北西部にある神秘的なコバドンガ聖地と潟湖、中央部を南北につなぐ壮大な景観の峡谷ルートである。スペインの国立公園の大半は無住地であるが、PENP は内部に集落を含む数少ない事例である。この地区では 6000 年前から移牧が行われていたとされ、草原や移牧施設は人の活動が作り出した二次的な自然景観である。

PENP は、スペインで最初に指定されたコバドンガ山国立公園を前身とするスペイン最古の国立公園であり、当初面積は 1 万 6925 ha だった。1995 年、前身となる公園の拡大にあわせて名称変更され PENP となった。2015 年には、該当地区の北東側が編入され、総面積は 3 つの自治州合わせて 6 万 7455.6 ha となった。PENP

畠中昌教

では、国の保護計画として、1994 年に天然資源管理計画（PORN）が策定され、2002 年にはその使用・管理基本計画（PRUG）が承認された。そして 2011 年には PENP を国と州で共同運営するためコンソーシアムが設置されている。

PENP の利用者数は、1996 年以降は 140～220 万人で推移しており、2017 年時点でスペインに 15 か所ある国立公園の利用者ランキング第 3 位（204.8 万人）であった。近年は公園内におけるスポーツイベントが増えており、2019 年には山岳マラソンなど 22 件のイベント実施が許可できるとされた。

PENP にかかわる保護制度には、国家レベルの国立公園以外に、EU レベルの Red Natura 2000、世界レベルではユネスコの人間・生態圏（MaB）がある。これらの保護制度のなかで、細かく区域を設定して規制をかけるゾーニングを実施しているのは国立公園や人間・生態圏であり、なかでも国立公園の PRUG によるゾーニングは実効性があり重要な保護手段とされる。2002 年の PRUG におけるゾーニングをみると、同公園内部にある高山帯は保護レベルが高く、高山帯以外の山、谷、草原、集落周辺は保護レベルが低～中となっていた。

しかし、PRUG にもとづく国の運営姿勢を自然保護偏重として不満をもっていた市や地権者団体は、PRUG の無効化などを訴える行政裁判を起こした。2005 年最高裁判所は、PRUG によって狩猟などを禁止するのであれば、同計画施行までに経済的補償制度も整えておくべきだったとして、PRUG を無効にする判決を下した。

このことを契機として、国立公園の運営は PORN のみの一般的保護にとどまり、伝統的な移牧は事実上どこでも行うことができるようになった。ただし、住民の高齢化、保護種である狼による家畜食害の増加、許認可の硬直化により実際の移牧利用は衰退した。一方で、増加しているツーリズム活動に対しては、活動の許認可などで対応したものの混雑する場所も出ている。

こうしたなか、2011 年の国・州共同のコンソーシアム設置もあり、2016 年には住民参加を取り入れた PRUG 策定プロセスがはじまった。多数の修正要望をふまえ、2019 年に正式承認に向けた修正 PRUG 案が公開された。この PRUG 案は、国立公園の景観や生態系維持に伝統的移牧が必要とし、生業活動に必要な草原、移牧施設を適切に維持すると述べている。この PRUG が実際に適用されることで PENP の運営が改善され、長きにわたる対立や不満が解消されるのか、今後が注目される。

参考文献 ◎ UNEP-WCMC, IUCN & NGS（2018）*Protected Planet Report 2018.*
◎ Williams, S. & Lew, A.（2015）*Tourism Geography*（3rd ed.）, Routledge.

3　聖　地

聖と俗の関係から読み解く

森 正人

宗教では超越的な存在である神への信仰が、一定の成員の間で共有され、教義をとおしてその信仰が体系化されている。そして宗教においては、創始者や聖人の生誕地やこの世を去った場所、奇跡を起こした場所が特別な意味を与えられる。これを聖地という。

1．記号論からみた聖地

聖地は所与ではなく記号である。記号は意味されるもの（概念：シニフィエ）と意味するもの（音声：シニフィアン）が恣意的に結びついてできる。例えば聖地としてのメッカやエルサレムは、メッカやエルサレムという音声に、予言者ムハンマドが生まれた、救世主イエスが十字架にかけられ復活した聖なる場所という概念が結びついた記号なのである。

記号としての聖地は、特定の宗教や宗派にとって重要な場所であるが、それに属さない人々にとっては重要性をもたないありふれた場所である。それは宗教という体系のなかで、特定の場所（意味するもの）と特定の概念や価値（意味されるもの）が結びつけられたものだからである。

聖地には新しくつくられたものもある。キリスト教カトリックの聖地である、フランスのルルドは、1858年にルルドの町近郊の川岸で、少女が聖母マリアと幾度となく出会い、また洞窟で掘り当てた泉が病気治癒の効果をもつといわれるようになったことで、宗教的な価値をもつようになった。次第に、この洞窟とその周辺はルルド小教区により聖域として整備され、1866年には洞窟に地下聖堂が完成し、正式にカトリックの聖地となったのである。ルルドというシニフィアンとマリアが出現し病気を治癒する泉が湧く聖地というシニフィエが結びつき、それがカトリックによってお墨付きを与えられた、記号としての聖地ルルドの誕生である。

イスラエルのエルサレムは、ユダヤ教、キリスト教、イスラーム教それぞれの聖地である。ここにはユダヤ教の「嘆きの壁」、キリスト教の「聖墳墓教会」、イスラーム教の「アル＝アクサー・モスク」が存在する。聖墳墓教会の周辺にはキリスト教各派、各国の教会が建てられている。エルサレムにはこの３つの宗教の信者のほか、観光客が旅行で訪れるため、それぞれの宗教の関連施設や宿泊施設もある。また、ここで販売されるそれぞれの宗教の信仰にかかわるロザリオや聖像といった物品は、土産物として観光客によって購入される。

2．巡礼と観光の真正性

特別な意味をもつ聖地はその宗教の信者を引き寄せる。イスラーム教のメッカのように、その場所を訪れることが信者の一生において大きな意味をもつ。また、一年の特定の時期に多くのムスリムがメッカを訪れる。宗教的な動機にもとづき聖地へと旅する行為を巡礼と呼ぶ。

巡礼も観光もともに特定の場所を訪れる行為である。自宅を出て目的地へと移動し、目的地で一定の行為をすると帰宅するという移動の様式は同じようにみえる。しかし、観光研究者のエリック・コーエンは両者の間には経験の型に違いがあるという。すなわち、観光客の経験は真正性を追い求めての周辺への移動であるのに対して、巡礼者の経験はその宗教的世界観における神聖な世界の中心への移動なのである（Cohen 1992）。

こうした周辺対中心という見取り図以外にも、宗教と観光における経験の型の違いを指摘することができる。例えば、四国にある 88 の寺院をめぐる四国八十八か所巡礼（以下、四国遍路）は、弘法大師空海の修行を追体験したり、いまも旅しているといわれる弘法大師に出会ったりすることに意味が置かれた。そのため、全長 1400 km の巡礼路に点在する難所は、肉体的辛苦だけでなく宗教的な経験を与える場所といわれた。一方で、1920 年代以降に現れた、寺院を交通機関を用いて観光として旅する人たちは、こうした難所を宗教的経験をもたらすものとしてではなく、風景美として交通機関に乗った

図１　伊予鉄道株式会社によって 1953 年に催行された四国遍路の第１回巡拝バスツアー
（伊予鉄道株式会社より提供）

まま愛でた（図１）（森 2005）。このように、両者では経験の型が異なっているのである。

３．聖地と観光の表象

聖地は特定の社会的文脈のなかで作り出される観光のまなざしのなかで、観光の対象としての概念と結びつき、記号としての観光地となることがある。これは観光がもつ近代的特徴とも関係している。開発や近代化を推し進める近代社会において、近代化に取り残された場所や事象は郷愁を喚起する場所として観光のまなざしにとらえられるからである（Shields 1992）。例えば、アメリカ先住民の聖地であったナイアガラの滝は 19 世紀に自然の雄大さが強調され新婚旅行の目的地となった。日本においても四国遍路の風景は、1900 年代に近代化、文明化していない風景を残す場所として懐古的に紹介されたのだった（森 2005）。

こうした場所の価値や意味はメディアによってつくられたり広められたりする。メディアは場所の特定の要素を強調し、それでその場所全体を表現する。こうしてメディアが取捨選択した特定のイメージを表象と呼ぶ。聖地が観光の対象となるために、聖地の宗教的意味よりも文化的、歴史的価値を強調する。そこでは誰が何のために表象するのかが問題になる。

宗教団体と行政が共同して聖地を観光の場所として表象した例として、長崎県のキリスト教建築の観光化がある。2001年に結成された「世界遺産の会」の活動は、2007年1月に「長崎の教会群」が日本の世界文化遺産暫定登録リストへ掲載されることに結実する。行政関係者、地元企業やマスメディア、教会関係者らから成るこの組織は、長崎の教会群の宗教的価値よりも、その歴史的価値、審美的価値、風土的価値をいっそう強調した。しかもこの教会群の価値は、教会の保存・公開と観光との調和によって広くアピールされると考えたのだった（松井 2013）。

4．鉄道と聖地

聖地の開発には鉄道資本が関係することもある。例えばフランスのルルド巡礼は、鉄道網整備によって飛躍的に発展した。1867年6月に鉄道によってボルドー経由でルルドとパリが結ばれた。これによりフランス各地から巡礼者がルルドを訪れるようになった。1872年からは毎年、ルルドの聖域にフランス各地から巡礼者が訪れるようになり、個人での巡礼も増えた。こうしたルルドの巡礼者の増加は巡礼者への鉄道料金割引によって後押しされた。ルルドのカトリック宗教者たちは巡礼者だけでなく、観光客への割引も取り付け、ルルドは一大聖地となったのだった（Kaufman 2005）。

図2　フレデリック・グリフィンによるカンタベリーのポスター

世界で最も早くに鉄道網整備がみられたイギリスでは、鉄道ポスターのなかに聖地が登場する。イギリスでは1921年の鉄道法によって4つの共同株式会社が鉄道を経営するようになった。各社は鉄道利用客を増やすために、アーティストに依頼して、観光地やリゾートを視覚的に表現するポスターやパンフレットなどを作成した。サウザン・レイルウェイの依頼を受けて画家のフレデリック・グリフィンが1937年に発表した、英国国教会総本山のカンタベリー大聖堂のポスターも、そうしたポスターの1つである（図2）。このポスターは大聖堂を町並みとともに描いたものであり、それは宗教施設を観光のまなざしで風景としてとらえたものだといえる。

5．国家と聖地

聖地は国家によって作り出されることもある。とりわけ近代に制度化された国民国家は、国民の統一性を作り出すために、国家の歴史や文化を創出し強調する。国民が共有すべき歴史のなかで国家の聖地が決定される。

神武天皇は明治時代以降、天皇の始祖として重視された。神武天皇の陵墓が江戸時代末に勅裁により認定されると、1890年、神武天皇の神霊を奉崇する橿原神宮が創建された。この地は日本国民の歴史の創始の聖地となり、近代的な林学の知識を動員して樹種を選定することで「古代万葉の風景」が創られたのだった（高木 1997）。国家、天皇のために命を捧げた人の「英霊」を祀る湊川神社や東京招魂社（のちの靖国神社）も国家によってつくられた聖地である。

日本と中華民国の間で政治的緊張が高まる1930年代半ば、日本においては健全で健康な心身をもつ国民を涵養するために、ハイキングが余暇活動として推奨された。1935年に鉄道省は、歴代天皇の御陵を参拝したり神社をめぐったりする個人旅行客にはその運賃を3割引とし、また関東三十三か所めぐりとか四国遍路や親鸞聖人の遺跡めぐりといった信仰による聖地巡礼の旅行者に対しては運賃を同じく2割引とすることを決定した。一連の聖地をめぐる徒歩旅行は「信仰ハイキング」と称された（森 2010）。

6．せめぎ合う言説

聖地が観光地化されても、その場所は依然として聖地であり儀礼が行われる。そのため宗教的信仰や礼拝の対象としての聖地と、観光の対象としての聖地は、しばしばその価値観の対立を引き起こす。そのため宗教施設は信者以外の立ち入りを認めなかったり、礼拝中の観光客の立ち入りを制限したりすることもある。

このとき宗教的な規範と世俗的な規範の競合と調停が図られる。規範は禁止や制限に関する言葉をとおして人間の動きや考えを方向づける言説の1つである。

1920年代半ばから四国遍路を観光として楽しむ人たちが現れた。彼らは近代化から取り残された風景を楽しみ、交通機関を用いて早く安全に移動した。ガイドブックや交通機関のパンフレットもこうした観光旅行を推奨した。娯楽としての言説が巡礼空間に書き込まれたのである。一方、1920年代末、世俗化した巡礼の様式を批判し、宗教的な規範を強調する遍路同行会が設立された。白装束を着て徒歩で行う巡礼を「本式」と彼らは主張した。これは宗教的な言説の書き込みである。このように、巡礼の空間では宗教と世俗の言説がせめぎ合ったのである。

トルコのアヤソフィアもまた言説のせめぎ合いを示す。これはキリスト教の正教会の大聖堂として建てられ、一時、カトリックの支配下に置かれ、再び正教会が取り戻したものの、15世紀半ばにオスマン帝国がモスクとして使用するようになった建造物である。アヤソフィアは時代ごとにいくつもの宗教や宗派によって用いられた。儀礼や礼拝をとおしてそれぞれの宗教の規範が言説として書き込まれる。オスマン帝国が滅び、世俗主義を掲げる近代国家のトルコ共和国が建国されると、初代大統領のアタテュルクによってアヤソフィアは博物館となった。トルコの保守主義やナショナリズムの強化を目論むエルドアン大統領は、アヤソフィアを再びモスク化したのである。

7．事物と聖地

聖地は言説だけでなく、神像などの事物や聖像などの視覚イメージをとおしてもつくられる。これらは、信仰心や教義を物質的に表したものであり、二次的なもの、あるいは土産物としても売られるものは世俗的なものと考えられてきた。しかし、事物や視覚イメージが聖地に対する宗教的、観光的な想像力を作り上げる。

例えば、ルルドのガイドブックや絵はがきは聖地での人々の振る舞いを枠づけた。1890年代に安価に購入できるようになったルルドのガイドブックは、限られた日数で見るべき場所、経験すべきこと、買うべきものを指南する。つまり聖地での人々の経験の型を作り上げた。同時期に大量に印刷された絵はがきも同じ役割を果たした。こうして聖地ルルドは商品化されたのだ（Kaufman 2005）。四国遍路の場合、先に紹介した遍路同行会が、巡礼空間の宗教的価値を、教義ではなく巡礼道具で表した。これは四国遍路が教義をもたない巡礼であったためで、その代わりに彼らは菅笠、金剛杖、白衣の所持によって巡礼の宗教的な正しさを主張したのだった（森 2014）。

8．おわりに

聖地は自明のものとして存在するのではない。それは宗教体系のなかでつくられた記号である。観光や鉄道開発のなかで聖地は別の価値と結びつけられ、別の記号となる。どのようなシステムのなかで、どのような人々が、どのような表象や言説で場所を聖地とし、観光地とするのかを明らかにすることが観光地理学では重要である。また、そのとき事物や視覚イメージが果たす役割も注意することが必要である。

課　題

1．（本章から考えてみよう）：著名な聖地を5つ選び、それぞれがどのような概念（シニフィエ）と結びついたものか考えてみよう。

2．（調べて考えてみよう）：具体的な事例を取り上げて、聖地がつくられる歴史的な経緯を調べよう。そこでは、宗教的な価値と世俗的な価値が誰によってどのように主張さていれるのか調べてみよう。

文献案内

1．松井圭介（2013）『観光戦略としての宗教』筑波大学出版会。

長崎県の教会群の世界遺産登録運動を中心にして、観光行政と宗教界がどのように教会建造物のもつ宗教的価値と文化的価値を調停しているのかを論じている。

2．高木博志（1997）『近代天皇制の文化史的研究――天皇就任儀礼・年中行事・文化財』校倉書房。

本書は近代国民国家による宗教的なものの創出過程を、近代天皇制や鉄道資本との関わりから明らかにする。ナショナリズムや国民アイデンティティと宗教との関わりを近代日本の政治的文脈において考えるための良書。

3．森正人（2014）『四国遍路』中央公論新社。

四国八十八か所巡礼の空間が、それぞれの時代の国家政策や観光行政において相異なる意味を獲得する過程を考える。新書なので読みやすいことも利点。

参考文献

◎高木博志（1997）『近代天皇制の文化史的研究――天皇就任儀礼・年中行事・文化財』校倉書房。

◎松井圭介（2013）『観光戦略としての宗教』筑波大学出版会。

◎森正人（2005）『四国遍路の近現代』創元社。

◎森正人（2010）『昭和旅行誌』中央公論新社。

◎森正人（2014）『四国遍路』中央公論新社。

◎Cohen, E.（1992）Pilgrimage and Tourism: Convergence and Divergence, in Morinis, A. ed., *Sacred Journey: The Anthropology of Pilgrimage*. Greenwood Press.

◎Kaufman, S.（2005）*Consuming Visions: Mass Culture and The Lourdes Shrine*. Cornell University Press.

◎Shields, R.（1992）*Places on the Margin: Alternative Geographies of Modernity*. Routledge.

アニメの聖地化と地域

聖地とは、一般には宗教的に重要で神聖視されている場所のことを指すが、転じて特定の分野において重要な場所を意味する場合もある。どちらの聖地もしばしば観光の対象とされるが、ここでは後者の意味での聖地について考えてみたい。近年の日本における観光研究では、こうした聖地として、アニメーション（アニメ）との関係で生じたものが注目されてきた。このような研究は、「アニメ作品のロケ地またはその作品・作者に関連する土地で、かつファンによってその価値が認められている場所」を「アニメ聖地」と定義して行われた論考（山村 2008；岡本 2008）を契機としている。アニメ聖地に関しては、その地域振興への活用を論じた研究（山村 2011）や、情報化社会における旅行者の行動やコミュニケーションに注目した研究（岡本 2018）など、さまざまな視座からその様相が考察されている。このコラムでは特に、アニメの聖地化と地域の関係性について考えてみたい。

取り上げる事例としては、2006年にアニメとしてテレビ放送された『ひぐらしのなく頃に』である。この作品は、都会から遠く離れた小さな村の「雛見沢《ひなみざわ》」を舞台としており、同地へ引っ越した主人公の少年が他愛のない日常を過ごしていたが、連続怪死事件にかかわるなかで、彼のまわりで惨劇が展開される、というストーリーとなっている。雛見沢のモデルは、非公式ではあったが岐阜県大野郡白川村であり、特に高台からの荻町集落の遠景をモデルとする映像は、アニメ放送において象徴的に用いられていた。合掌造り民家が存在する荻町集落は、1995年に「白川郷・五箇山の合掌造り集落」の一部として世界文化遺産に登録されており、同地は「日本の原風景」などと紹介される人気の観光地となっている。『ひぐらしのなく頃に』は、「日本の原風景」を想起させる荻町集落の風景を活用する一方で、そこに「惨劇の村」という新しいイメージを付与したのである。

こうしたアニメのロケ地となった場所へは、作品のファンが訪れるようになった。このアニメ聖地巡礼と呼ばれる観光行動について、筆者は2010年に荻町集落で聞き取り調査を実施したが、同地を訪れる『ひぐらしのなく頃に』の聖地巡礼者は、2～3名からなる若い男性グループが多いとのことであった。彼らは、雛見沢のモデルが白川村であるということや、具体的にどこがアニメの背景であるのかについての知識を、同作品のファンがインターネット上に公開した情報から学習していた。こうしたなかで、聖地巡礼者の一部は、主人公の自宅のモデルであるということで、一般の観光客がその存在すら知らないような下水道終末処理施設まで見に行っていた。また、神社にアニメの絵を描いた絵馬（痛絵馬《いたえま》）を奉納したり、アニメのキャラクターに扮したり（コスプレ）、アニメの絵が描かれた車（痛車《いたしゃ》）に乗ったりと、同地を訪れる他の観光客とは異なる行動をとる場合もあった。

上述の『ひぐらしのなく頃に』およびその影響下にある観光客に対して、現地住民の一部から反発の声も挙がっていた。聞き取り調査の結果、それは主として惨劇を描く内容に対する嫌悪感からもたらされていることがわかった。また、コスプレ等を行うアニメ聖地巡礼者は、白川郷・荻町集落の風景に合っていないとの指摘もあった。ただし、こうした反発の一方で、アニメ聖地巡礼者を許容する声もしばしば聞かれた。彼等は危害を与えてくるわけでもないし、高齢者が多い同地では若者に対して寛大だというのである。さらに、お金を落としてくれるし、それをきっかけに本当の白川郷を知ってくれればいいという前向きな声も聞かれた。加えて、白川郷観光協会では、こうした観光客への宣伝は特に行っていないが、それは巡礼者たちが冷めてしまわないように、戦略的に消極的な対応をとっているためであるとのことであった（神田 2012）。

新しい場所イメージや観光客をもたらすアニメ聖地化は、地域にさまざまな反応を生じさせている。アニメ聖地に関する多くの研究では、アニメ作品および聖地巡礼者と地域の間の協調的な様相が主に描かれてきたが、本コラムで紹介した『ひぐらしのなく頃に』の事例では、ネガティブな声があったり、消極的な対応がなされたりしていた。しかしながら、10 周年の 2016 年に実施された『ひぐらしのなく頃に』ツアーを契機として、同作品と白川村役場の間で協力関係が生じている。また、COVID-19 の感染拡大により白川村の観光業が大きな打撃を受けるなかで、2020 年 10 月から同アニメの新シリーズがはじまっており、こうした状況下で白川村役場は『ひぐらしのなく頃に』を活用した観光振興に積極的に取り組むようになっている（2021 年 3 月の同役場での聞き取りによる）。アニメ聖地と地域の関係は、事例ごとに多様なあり方をみせるとともに、同じ事例でも社会状況の変化に応じて変容していくのである。

参考文献

◎岡本健（2008）「アニメ聖地における巡礼者の動向把握方法の検討――聖地巡礼ノート分析の有効性と課題について」『観光創造研究』２。

◎岡本健（2018）『アニメ聖地巡礼の観光社会学――コンテンツツーリズムのメディア・コミュニケーション分析』法律文化社。

◎神田孝治（2012）「白川郷へのアニメ聖地巡礼と現地の反応――場所イメージおよび観光客をめぐる文化政治」『観光学』７。

◎山村高淑（2008）「アニメ聖地の成立とその展開に関する研究――アニメ作品『らき☆すた』による埼玉県鷲宮町の旅客誘致に関する一考察」『国際広報メディア・観光学ジャーナル』７。

◎山村高淑（2011）『アニメ・マンガで地域振興――まちのファンを生むコンテンツツーリズム開発法』東京法令出版。

4　ヘリテージ

イデオロギーとオーセンティシティをめぐる現代的諸相

山本理佳

ヘリテージは、文化／自然遺産、有形／無形遺産などさまざまな分野・形態を含み、またユネスコの世界遺産から国家・地方の文化財、国立公園、ほか様々な組織が認定するものなども含み込む、極めて包括的な概念である。ここでは主に文化遺産を対象に、それをとらえるにあたって重要概念となるイデオロギーとオーセンティシティからその成立とその後の変容を論じる。とりわけ地理学が注目する社会的スケール（global／national／local）を軸としながら変化をとらえ、具体的事例に即してその現代的有様を検討する。

1．ヘリテージの成立とイデオロギー／オーセンティシティ

ヘリテージが近代期に多く出現する背景には、産業革命を経た工業化による生活環境の劇的な変化がある。その加速的な変化が、失われゆく自然や歴史的環境へのロマン主義的なノスタルジーや現実的な危機意識を生み、守るべき公共財としてのヘリテージという考え方を社会に浸透させていく端緒となった（ヨキレット 2005）。そしてもう１つの背景に、近代国民国家の成立がある。19 世紀後半から、欧米をはじめ国家による文化遺産保護の法制度化が進む。これは、近代の国家がその領土内に暮らす多種多様な民族・人種を１つの国民へと醸成していく必要に迫られ、「国家の象徴」となりうるヘリテージをそのツールとして構築していったものとされる（Harrison 2013）。

このように、ヘリテージが国民意識の醸成を促す国家のイデオロギー装置として機能してきたとするとらえ方は、人文・社会科学で起こった 1980 年代以降の文化論的転回や近代国家を批判的にとらえる国家論などの影響を受けた研究視角である。地理学においては、それまで地域の自然や生業のあり方を客観的に表すとされてきた物的環境・景観を、さまざまな意味やイデオ

ロギーが含み込まれたものとしてとらえる視座が導入された。日本でもそうした視座は1990年代半ば以降に積極的に取り入れられ、革新的な事例研究が重ねられてきた（荒山・大城編 1998など）。

もう1つのヘリテージを読み解く際の重要な概念に、オーセンティシティがある。これは、日本語で真実性や真正性、本物らしさと表現される。特に文化遺産の場合、歴史的価値を保証するものとしてまずその構築時に機能してきた。ただし、そうした客観性や普遍性の前提にある西欧中心主義的見方を批判する向きが加わり、むしろその不確かさや意図的な構築性の明示によって重視されるようになった。たとえばホブズボウムとレンジャーは、さまざまな文化遺産がその歴史的価値として依拠している「伝統」は、近代国家の成立を背景に、極めて新しい時代に考案（創出）されたものであることをとらえた（ホブズボウム・レンジャー 1992）。日本でも1990年代以降、伝統的行事や歴史的遺産がさまざまな社会的需要のもとに新たに創出されたものであるとする実証研究が多くなされた。地理学では、たとえば福田珠己が、沖縄県竹富島を事例に重伝建指定の根拠である赤瓦の民家が、近代以降の比較的新しい時代に普及したものであることを明示した（福田 1996）。

20世紀以降、ヘリテージの社会的需要・機能は明確に変化し、ナショナルレベルのみならず、グローバル／ローカルな政治経済状況、および行政・企業・住民・観光客らなど多様な主体がかかわって、ヘリテージが構築されるようになっている。今日においても、ヘリテージが国家の法制度・政策的枠組みに位置づけられる限り、国家のイデオロギー装置であることは変わらず、ヘリテージの指定・登録時に何らかの価値の保証を行う主体も、多くは国家になろう。ただし、そうしたイデオロギーやオーセンティシティといったヘリテージを構築する意図・意味作用は、必ずしもナショナルな次元にその権限が集中しているわけではない。グローバル化する社会で多様な主体のイデオロギーが絡み合い、ヘリテージの有様は複雑化している。また、グローバル化のなかで国家が保証する歴史的価値やオーセンティシティは相対化され、とりわけ観光の場面では権威づけられたオーセンティシティ（真正性）よりも観光客の感じるオーセンティシティ（本物らしさ）が優先され、ヘリテージが構築されることも多い。このようにヘリテージが構築・活用される複雑な様相を、グレアムらはスケール（global／national／local）を軸に提示した（Graham et al. 2000）。ここでも、そうしたスケールの視点を軸に、ヘリテージ変容についてとらえたい。

2．ヘリテージの拡大と変容

●世界遺産成立とヘリテージ・モデル

ヘリテージを法的に保護する主体が国家のみでは限界がある。そのことを意識させたのは、戦争による破壊であった。第一次世界大戦後にヘリテージ保護は本格化し、国際組織が設立され（1922年の国際知的協力委員会ICICなど）、規準や憲章が作成された（1931年のアテネ憲章など）。それらは第二次世界大戦後に設立された国際連合教育科学文化機構（以下、ユネスコ）に引き継がれた。その後1950年代から1960年代にかけてユネスコは世界的な開発事業による自然や歴史的環境の破壊に対し、ハーグ条約やヴェニス憲章等を採択し、具体的な遺跡保護のキャンペーンを展開した。そして1972年の世界文化遺産及び自然遺産の保護に関する条約（以下、世界遺産条約）を成立させた。このとき、ヘリテージは有事の武力攻撃のみならず、平時の開発などの人的影響からも国際的に保護されるべき対象として設定された（西村・本中 2017）。

1975年の条約発効時に20か国であった締約国数が1988年には100か国を超え、遺産登録件数も300を超えるなか、西欧的な規範にもとづいた世界遺産のあり方が、アジア・アフリカ地域の遺産登録のネックとなっていたことを受け、再検討の必要に迫られた。1990年代以降、「文化的景観」が導入され、また西欧の石材を前提とした歴史的建造物のオーセンティシティに関する登録基準も見直されていく。さらに1994年の世界遺産委員会では、これまで重視されてこなかった産業遺産や20世紀の遺産などの分野に目を向ける必要性が、「グローバル・ストラテジー」にうたわれた（西村・本中 2017）。このように、ユネスコが地域的・分野的多様性の受容を理念化して創出したヘリテージ・モデルは、各締約国にも浸透し、世界に広がった

(Harrison 2013)。日本においても、「近代化遺産」概念の創出（1990年）やそれらの保護を念頭に置いた登録文化財制度の導入（1996年）、文化財カテゴリーへの「文化的景観」の導入（2004年）がなされ、その多様化と増大化が進んだ。

●ヘリテージ・ブームと観光

世界遺産の成立前後、すなわち1970年頃より、ヘリテージ・ブームが生起し、世界を席巻していく。西欧や北米では、ヘリテージと認定・認識される対象の数、ヘリテージ保存にかかわる組織・会員数、ヘリテージへの訪問者数が激増した。ここには、1970年代以降の先進工業国を中心とした産業構造の転換や生産様式・消費行動の変化、そして1980年代以降の政治経済のグローバル化も背景としながら、都市内の老朽化・余剰化した建造物や施設が歴史的・文化的価値を有するヘリテージとして活用されていくようになる(Harrison 2013)。1980年代にはヒューイソンが「遺産産業（heritage industry)」と表現したように、ヘリテージは集客力ある地域／観光振興の資源として開発の対象という側面をもつに至った（Hewison 1987)。

そうした傾向は、1990年代以降、さらに加速していく。2020年7月現在、世界遺産条約締約国数は194、世界遺産に登録された物件総数は1121件に及んでいる。これと並行して観光産業の世界的成長があり、国際観光客数は1980年代半ばの約3億人が1990年代末には倍の約6億人、2000年代には激増し、2018年は14億人に達した。このように増大する観光客にとって人気の目的地の1つが世界遺産であり、ときにオーバーツーリズムという事態も引き起こしている。

日本では、戦後文化庁が文化財保護法にもとづいて管理してきた「文化財」のほかに、2000年代以降には他省庁の産業・地域振興の一環で次々と新たな文化遺産が創出されるようになった。例えば経済産業省の「近代化産業遺産」(2007・2009年の2回実施）や農林水産省の「日本農業遺産」(2016年度以降実施）などである。文化庁自身も、文化財保護法とは別に、2015年から「日本遺産」という地域／観光振興を念頭に置いた活用のためのヘリテージ概念を創出して事業を開始し、さらに2019年の文化財保護法改正により、文化財行政の重心を保護から活用に置くことを明確に示した。こうした活用・開発を是とする政策方針のもと、各地域ではヘリテージを活かした観光振興が盛んとなっている。

このように、ヘリテージは各スケールの社会的需要に応じて、構築・創出されてきた。国民意識を醸成する国家のイデオロギー装置（national）にはじまり、武力紛争や開発の脅威から国際的に保護されるべき対象、そして「世界遺産」のようなグローバルな観光資源への展開（global）、さらには地域の活用・開発すべき資源（local）というように、その社会的意義は対象となるスケールを変化させながら多様化してきた。特に現代（1990年代から2000年代以降にかけて）は、ヘリテージそのものの多様化と拡大傾向、観光の対象としての開発の加速化、そしてそこに参画し影響を与える主体の多様化・複雑化といったことが特徴としてとらえられる。

3．事例からとらえる現代のヘリテージの諸相

ここでは、1990年代以降新たなヘリテージの枠組みとして認知されていく近代産業施設を事例として取り上げる（詳細は山本 2013）。北九州市の東田第一高炉（以下、東田高炉）は、原料から銑鉄を製造する、近代製鉄産業の基幹となる施設である（図1）。この施設は1972年に稼働停止したあと、当時所有者であった新日本製鐵株式会社（以下、新日鐵。現在の日本製鉄株式会社）が周辺を緑化し、施設ともに公園として整備した。しかし、その後1989年に東田高炉は撤去される方針が明らかとなった。これに対し市民による反対運動が起こり、1994年に北九州市が新日鐵より無償譲渡を受けて管理することが決まった。1996年に市の史跡に指定され、保存整備のうえ1999年に一般公開された。

図1　東田第一高炉（2012年7月筆者撮影）

●イデオロギーの複雑な有様

1980年代後半以降、日本企業の国境を越えた生産体制の確立が加速化し、

国内生産拠点は空洞化が進行した。この事例はそのなかで衰退化する地域の動きの一例であった。新日鐵は相次ぐ合理化と工場の国外転出で生じた広大な遊休地を、再開発によって利益化しようとし、高炉の取り壊しを決めた。ただし、地域側にはそうした企業のご都合主義的方針への強い反発があり、長きにわたる製鉄のまちとしての歴史の痕跡を残すべく、保存を主張した。両者の折り合いはつかず、市が引き取る方向となるが、問題は高額となる改修費用であった。市は当時まだ新しかった「近代化遺産」や「産業遺産」といった、近代産業にかかわるヘリテージの価値を持ち出すことで、国からの補助金を取り付け、保存に至った。

1990年代に政策的に構築されていく「近代化遺産」は、このようにして、疲弊する地域社会で稼働停止施設に向けられる失望や反発を、近代日本の立役者という評価へと転換したのである。ここでは、近代日本を支えた、という国家にとって（企業にとっても）好都合なイデオロギー装置としての側面が、いかにさまざまな社会的スケールの事情のもとで形づくられたかをとらえることができる。企業側のグローバル戦略と国内開発の利益化への意図と、住民らの地域アイデンティティを模索・確立しようとする意図との対立を発端としながら、最終的にナショナルな価値づけのもとでヘリテージ化した。このように現代のヘリテージには、国家イデオロギー機能がしつこく付着しつつも、グローバル／ローカルな次元の多様な主体の動きが絡みついている。

●多様なオーセンティシティ

東田高炉は、市の指定史跡である。これは、現存の建造物ではなく、当該施設が建設された場所の遺構（史跡）に、その文化財としての価値が置かれた結果である。もともと東田高炉は1901年に官営製鉄所で最初に稼働した施設であるが、産業施設は技術革新にともなった改修が行われる。この高炉も10回以上の改修がなされ、特に1962年の最後の改修は容積や大きさが倍以上となる極めて大規模なものであった。建造物としては1962年建造となることから、その歴史性は極めて浅いものとなる。新日鐵八幡製鉄所の生産量ピークは1967年であるため、地域社会発展の歴史の象徴としては価値がないわけではなかったが、市は将来的に国の文化財指定を目指してもいたことから、その歴史性を近代日本の製鉄産業創設期に設定したのである。

ただし、場所のみに置かれた歴史的価値は、地域住民や観光客が求める真正性（オーセンティシティ）を保証しなかった。周辺の再開発の影響もあり、東田高炉保存では敷地とコストの最小化が図られた。その結果、付帯設備の撤去とともに、高炉本体の鉄錆による腐食部分のそぎ落としと塗装による長命化・安全化という保存措置が施された。その整備後の姿（図１）に、住民らは「以前は歴史に裏打ちされた迫力を感じたが、いまはそれを感じない」と語り、また廃墟好きの観光客には「がっかり」とも評される。近代の鉄製の構造物やコンクリート製の建造物は、稼働・利用停止後比較的短期間で、劣化が明確に可視化される。その目に映じる劣化が、その施設が経た時間すなわち歴史的な真正性を見た／に触れたという感覚につながる。こうした劣化・衰退の物理的痕跡は、ヘリテージの指定・登録基準となる歴史的価値とは異なり、感覚的にその対象に接する生活者や観光客などが求める独特の真正性ともいえる（Lowenthal 1998）。そもそも日本では、特に公開する場合、大規模な構造物を自然劣化のままに保存するという方法はほとんど取られないが、ヨーロッパでは、保存方法の１つとして理念化され、実践されている（本章末のコラム「軍事景観の遺産化」を参照）。

一方、東田高炉は当該地域の観光資源では、必須アイテムとなっている。特に同じ八幡製鉄所内にあった別施設が2015年に世界遺産「明治日本の産業革命遺産」に登録されると、不動の地位を得た。「ハリボテのよう」「綺麗すぎ」と散々ないわれようの当該施設が、どのような点で本物らしさを発揮しているのか。それはその巨大さである。住民も「あんな大きいもん、普通残らんね」といい、観光客は「とにかくデカイ」と感嘆の声を上げる。いまや商業施設や住宅施設が立ち並ぶなか、その規格外の巨大さが、人々の「本物に触れた」という感覚を導出している。現状のオーセンティシティは、日々その現場に関与する主体によって、多様に展開されているのである。

課　題

1.（本章から考えてみよう）：実際に行ってみたことのあるヘリテージ（文化遺産）の経験を思い出し、自分がそのどういった側面に本物らしさ（オーセンティシティ）を感じたのか、より深く考えてみよう。

2．（調べて考えてみよう）：1で検討した具体的対象がいつ、どのような経緯でどのような主体がかかわってヘリテージ化したのか、地域の政策・歴史的側面も含めて詳しく調べよう。そこで基準となった歴史性と、自分が感じた点を比較して違いがあるのかを考えてみよう。

文献案内

1．荒山正彦・大城直樹編（1998）『空間から場所へ――地理学的想像力の探求』古今書院。

近代日本がいかにして形成されたのか、空間や景観変化から読み解かれており、ヘリテージの問題にとどまらず、幅広い視野で理解できる。

2．木村至聖・森久聡編（2020）『社会学で読み解く文化遺産――新しい研究の視点とフィールド』新曜社。

今日の文化遺産をめぐる現象を幅広く解説した書。多様化し増大する文化遺産の全容をとらえることができるばかりでなく、どのようなアプローチがあるのかも学習することが可能である。

3．荒又美陽（2011）『パリ神話と都市景観――マレ保全地区における浄化と排除の論理』明石書店。

パリの歴史保全地区を対象として、その政策をめぐる表象と実態との長期的な様相・関係性を丁寧に読み解いた良書。本章で紹介しきれなかったヘリテージを都市空間との関係からとらえる地理学的視点も学んでほしい。

参考文献

◎荒山正彦・大城直樹編（1998）『空間から場所へ――地理学的想像力の探求』古今書院。

◎西村幸夫・本中眞編（2017）『世界文化遺産の思想』東京大学出版会。

◎福田珠己（1996）「赤瓦は何を語るか：沖縄県八重山諸島竹富島における町並み保存運動」『地理学評論』69A-9。

◎ホブズボウム、E.・レンジャー、T.（1992）『創られた伝統』前川啓治・梶原景昭訳、紀伊国屋書店。

◎山本理佳（2013）『「近代化遺産」にみる国家と地域の関係性』古今書院。

◎ヨキレット、J.（2005）『建築遺産の保存――その歴史と現在』益田兼房監修・秋枝ユミ イザベル訳、アルヒーフ。

◎ Graham, B., Ashworth, G. J. & Tunbridge, E.（2000）*A Geography of Heritage: Power, Culture and Economy.* London: Arnold.

◎ Harrison, R.（2013）*Heritage: Critical Approaches.* New York: Routledge.

◎ Hewison, R.（1987）*Heritage Industry: Britain in a Climate of Decline.* London: Methuen.

◎ Lowenthal, D.（1998）*The Heritage Crusade and the Spoils of History,* Cambridge: Cambridge University Press.

軍事景観の遺産化

多くのイギリス人が愛好するレジャーの1つに海岸線のウォーキングがある。島国であるイギリスにはコースタル・ウォークと呼ばれる海岸線のウォーキングコースが張り巡らされており、そこを歩くと地形的にも変化に富むイギリスの海岸線の豊かな自然美を堪能することができる。一方で、イギリスの海岸線は国防の前線でもあった。それゆえ、イギリスの海岸線には、現在は使用されていない見張り台や砲台跡など20世紀の戦時の記憶をとどめる軍事景観が点在している。興味深いことにイギリスでは軍事的建造物があった景観を文化遺産に変貌させる実践が試みられている。イースト・アングリア地方サフォーク州の北海に面した海岸線の細長い砂州に立地するオーフォード・ネス（Orford Ness 以下、O.N.）にも軍事施設が置かれていた。

O.N. の地名の語尾にあるネス（Ness）は古英語で岬を意味する。地元の村人たちは、荒涼とした湿地帯にある細長い岬状の砂州 O.N. を「島」と呼び、船で行き来した。「島」は放牧地として利用され、「島」の沿岸では漁業が行われていた。第一次世界大戦がはじまる前年の1913年に当時の戦争省が O.N. の土地の大部分を取得し、1915年に飛行訓練学校の実験飛行部門を設置した。以来、1980年代まで軍事施設のある O.N. に一般人が立ち入ることは禁じられていた。1950〜60年代には、O.N. に原子力兵器研究開発機関が置かれ、1953年から1966年までの間に原子爆弾の実験が行われた（Heazell 2010）。

1980年代に O.N. が軍事機関としての役割を終えたのち、O.N. の土地の有効な再利用について国や地域政府でさまざまに議論されたが、最終的には1993年4月に O.N. はナショナル・トラスト（以下、N.T.）に売却譲渡された。N.T. は、O.N. を所有してから2年後の1995年に「オーフォード・ネス・ナショナル・ネイチャー・リザーブ」という名の自然保護区域として、O.N. の一般公開をはじめた。

1995年以降 O.N. では、軍事利用のもたらす残留物などの危険を取り除きつつ、N.T. が中心となって、生態学的に特徴のある豊かな自然を呼び戻す自然化のプロジェクトが行われている。兵器実験場や航空機の滑走路として軍事利用された O.N. の土地には、湿地放牧地（Grazing Marsh）として牛羊などの家畜を放牧する伝統的な牧畜農業利用が再導入された。さらに N.T. は、塩水性湿地（Saltmarsh）、砂利浜（Shingle）、潟湖（Lagoons）／水路（Ditches）など生態学的生物生息地（Habitats）の多様な特徴に応じて水鳥などを中心とした生物の自然保護区域として再出発させた。このプロジェクトは、欧州連合の環境と気候変動対策の「ライフ・ネイチャー・プログラム（Life-Nature Programme）」の資金援助を受けて、O.N. の自然の保全、O.N. の再自然化、さらに O.N. の北部に位置するオールドバラを流れるオールド川の地域を含むサフォーク・コーストのワイルド・ライフの再創造へと発展している。

橘 セツ

図１　コンクリート製の廃墟化しつつある「パゴタ（‘Pagodas’）」と呼ばれる原子力兵器実験棟群。ストニー水路の対岸から望む（2018年７月筆者撮影）

現在、O.N. のかつての軍事的建造物の主な部分は、博物館の展示室や展望台、そして自然保護レンジャーたちの宿泊施設として再利用されているが、原子力兵器研究開発機関の実験棟のように、積極的に修復されず、時間の経過にゆだねられ、廃墟と化しつつある建造物もある。O.N. の軍事景観の一部は、文化地理学者のケイトリン・デシルヴィ（Desilvey 2017）が指摘するように、物質の遺産化／廃墟化の動態に対する「不介入の思想（Philosophies of Nonintervention）」に支えられている。デシルヴィが論じる「管理された廃墟化（“controlled ruination”）」という方法は、18 世紀以来のイギリスの伝統である廃墟に対するピクチャレスク美学の 21 世紀的展開だともいえよう。すなわち、O.N. の軍事景観の遺産化は、建造物を一方で再利用し、他方で建造物の廃墟化の管理によって進められている（図１）。

O.N. の原子力兵器実験棟などの廃墟化する建造物の中への見学者の自由なアクセスは、倒壊などの危険もあることから通常は制限されている。しかしながら、N.T. は、廃墟建造物の写真撮影会などの特別見学会を年に数回実施している。

N.T. では、O.N. は、冷戦時代まで、軍関係者の労働の場所であったという記憶の掘り起こしの試みも行っている。O.N. で働いていた科学者などの労働者の記念碑を建てるプロジェクトや、当事者からのオーラル・ヒストリーの収集も行われている。さらに、N.T. では軍事利用されてきた O.N. の土地の複雑な歴史と場所の記憶への人間の心情・情動・恐怖の感情の理解と表現をめぐってアーティストを招いての創作プロジェクトを導入しながら文化遺産の管理を推進している（ここで示した内容の詳細は橘 2020 を参照）。

参考文献

◎橘セツ（2020）「英国東部サフォーク州 O.N. にみる 20 世紀軍事景観の遺産化と自然化をめぐる文化地理学」『空間・社会・地理思想』23。

◎ Desilvey, C. (2017) *Curated Decay: Heritage Beyond Saving*. University of Minnesota Press.

◎ Heazell, P. (2010) *Most Secret: the Hidden History of Orford Ness*. The History Press and National Trust.

5　都　市

都市景観の特性を活かした地誌学的まち歩き観光のススメ

松村嘉久

観光ガイドブックを何冊か比較してほしい。どのガイドブックの記述も、その地域の歴史や地理といった基本情報が書かれているほか、おおよそ7つの要素、①見る（Seeing）、②移動する（Moving）、③食べる（Eating）、④泊まる（Staying）、⑤買う（Shopping）、⑥遊ぶ（Playing）、⑦楽しむ（Enjoying）に分類できる。ネットやSNSで得られる観光情報でも、この分類は変わらない。人口が集中する都市には、これらの要素が集積していて、多様で選択肢も多く、観光客を魅惑して引き寄せる。観光ガイドブックをもって都市へ来訪する個人観光客は、これらの要素を自ら組み合わせ、観光や滞在を楽しむ。ところが、はじめて訪れる都市でまったく知らないまちへ踏み込むのは、なかなか勇気のいる行為であり、最良の組み合わせを選択できる可能性も低い。そこで注目されるのが、まちをよく知る現地ガイドが案内するまち歩き観光で、近年、日本でも成長しつつある。この章では、都市景観の特性をふまえて、それを活かしたまち歩き観光の方法を考えたい。

1．はじめに

マス・ツーリズムに対する「もうひとつの観光（alternative tourism）」として、コミュニティ・ツーリズム（CT: community tourism）あるいはコミュニティ・ベースド・ツーリズム（CBT: community based tourism）が注目されてきた。コミュニティ・ツーリズムとは、あるコミュニティに属する住民たちが、観光客を自らのコミュニティに招き入れてもてなし、ホストとして観光収入を得るとともに、その収入の一部をコミュニティへ還元する、というものである。究極の理想は、コミュニティが主体となってツアーを造成して宣伝も販売も行い、コミュニティのなかの住民がコミュニティの外から来る観光客を、コミュニティの資源を活かしてもてなす形である。観光客はローカルな生活や伝統文化を住民同様の存在として体感でき、住民たちは正当な観光収入を確実に得られる。コミュニティ・ツーリズムの実践事例は、コミュニティ内へ踏み込むのが比較的難しい少数民族地帯やスラム地域などで増えつつある。

日本におけるコミュニティ・ツーリズムは、2000 年代の半ばくらいから、地元住民が来街者にわがまちを案内する「まち歩き観光」として定着する。「まち歩き」という言葉が世間に広まったのは、2006 年『長崎さるく博』がきっかけであった（茶谷 2008）。長崎さるく博プロデューサーの茶谷幸治は、2008 年からはじまるまち歩き観光事業『大阪あそ歩《ぼ》』でもプロデューサーを務め、大阪で 150 本を超えるまち歩きコースを造成する。茶谷がまとめたまち歩き観光の造成から実施にかけてのノウハウは、実践に裏付けられていてとても興味深い（茶谷 2012）。まるで地理学教室が行う巡検のようなまち歩き番組の NHK 総合の『ブラタモリ』も 2008 年からはじまった。海外でのコミュニティ・ツーリズムは主として低開発で貧困な農村で実践されてきたが、日本ではそれが「まち歩き観光」に置き換えられたことで、農村よりもむしろ都市の観光地を中心に展開することになったのである。

まちそのものをテキストとして読み解き楽しむまち歩き観光は、新たに大きな投資を必要とせず、どのまちでも展開できるため、観光立国推進のもと、多くの地方自治体や観光協会が取り組みはじめている。まち歩き観光は来街者が地域と交流するきっかけともなり、わがまちを案内することで地元住民の地域への愛着が涵養されることから、観光振興のみならず地域振興の観点からも推進されている。まち歩き観光の推進で重要なのは、第 1 に、まち歩き観光のコース造成、次に、ガイドの養成で、どの地方自治体も頭を悩ませている。本章では、観光地理学の視点から、まず都市景観の特性をふまえ、それを活かした良質なまち歩き観光コース造成の方法に迫り、地域とガイドとの関係性、これからのまち歩き観光のあり方などについても語りたい。

2．都市景観の特性とまち歩き観光

私たちが現在見ている都市景観はどのようなものなのか。間違いなく現在の景観であるが、その景観を構成する個々の要素には、いろいろな時代のいろいろなモノが混在している。都市景観はつねに更新され続けてきたが、現在の地表には、江戸時代の地割、明治時代の鉄道、大正時代の近代建築、昭和時代の木造低層住宅街、つい最近できた商業施設など、異なる時代のさまざまな遺物が共時的に表出している。都市景観は地層のように積み重なって過去を上書きしていくのではなく、同じ地表の一部が異なる時代に破壊されては建造され、更新され形成されてきた。つまるところ、都市の歴史が長いほど、都市の活力が大きいほど、いろいろな時代のいろいろなモノが現在の地表に表出することになる。よく大阪は「ごちゃごちゃしている」と酷評されてきたが、それは都市の歴史が長く活気があったから、それだけ地表の更新が頻繁に発生した結果であり、そうした都市景観の多様性は、まち歩き観光においては何よりの強みとなる。

まち歩き観光のコースを造成する際、最も簡単なのは、都市景観の構成物から、特定の「時代」か、特定の「テーマ」だけを選び、それらをつないでコース造成する方法である。例えば、「真田幸村と大坂の陣コース」の類が前者の、「上方落語の舞台を歩くコース」の類が後者の典型である。都市景観の構成物のなかから、真田幸村が活躍した時代、上方落語というテーマと関連するものだけを選ぶことで、まち歩きそのものに強い物語性が加わり、参加する側にも企画の意図が伝わりやすい。そのため、多くの地域で特定の時代やテーマをつなぐようなコース造成が試みられている。歴史や文化など特定の現象に着目して歩くことから、このタイプのまち歩き観光を系統地理学的まち歩き観光と呼びたい。

しかしながら、特定の時代やテーマをつなぐコース造成はどこでも成立するわけではなく、まちへの愛着を深めるという観点からは、むしろ本質的な欠点が潜んでいる。まち歩き観光は「歩く」という身体的行為で、まちそのものをテキストとして読み解くのが魅力である。周りの風景を見ながら歩くという行為は、時間的に連続していて、当然、肉体的な限界もある。歩くことが主目的で観光スポットをめぐるような健康ウォーキングツアーは別として、通常のまち歩き観光で歩く距離は5km くらい、所要時間にして3、4時間くらいが上限であろう。特定の時代やテーマを語れる都市景観の構成物が、狭い範囲に稠密に分布していればいいが、無理につなごうとすると、時代やテーマを限定しているため、系統地理学的まち歩き観光は宿命的に移動距離が長くなる。さらに重要な問題は、特定の時代やテーマだけをつなぐ系統地理学的まち歩き観光では、スポットとスポットとの間の移動途中で目にするあらゆるものが、時代やテーマから外れた目障りで存在意義のない異物になってしまう点である。

来街者のまなざしが強く意識され、特定の時代やテーマが地域イメージとして固定されてしまうと、都市空間はその地域イメージを増幅する方向へと変容しはじめ、その地域イメージ以外の多様性は弱まる。いわゆる都市空間のテーマパーク化と呼ばれる現象である（松村 2011）。狭い地域に同じ時代やテーマと絡む要素が稠密に集積していれば、来街者は効率よく短時間で濃厚な歴史やテーマを楽しめる。地域イメージ通りの消費を試みる外からの来街者が増えると、地域イメージに沿わないものは存続し難くなり、自由競争のもと外からの資本も参入して、まちは単一的で多様性のない構成へと変わってゆく。大阪では、「焼肉とコリア文化のまち」鶴橋、「昭和レトロと串カツのまち」新世界で都市空間のテーマパーク化が進みつつある。

観光振興の視点から来街者の増加は歓迎すべきであるが、過度な都市空間のテーマパーク化は避けるべきであろう。まちは多様性に富んでいるほど、困難な状況に直面してもしなやかに適応できる。まち歩き観光で時代やテーマを追求する発想は、まちの多様性を心ならずも邪魔もの扱いすることにつながりかねない。混沌でごちゃごちゃした都市景観の特性を活かして、まちなかに目障りで存在意義のない異物を生み出さないような、むしろまちの多様性を発展させるようなまち歩き観光のあり方がいま問われている。

3．地誌学的まち歩き観光のススメ

まち歩き観光コースを造成する際、まず提唱したいのは、飽きずに楽しみながら歩いて回れる精神的肉体的限界から逆算して、思い切って1km四方から2km四方くらいのエリアを想定することである。まち歩き観光マップのなかには、5km四方くらいのエリアで、広く観光スポットを掲載して、時代やテーマでつなぐモデルコースを推奨するようなものも少なくない。実際5km四方くらい地図を使ったまち歩き観光は、移動距離も移動時間も長い間延びしたものとなり、まちの魅力は伝わらず、往々にして参加者の満足度は低くなる。そのような場合は、5km四方のエリアから1kmから2km四方の魅力的なエリアを複数切り取って、別々にコース造成すべきである。5km四方のエリアは歩いて回るのには広すぎで、2km四方を超えるエリアなら自転車での移動を検討したほうがいい。ただし、自転車を利用するサイクリングツアーは、移動しながらの会話が楽しめないため、安全確保したうえで移動中に一体感を高めるような工夫がいる。2019年に世界文化遺産登録された百舌鳥古市古墳群のように、立ち寄り先が広範囲に点在している場合は、サイクリングツアーが適している。

では1km四方から2km四方くらいのエリアを想定するとして、どのようにまち歩き観光のコースを組めばいいのか。まちの多様性を発展させまちへの愛着を涵養するという視点から、時代やテーマを追求する系統地理学的まち歩き観光ではなく、地域性を探求する地誌学的まち歩き観光を推奨したい。想定したエリアのなかには、いくつもの時代やテーマの都市景観構成物が数多く点在している。ある構成物で何かを語り、その次は、同じ時代やテーマにこだわらず、その最寄りに存在する関係性の深い構成物へと歩いて向かう。そうすれば、歩く時間も距離も短くなり、都市景観構成物の多様性も活かせる。混沌たる都市景観の個々の構成物は、時代やテーマは異なっても、まちのなかで相互に関連し合って有機的に存立している。時代やテーマが異なっても、そうした都市景観構成物の相互関連性を語って巡ることから、まちの成り立ちや地域性に迫るのが、地誌学的まち歩き観光である。

例えば、大阪府松原市河内天美の阪南大学国際観光学部周辺は何の特徴もない地域にみえる。ところが、探してみると、古代の条里制、ため池・用水路網・大和川のすげ替え、都市計画、農地の急速な宅地化とスプロール現象、長屋住宅の時代変遷、移住者の諸相などを示す都市景観が残っていて、大阪の郊外住宅街の形成を語る地誌学的まち歩き観光コースが組める。歩く距離は2 km くらいで所要時間は60分くらい、はじめて参加した学生は、いつもの見慣れた風景から浮かび上がる河内天美独特の地域性に気づき驚く。

都市景観構成物がもっと多様で密度も濃い市街地や繁華街ならば、その組み合わせをかえて、来街者に応じて語りを編集することで、同じまちでいくつもの物語が描け、何コースもの地誌学的まち歩き観光を造成できる。特定の時代やテーマをつなぐまち歩き観光ならば、ガイドがまちの語りを編集する余地はそう多くは残されてはおらず、定番のコースと語りを構築しやすい。一方で、地誌学的まち歩き観光の場合は、どのような形でガイドがまちとかかわっているのか、そのガイドが現場でどのような都市景観の構成物を選ぶのかなどによって、多彩で多様なプログラムが組める。ガイドと一緒にまち歩き観光をライブで楽しむという前提に立てば、地誌学的まち歩き観光は、ガイドによっても、参加者によっても、現場で臨機応変する究極の体験、一期一会のエンターテイメントとなりうる可能性をもつ。

大阪市西成区あいりん地域は、1990年代半ばに日雇労働者のまちから野宿・ホームレスのまちへ、その後は、生活保護受給者のまちへ、さらには外国人旅行者も国内旅行者も集うまちへと変容した（松村 2009)。変容したといっても、変わったのは地域在住者の構成比であり、まちには日雇労働者、野宿・ホームレス、生活保護受給者、外国人旅行者・国内旅行者、普通に暮らす地域住民が並存している。まちの都市景観も、その各々の人々の生活スタイルが色濃く反映されていて、多様で多彩である。あいりん地域では、どの都市景観構成物を選ぶかによって、またそれをどう物語るかによって、生きる本質を学ぶようなスタディ・ツアーから、食べ歩きや飲み歩きなど娯楽性の強いツアーまで、幅広い地誌学的まち歩きプログラムを造成できる。

4．まち歩き観光のガイド

まちとまち歩き観光のガイドの関係性について語りたい。まち歩きガイドの理想は、そのまちで生まれ育ち、生活し続けているコミュニティのなかの人である。また、まちのことを熟知していて、まちなかの人々と良好な関係性を構築していることが望ましい。逆に、そのまち以外のことは、そのまちとのかかわりにおいて語れるくらいで充分である。まち歩き観光ガイドの究極の役割は、「ツレのツレはツレ（友だちの友だちは友だち）」という大阪人独特の感覚が重要で、コミュニティの外から来た来街者（ツレ）をコミュニティのなかで生きるガイド（ツレ）が仲介して、ガイドのツレとしてコミュニティのなかの他のツレに、来街者をつなぐことにある。そうすることで、来街者は短時間でそのコミュニティに溶け込め、上手くいけばコミュニティのなかの人と同じ存在になれる。

地誌学的観光まち歩きガイドに求められる能力とはどのようなものであろうか。それは、来街者のまちへの関心や視線に寄り添って、都市景観構成物を臨機応変に選び編集して語る能力であろう。ガイドのなかには自らが学んだことを一方的に語ろうとする人もいるが、それはたとえボランティア活動であっても良くない。まち歩き参加者の関心や視線に寄り添いつつ、対話のなかで新たな関心や視線を呼び覚まして、まちへつなげていく努力がサービス業としては不可欠である。まちを熟知して臨地で編集して面白く語れるガイド、このまちのことならこの人というカリスマ案内人を養成できれば、まち歩き観光コースの設定そのものが必要なくなるであろう（栗本 2013）。まち歩きコースを案内するガイドではなく、まちそのもののガイドであれば、まち歩き観光の可能性は無限に広がる。

現状において、まち歩き観光の現場は、ボランティアガイドによって支えられていることが多い。来街者がそもそも少なく、ボランティアガイドでしかまち歩き観光が存続しえない地域もあろうが、今後は、観光ビジネスとして自立的に運営できるよう、可能な限り、有償化、プロガイド化を目指すべきである。能力の高いガイドも、駆け出しのガイドも、ボランティアガイドであったとしても、それ相応の報酬を得てこそ観光立国の道がひらけ、地域の魅力発信力も向上する。まち歩き観光が観光ビジネスとして成立すれば、高齢者や専業主婦も活躍できる雇用の創出にもつながる。今後は歩いて見て回るだけのまち歩き観光ではなく、まちでの消費を促進する工夫を盛り込み、体験プログラムなども積極的に取り入れ、まち歩き観光にエンターテイメント性をもたせて高付加価値化を図ることが課題となろう。

課　題

1．(本章から考えてみよう)：あなたが自分の住むまちを案内することになりました。まず案内する対象となる人物像を想定して、その人を連れて、あなたなら自分のまちのどこへ行き何を見せてどう説明しますか。まち歩き観光のコースを造成してください。

2．(調べて考えてみよう)：現在、全国の地方自治体や観光協会が競うかのように、まち歩きコースを造成して「まち歩きマップ」をネットで公開しています。そうした「まち歩きマップ」をダウンロードして、本章で示した視点などから、掲載されているエリアの広さ、立ち寄り先やコース設定の特徴などを分析して、どのような層をターゲットにしているまち歩きなのかなど、コース造成について論評してください。

文献案内

1．NHK「ブラタモリ」制作班監修『ブラタモリ』角川書店。

NHK のまち歩き番組「ブラタモリ」が 2016 年から順次書籍化、2021 年 2 月現在で 18 巻まで刊行されている。謎解きしながらのまち歩きは、書籍になっても充分楽しめる。

2．茶谷幸治（2012）『「まち歩き」をしかける――コミュニティ・ツーリズムの手ほどき』学芸出版社。

「長崎さるく博」・「大阪あそ歩」で実践を重ねて練り上げたまち歩き観光の理念やノウハウが語られている。まち歩き観光や地域観光振興と関わる人たちの必読書である。

参考文献

◎栗本智代（2013）『カリスマ案内人と行く大阪まち歩き』創元社。
◎茶谷幸治（2008）『まち歩きが観光を変える――長崎さるく博プロデューサー・ノート』学芸出版社。
◎茶谷幸治（2012）『「まち歩き」をしかける――コミュニティ・ツーリズムの手ほどき』学芸出版社。
◎松村嘉久（2009）「大阪国際ゲストハウス地域を創出する試み」（神田孝治編『観光の空間――視点とアプローチ』ナカニシヤ出版）。
◎松村嘉久（2011）「歴史文化テーマパーク化する西安」（石原潤編『西北中国はいま』ナカニシヤ出版）。

メガ・イベントと都市

都市は数多の建造環境から構成されており、とりわけ建築物はその土地の目玉となる観光資源となっている場合が多い。今日スペクタクルな、ないしはメガ・イベント的なものと都市との結びつきでまず想起するのは、万国博覧会やオリンピックを代表とするスポーツイベントであろう。あるいは国家元首の冠婚葬祭だろうか。

19 世紀のパリでは 4 回万国博覧会が開催された。第 1 回の万国博覧会は 1851 年のロンドンであったが、4 年後の第 2 回がパリで、それから極めて短期間の間に 3 回も行われたのである。ナポレオン 3 世の第二帝政期に 2 回で、いかにもスペクタクルなイベントや景観を好んだ皇帝の志向を現していると映るが、帝政がひっくり返ったあともなお 2 回、第三共和政のもとで行われているのである。1889 年は大革命 100 周年で、エッフェル塔が建てられたことでも知られる。他の仮設構築物同様、イベント期間終了とともに取り壊されるはずであったものが、1891 年の開催時にも残された。それが、いまではこの構築物抜きにパリの景観を語ることはできない代物となっているのである。

建造環境はいったんつくられてしまうと、それが重厚長大な人工物であるがゆえに、簡単に他のものに取り換えたり撤去したりすることは難しい。変化に対する桎《しっ》梏《こく》と化す両義的な存在である。ウィーンの新市街地に聳《そび》えるナチスドイツ時代につくられたあまりにも巨大なコンクリート製のトーチカ・砲台は、取り壊すのに莫大な費用が掛かることからそのまま残されている。ダークツーリズムの対象ともなりえる代物であるが、ミラノの中央駅、トリノの各所にあるゲート、ボルツァーノの新市街地等、ムッソリーニによる垂直的な直線を強調するある種アール・デコ的な建築物群もことさら観光資源となってはいないようである。ムッソリーニのファシズムに限らず、ヒットラーのナチズムも巨大建築を誇示し、またそれこそスペクタクルなニュルンベルクの党員大会やベルリン・オリンピックなど、大規模なイベントを次々と打って大衆動員のための道具とした。シュペーアによるドイツ第三帝国首都・ゲルマニア構想は、巨大な建築物群からなる首都ベルリンの大改装であって、ナポレオン 3 世のパリを超えるべく計られた象徴的な都市構想といえよう。モスクワに 7 つあるスターリン・ゴシック様式の超高層ビル群は、マンハッタンのそれに対抗すべく同じ 1930 年代に次々と建てられていったものである。スターリンはまたシュペーア的ともいえる巨大建築物（人民会堂）をモスクワのど真ん中に建造しようとしたが、これは完成には至らなかった。このスターリニズムも含め全体主義的権力とメガ・イベントと都市の関係には、じつに根深いものがある。これらは現代まで続くオリンピックや各種スポーツイベントにいまだに受け継がれているものであろう。

だがいま、すでにこうした国家社会主義的な国家運営は、新自由主義的な経済政策が支配的となったことによって、この世界から追いやられてしまった。景観的に

大城直樹

不愛想な国際様式の5階建てのアパート群が大量生産されたジャイガンティックでマッチョな都市景観（団地、ニュータウン）は後景化し、代わりに垂直性を競う高層マンションが、都心付近の各所でギラギラ光りながら林立し続けている。晴海のオリンピック選手村も会期後は分譲マンションとなるとのことであり、すでに販売されてさえいる。

しかしながら今日では、先に述べてきた非日常型のスペクタクルよりも日常的な祝祭のほうが、また大人数が一堂に会してのビッグイベントよりも繁華な場所でのちょっとした非日常のほうが選好されているように思える。東京に関していえば、2020年に予定されていたオリンピックが新型コロナウィルス禍によって延期（2021年に無観客で開催）されたものの、それほど大きな落胆の声を（アスリートと主催関係者を除けば）メディアから聞くことはなかった。それよりも、かつては1階に駐車場、2階に公共の市民公園を設け画期的と評されたこともあった宮下公園が、某スポーツブランドと手を組んでそれまで仮住まいしていたホームレスの人たちを追い出してスポーツパークと化したが、それさえ取っ払って、2020年秋に、それほど長くはない改築期間を経て、某大手開発業者の肝煎りでMIYASHITA PARKとして商業施設化したことのほうが、また同じ渋谷で某鉄道資本による大々的な再開発で、あまり変わり映えのしない店舗構成でいくつも高層ビルに付帯する商業空間が増殖していることのほうが、はるかに話題にのぼるし注目を集めているのである。

東京をみると1980年代後半以降、赤坂から汐留、六本木6丁目、丸の内、日本橋、赤坂9丁目、虎ノ門、日比谷、渋谷と目まぐるしく界隈のリニューアルが行われ、さも新しい都市空間が産まれたかのように宣伝される。大手資本が広告業者と結託し、非日常感を演出し続けるのである。イメージの消費と束の間さ、スペクタクルな外観、これらはハーヴェイがジェイムソンを援用しながらいうところの後期資本主義の文化論理にほかなるまい（ハーヴェイ 1999）。メガ・イベントなどなくとも大規模な再開発によりヒト・モノ・カネ・情報が、この目新しい都市空間に集まるようになってきているのである。日常的に非日常の時空間が体験できるテーマパークのお手軽バージョンとでもいえようか。だが、これらが陳腐化していくのは速い。つねに新奇さと差異が求められるからである。これはまさに、権力にとっての大衆操作の装置である、スペクタクルなイベントと「おいしい」モノの提供、すなわち現代版の「パンとサーカス」にほかなるまい。

参考文献　◎ハーヴェイ、D.（1999）『ポストモダニティの条件』吉原直樹監訳、青木書店

第Ⅱ部

観光地を人から読み解く

6　ツーリスト

地域がツーリストに与える経験と、その経験が地域に及ぼす効果

滝波章弘

観光は、ツーリスト、観光地、そして両者をつなぐメディアから成立する。ツーリストに関しては、旅行先で何を知り、何を感じ、それをどう意味づけるかという経験の意義づけの問題がある。ツーリスト経験の研究は20世紀後半にどういう視点ではじまり、21世紀に入ってどう変わり、何が課題とされているだろうか。本章では、こうした議論をふまえつつ、観光地側の地域がツーリストに与える経験と、その経験が地域に及ぼす効果を考えたい。

1．ツーリスト経験研究の変化

ツーリスト経験研究は1970年代に本格化した。巡礼者は旅で日常の構造から解放され、秩序が一時的に消えるコミュニタス状態に置かれるとした1973年の理論（ターナー 1981）、現代のツーリストは近代化・工業化で疎外された結果、他者や他所に真正性を求めるとした1976年の理論（マキャーネル 2012）、疎外度と真正性の要求度には程度の差があり、ツーリスト経験は遊興的モードから実存的モードまで段階状に並ぶとした1979年の理論（Cohen 1979）が代表的とされる。こうした理論研究には、旅行を日常（疎外された状態）→非日常（旅先で中心にいる状態）→日常（一歩成長した状態）の過程とする儀礼論的な枠組みがみられる。

2000年頃からは、ツーリストの語りをとらえる物語論的な枠組みが増えた。それでも、イギリス人のペルー旅行をもとに真正性の追求を人生の段階に応じたアイデンティティの創出と考える研究（Desforges 2000）、イスラエルのバックパッカーに複数の経験モードの存在を認める研究（Uriely et al. 2002）、同じく旅先での真正な経験によって自己変革が生じた点を確かめる研究（Noy 2004）など、疎外解消や真正性追求の視点を保持している。しかし

2010年以降は、カナダ人の旅行の語りを記憶の創造と位置づけ、人間関係の構築、知識向上、自己実現、物理的困難の克服を見出す研究（Tung & Ritchie 2011）、イギリスのバックパッカーを例に、ブログでの語りから、危険、挑戦、新奇な事象との遭遇を経た自己成長を読み取る研究（Bosangit et al. 2015）、フィンランドの研究者たちが道中や滞在先で害とされる蚊とどのような身体的出会いをしたか、そのエピソードを相互に語ることで、特定の生き物との出会いだけを価値づける人間中心主義のヘゲモニーを批判する研究（Valtonena et al. 2020）など、視点は広がってきた。

筆者は、物語論に消費論を加えた視点から、観光は時間と費用を投入して感情や体験という商品を購入する消費行為と考えてきた。そして、旅行雑誌に投稿された一般人の旅行文を分析し、ツーリストは人・場所・出来事との遭遇、他者・他所との差異、問題の反転・克服・昇華を綴ることで、商品の消費を効果的にするとともに、語りのなかに時代の社会的動向や集合的意識を反映させていると論じた（滝波 2005）。しかし、ツーリスト経験研究を深めるならば、地域的な議論、すなわち観光地側の思惑がどのようにツーリスト経験に表れ、またその経験がどういった効果を観光地側の地域にもたらすかという議論（滝波 2017）が不可欠と考えられる。

2．地域資源としての大玉村のイグネ

事例として、福島県中通り地方にある大玉村を取り上げる。2019年時点で面積79 km^2、人口8800人の行政村であり、居住域は村の北西端に位置する標高1709 mの安達太良山の南東側の裾野に広がっている。冬になると強く冷たい安達太良おろしが西から吹き降ろすので、それを防ぐため、多くの家の北〜北西〜西の面に分厚い屋敷林「イグネ」がみられる。

大玉村はNPO法人「日本で最も美しい村」連合に加盟している。これは1982年創設の「Les Plus Beaux Villages de France（フランスの最も美しい村）」に倣って2005年に結成されたもので、その趣旨は、平成の大合併による村消失の危機の際に、小さな村の自立を図ることだった。加盟条件は、①人口がおおむね1万人以下、②地域資源が2つ以上、③地域資源を活かす

活動の実施で、これらは加盟審査に使われ、加盟後も５年ごとに審査される[1)]。

大玉村は2014年10月に加盟したが、その際にイグネの里山景観の保全が条件の１つとなった。大玉村総務部政策推進課の担当者によれば、イグネに関心を向けた理由は、2011年の東日本大震災からの復興ではなく、あくまで連合加盟であり、「大玉村に他にも誇れる地域資源が１つ増えたことを住民の意識とし、自らの地域に誇りをもつ」ためであったという。

村には、加盟と連動したイグネ関連の取り組みがいくつかある。例えば大玉村観光協会が主催した2015年度写真コンテストのテーマは「居久根のある風景」で、2016年２月に入賞作品が発表された。2016年５月には、政策推進課の担当者によれば「大玉村のいぐねのある風景を多くの方々にご覧いただく」という目的で、村の南端に位置する標高576 mの大名倉山へ新しい登山道が開設された。また、2016年９月から11月にかけて、イグネの実態把握のため、村内のイグネ所有者に対してアンケート調査が実施され、その結果が『平成28年度「日本で最も美しい村」景観保全調査報告書——安達太良山といぐねの里山景観を次世代に』（大玉村発行）にまとめられた。

村の政策推進課は、イグネが個人財産である以上、住民が不要と思えば伐採できるし、住環境の変化でイグネの価値も減り、必ずしも必要とはいえないと考え、もし保全を試みるならば、「保全区域等の指定により恒久的に維持することが必要」という立場にある。また、2016年の報告書では、地元の「あだたらを知る会」のメンバーが、「あだたらおろしの西風、真夏の強い西日をよけるのに居久根は大切だった。除染で居久根を払ってしまった家では、植栽を始め居久根の復活を始めた家もある」と述べている。

３．大名倉山登山とツーリスト経験

以前、大名倉山への登山道は大玉村の南東に隣接する本宮市側からしかなかった。大玉村側からの新登山道はイグネ眺望に効果があったのか。

インターネット上で登録なしに読める一般人の大名倉山登山記を探すと、新登山道開設の2016年５月～2020年４月の４年間で23本を数えた[2)]。記載内容をもとに、登山日、動機が新登山道開設か否か、山頂での眺望の対象、登山の印象を整理した（表１）。眺望の対象は主なもの、すなわちイグネ、安達太良山、大玉村、本宮市に絞った。2017 年 12 月までは新登山道開設が動機であることが多い。しかし、山頂での眺望は、安達太良山が他を圧倒する。イグネへの眺望は、大玉村や本宮市への眺望と比べても少ない。

山頂の状況を把握するため、筆者は 2018 年 8 月 20 日に大名倉山へ登ってみた。登山口から山頂まで標高差 200 m、やや速足で 20 分だった。山頂には説明版が置かれ、「日本で最も美しい村」やイグネのことが記述されている。しかし、安達太良山の山容（図 1-①）と比べ、イグネは複数の家で連続して

表１　大名倉山の登山記

登山者	登った日	動機は登山道	眺望の対象				登山の印象（筆者が主な語りを抽出し、表現を要約）
			イグネ	安達太良山	大玉村	本宮市	
Ⓐ	2016.5.12	＋		＋			眺めが気持ち良い
Ⓑ	2016.5.21	＋			＋	＋	経過時間より長く感じる／自信ない人には無理
Ⓒ	2016.6.5	＋	＋	＋	＋	＋	安達太良山への最高の眺め
Ⓓ	2016.7.14	＋		＋		＋	天気が良ければ安達太良山が一望
Ⓔ	2016.8.16			＋	＋	＋	眺めが良い／安達太良山も綺麗
Ⓕ	2017.1.3			＋	＋	＋	安達太良山は雲の中／一年の無事の登山を祈願
Ⓖ	2017.1.8						想像以上の眺め
Ⓗ	2017.4.14	＋		＋			誰も登ってきていない／眺望が良い
Ⓘ	2017.4.27			＋			安達太良山の眺望が最高
Ⓙ	2017.5.16	＋					足慣らしに良い／見事な展望
Ⓚ	2017.9.3		＋	＋			安達太良山の景色／クビキリギスの鳴き声不快
Ⓛ	2017.11.28	＋		＋			誰もいないので安達太良山の眺めを独り占め
Ⓜ	2017.12.7	＋	＋	＋		＋	安達太良山の広大な裾野／イグネの風景
Ⓝ	2018.2.20			＋			雪道のツボ足はきつい／展望が素晴らしい
Ⓞ	2018.5.23			＋	＋	＋	安達太良山の眺め／イグネの田園風景
Ⓟ	2018.9.24			＋			雲に隠れた安達太良山／収穫の田園風景
Ⓠ	2018.12.14			＋			10 往復はしんどい／山登りに必要なものを掴む
Ⓡ	2019.2.17			＋		＋	安達太良山の眺め抜群
Ⓢ	2019.2.25			＋	＋	＋	安達太良山の眺めが良い／里山とは侮れない
Ⓣ	2019.3.9			＋	＋	＋	急登続く／安達太良山の展望／フキノトウ収穫
Ⓤ	2019.4.7		＋	＋	＋	＋	安達太良山の眺め／和尚山が主峰に見える
Ⓥ	2020.1.25			＋	＋		安達太良山の眺め／誰もいない山頂でご飯堪能
Ⓦ	2020.3.7			＋		＋	道はドロドロで靴汚れる／絶景の安達太良山

表の内容は関連サイトやブログをもとに作成。＋は該当する項目ありを示す。

図1　大名倉山の登山道
①山頂から見た左の和尚山（1602 m）と右の安達太良山、②山頂から見る大玉村、③草の下を這うヘビ、④道を遮るようなブナの若木（2018年8月20日筆者撮影）

いるためわかりにくかった（図1-②）。なお、2015年写真展の最優秀賞は、高みから俯瞰したイグネでも、典型的な散居になっている[3]。

登山道は、訪問者が少ないせいか、低い部分では夏草が茂り放題で、道がわかりにくい箇所があった。事実、筆者は下りに道標を見飛ばして誤った方向へ入り、気付いて引き返した。また、山頂近くの急な土の道は滑りやすかった。一方、ミンミンゼミ、ツクツクボウシ、チッチゼミの大合唱を聴き、草の下を這うヘビ（図1-③）を見掛け、道を遮るようなブナの若木に出くわした（図1-④）。個人的には、夏の空気で霞んだ安達太良山の眺望よりも、やや速足で登る競技感覚、セミの大合唱やブナの若木に出会う自然体験、草が伸びて足元に何があるかわからない緊張感、道を間違えるという出来事性、真夏の暑さのなかを歩く身体感覚のほうが印象に残った。

表1に戻り、大名倉山登山がどう意味づけられているかを考察したい。山

頂から安達太良山への眺望が最も大きな経験になっている。しかも、Ⓓは「天気さえ良ければ安達太良山が一望」、Ⓕは「安達太良山は雲の中」、Ⓟは「雲に隠れた安達太良山」など、雲で見えない場合でも、願望や想像の形で山への眺望を経験の一部としている。またⓁは、「雲が低く、安達太良山山頂が見えません。安達太良山山頂が見えるまで、ひとりタコ焼きパーティーをして（……）待つこと約 80 分（……）低い雲は東方に流れ去り（……）安達太良山の展望台である大名倉山は景観が最高でした」と書いている。

登山道はどう語られているだろうか。Ⓑは「足に自信の無い方には無理強いできない」、Ⓙは「足慣らしにピッタリ」、Ⓝは「ツボ足を敢行。結果、キツかった」、Ⓠは「山登りに必要な何かを掴んだ」など、相応の登山ができる道として認識している。また、ⒷとⓀは「急坂」、ⓈとⓉは「急登」、Ⓤは「斜度があって」、Ⓥは「傾斜があります」と記し、急な登りの存在も指摘している。大玉村には「小さくても輝く“大いなる田舎”大玉村」というキャッチフレーズがある。登山道も短いが立派な山道になっている。

物品購入と違って、観光では印象や出来事を選んで強調できるし、否定的な要素も語りのなかで肯定的な経験に変えることができる。また、旅の時空間に劇的な変化があれば、満足度は上がる。ただし、大名倉山登山の場合、時空間が昼間の山の一本道であるので、経験はある程度限定される。

雑誌やインターネットでのツーリスト経験の語りでは、媒体の分野・性質（滝波 2009）や、あるテクストが別のテクストを参照する事実（滝波 2011）の考察が欠かせない。大名倉山に登る人々は、基本的に山に関心があり、登山に特化したブログやサイトを参照している可能性が高い。したがって、近い動機をもった１つのカテゴリー、相互に参照しあう１つのコミュニティとしての大名倉山登山者の経験は必然的に似てくる。そして、その経験の中心が安達太良山の眺望と山登りの手応えだった。

最後に、ツーリスト経験と観光地側の関係についてまとめたい。大名倉山山頂にはイグネの眺望地点であることを示す説明版が置かれているが、視覚体験が強く作用して、登山者のなかでは安達太良山の印象のほうが強くなる。また、身体感覚の点から、新登山道は短くても手応えがあるものとされる。

つまり大玉村は、新登山道開設を、当初はイグネの眺望地点の創出として想定していたが、結果的には安達太良山の眺望地点や登山トレーニングの場となり、それが村の新しい地域資源として定着しつつある。観光は感情や体験を売る産業なので、政策上の意図や案内板の指示と違った方向に展開することもある。

課　題

1．（本章から考えてみよう）：自分自身の旅行を思い出し、そこで何を感じたか、そこから何を語りたいか、それはどのような意味をもっているかを考えなさい。

2．（調べて考えてみよう）：観光地を1つ選び、そこでの経験について書いた一般人の記事をブログやサイトから収集して、経験と観光地の関係を分析しなさい。

文献案内

1．ブーアスティン、D.（1964）『幻影（イメジ）の時代――マスコミが製造する事実』星野郁美・後藤和彦訳、東京創元社。

原著は1962年に出版され、観光研究の萌芽や古典といえる著作であり、1970年代の理論的な観光研究は、この著作を検討と批判の対象にすることで進展してきた。

2．ターナー、V.（1981）『象徴と社会』梶原景昭訳、紀伊國屋書店。

巡礼に関する第3章の原著は1973年の論文で、コミュニタスが成立する非日常状態をリミナリティ、余暇など個人の自由度の高い非日常状態をリミノイドと区別した。

3．マキァーネル、D.（2012）『ザ・ツーリスト――高度近代社会の構造分析』安村克己ほか訳、学文社。

原著は1976年に出版され、観光研究で多く引用される文献の1つで、演出された真正性の概念や観光ガイドブックの分析などは参考になる。

注

1）「日本で最も美しい村」連合 http://utsukushii-mura.jp（最終閲覧日2020年8月5日）

2）表1の登山記が掲載されているサイトやブログの一覧Ⓐ https://lcco.exblog.jp/22800827/、Ⓑ http://iwasironokuni.cocolog-nifty.com/komiti/2016/05/post-2f12.html、ⓒ https://www.yamareco.com/modules/yamareco/detail-894777.html、Ⓓ http://ftk-ac.net/01_hik/2016_hik/5364_oonagura/5364_oonagura.html、Ⓔ https://www.yamareco.com/modules/yamareco/detail-942631.html、Ⓕ https://www.yamareco.com/modules/yamareco/detail-1039113.html、Ⓖ https://www.yamareco.com/modules/yamareco/detail-1043627.html、Ⓗ https://smcb.jp/diaries/7334899、Ⓘ http://3gaku.jp/2017/04/27/、Ⓙ http://telemusu.blog.fc2.com/blog-entry-2326.html、Ⓚ http://

mcbethweekend.blogspot.com/2017/09/no09.html、 Ⓛ http://www.geocities.jp/rararaasobitai/public_html/h29oo.html、Ⓜ https://tokuhain.arukikata.co.jp/fukushima/2017/12/post_42.html、Ⓝ https://zatoki.sakura.ne.jp/zatokiwa_2018/20180221、 Ⓞ https://blog.goo.ne.jp/masahiro5836/e/32f516e81b02103eb87c982f3c9d0c09、 Ⓟ https://www.facebook.com/groups/fukushima.walking/permalink/2187061548032296/、Ⓠ https://yamap.co.jp/activity/2882403、Ⓡ https://sonohino-kibunshidai.org/matome/extra/tozankiroku.php?id=75、Ⓢ https://www.yamareco.com/modules/yamareco/detail-1740200.html、Ⓣ https://yamap.com/activities/3230895、Ⓤ https://blog.goo.ne.jp/heata-p-p/e/2345a52f8f69bd7a811ee5bd310761a1、Ⓥ https://ayapeanuts-blog.com/mountain/oonagurayama2020、Ⓦ https://www.yamareco.com/modules/yamareco/detail-2246783.html（最終閲覧日は、2018 年以前の登山記が 2019 年 2 月 6 日、2019 年以降の登山記が 2020 年 8 月 5 日）

3）大玉村 https://www.vill.otama.fukushima.jp/kankou_shiseki/photocontest/nyuusyousaku/photocontest_h27/（最終閲覧日 2020 年 8 月 5 日）

参考文献

◎滝波章弘（2005）『遠い風景――ツーリズムの視線』京都大学学術出版会。

◎滝波章弘（2009）「読者旅行文にみる一般人のツーリスト経験」（神田孝治編著『観光の空間――視点とアプローチ』ナカニシヤ出版）。

◎滝波章弘（2011）「旅行記」（安村克己ほか編『よくわかる観光社会学』ミネルヴァ書房）。

◎滝波章弘（2017）「丹沢・鳥屋の冬の風物詩――ヒノキ植林とブナ再生の狭間の雪の絵模様」『理論地理学ノート』19。

◎ Bosangit, C., Hibbert, S. & McCabe, S.（2015）“If I was Going to Die I Should at Least be Having Fun”: Travel Blogs, Meaning and Tourist Experience. *Annals of Tourism Research* 55.

◎ Cohen, E.（1979）A Phenomenology of Tourist Experiences. *Sociology* 13-2.

◎ Desforges, L.（2000）Traveling the World: Identity and Travel Biography. *Annals of Tourism Research* 27-4.

◎ Noy, C.（2004）This Trip Really Changed Me: Backpackers’ Narratives of Self-change. *Annals of Tourism Research* 31-1.

◎ Tung, V. W. S. & Ritchie, J. R. B.（2011）Exploring the Essence of Memorable Tourism Experiences. *Annals of Tourism Research* 38-4.

◎ Uriely, N., Yonay, Y. & Simchai, D.（2002）Backpacking Experiences: A Type and Form Analysis. *Annals of Tourism Research* 29-2.

◎ Valtonena, A., Salmelab, T. & Rantalab, O.（2020）Living with Mosquitoes. *Annals of Tourism Research* 83.

観光客と旅行案内書

ごく個人的なことをコラムに書きたいと思う。ほぼ完璧な「旅行案内書の案内書」はつくれないだろうか。観光客が観光地の情報を求めるように、旅行案内書の系譜や歴史がわかりやすく書かれた案内書が欲しいのである。例えば日本において、これまでにどれくらいの旅行案内書が出版されてきたのであろうか。その起源はわからないにしても、旅行案内書は歴史的にどのような変遷をたどってきたのであろうか。日本はもとより諸外国を含めて、出版された旅行案内書はおよそ何種類、何冊あるのだろう。日本の旅行案内書は、諸外国と比べてどのような特徴をもっているのか、共通する点はどこにあるのか。旅行案内書の歴史や系譜に関する多くの、しかもとても単純な疑問への回答は、残念ながら用意されていないのである。

よくわからないのは歴史や系譜だけではない。そもそも「旅行案内書とは何か」という問いにも困らされる。疑う余地のない「旅行案内書」がある一方で、紀行文や写真集、地図、時刻表は旅行案内書なのであろうか。旅行雑誌は旅行案内書であろうか。「旅行案内書とは何か」という定義を考えはじめると、旅行案内書と旅行案内書以外の出版物との境界線ははっきり引くことができないと気づくのである。さらに近年では、旅行の情報は紙の上に印刷されているばかりではなく、インターネットというグローバルなネットワークの内にこそ溢れている。すなわち、仮に旅行案内書の定義ができたとしても、旅行に関する諸情報の全体を把握する決定打にはならないのである。

つまり、旅行案内書の歴史や系譜がよくわからないばかりではなく、そもそも旅行案内書の立ち位置すらよくわからないのである。これは日本に限ったことではなく、旅行案内書の歴史が分厚くあると考えられるイギリスやドイツにおいても同様である。とはいえ、例えばいまからおよそ100年前の大正期の旅行案内書を手に取ると、100年前の旅行の目的地がどこにあり、見どころがどのようにあったのかがすぐにわかる。旅費や旅程、特産品やお土産などを調べることもできる。1冊の旅行案内書から旅行のすべてがわかるわけではないが、旅行案内書を資料として、わかることも決して少なくはない。

ところで、観光客と旅行案内書との関係はどのようになっているのだろうか。旅行案内書は旅行に先立つメディアであるがゆえに、観光客の行動に対して、多かれ少なかれ影響力をもっている。近代のある時期には、時刻表には「旅行案内」というタイトルが付けられていたが、旅行者はこの印刷出版物から鉄道の時間を調べ、旅程を組み立てた。鉄道の運賃がわかれば旅費の概算もわかる。時刻表は駅名と時刻が並んでいるだけのものであるが、その仕組みを知っている旅行者に対しては旅程の指針を与え、ガイド役として旅行の骨組みを提供した。

また、明治期後半あたりから数多く出版されはじめる「鉄道旅行案内」には、各駅ごとに名所や名勝、史蹟や旧跡などが記された（例えば図1）。鉄道駅ごとに特徴が記されるというスタイルは、徒歩旅行時代の近世に作製された連作の風景版画、歌川広重「東海道五十三次」を思い起こさせる。「東海道五十三次」には、街道の宿場ごとに人物を交えた風景が描かれている。そこでは宿場ごとの特徴や個性が表現されており、東海道は同じ風景が連続する街道ではなく、さまざまな風景が点在するひとつながりの旅行の空間として描かれる。連作の風景版画は、東海道という旅行の空間を想起させるイメージの源ともなっている。

これと同様に「鉄道旅行案内」では、旅行の見どころが例外なく各駅ごとに存在することが旅行者に対しては保証されている。各駅ごとにみられる旅行地の特徴や個性が記され、鉄道沿線という旅行の空間が描かれている。したがって、時刻表を含めた旅行案内書は、旅行の時間と旅行の空間を描いた印刷出版物群であると考えられる。地表面に存在する旅行空間の見取り図でもあり、旅行の設計図でもあった。

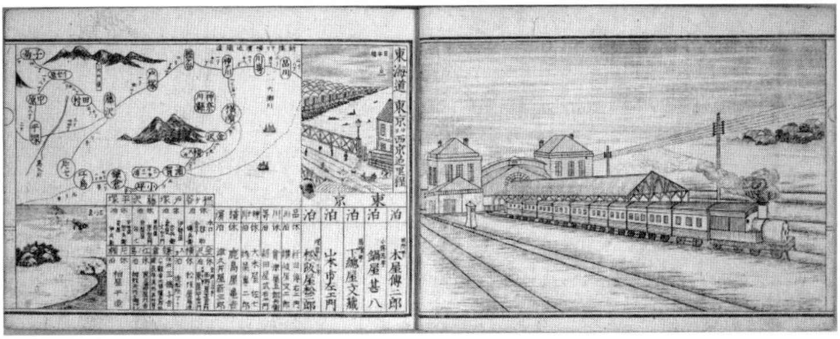

図１　近代に登場した鉄道旅行と近世からつながる徒歩旅行が混在する旅行案内書
松井与平衛編『一新大日本帝国道中記』鈴木音吉、明治 17（1884）年より。

旅行案内書が旅行の歴史に果たしてきた役割は、決して小さなものではなかったはずである。「旅行案内書の案内書」をつくることは、研究の大きな課題（宿題）にほかならない。しかしながら一方で、旅行案内書は比較的容易に観光研究の資料とされるが、現代であれ、歴史的過去であれ、観光客の経験を十分に説明する根拠となるかどうかはわからない。というよりも疑わしい。そもそもその素性がはっきりしないまま、資料として用いることには躊躇せざるをえない。

旅行案内書の研究は、観光研究の一分野というよりも、文化や歴史の研究と位置づけるのがいいのではないかと筆者は考えている。観光研究にとどまらない旅行案内書研究の可能性がどこにあるのかはわからないが、「旅行案内書の案内書」を試行錯誤しながらつくりつつ（荒山 2018）、その成果の行方がどこへたどりつくのかもあわせて楽しみたい。

参考文献　◎荒山正彦（2018）『近代日本の旅行案内書図録』創元社。

7　ホスピタリティ

観光客の歓待をめぐる多様なあり方

神田孝治

ホスピタリティ（歓待）とは、来訪者を迎え入れもてなすことを意味している。この歓待に関して詳細な検討を行ったR. シェレールは、以下のようにその複雑な様相を指摘している。

> 歓待、それはまことに捉えがたいものである。唯一の形式のもとに固定し、一義的な意味で捉えようとするなら、歓待はたちどころに身をかわしてしまう。それは私的なものでもあれば公的なものでもあり、現前しもすれば不在でもある。熱烈なものでもあれば偽善的なものでもある。歓待はあらゆる転用へとみずからを差し出す。（シェレール 1996）

このように一義的にとらえられないあり方が指摘される歓待であるが、その理解にあたってはいくつかの重要な観点がある。１つが神との関係であり、古代ギリシャにおいて、神々は仲間も身寄りもない外国人を歓待することに注意を払うとともに、異邦の旅人に身をやつして訪ねてきたり、旅人を送り込んできたりすると考えられていた。こうしたなかで、古代ギリシャにおいては、歓待は都市国家（ポリス）の市民に課せられる聖なる義務であり、それに背くと神々の罰を受けるともいわれていた。また、神との関係を考えると、神は滅多に自ら名乗ることをしないため、どのような来訪者であっても名も問わずに歓待することになる（シェレール 1996）。しかしながらこのような無条件の歓待は危険をはらんでおり、古代ギリシャにおいてもこうした歓待は行われていなかったとされる（デリダ・デュフールマンテル 1999）。そしてJ. デリダは、現実社会で実際に行われている歓待を「条件付きの歓待」と呼び、それと「無条件の歓待」は矛盾しているが、互いに不可分なものとなっているという点について論じている（デリダ・デュフールマンテル 1999）。

現代社会の観光関連産業においては、この歓待の矛盾した特徴が前景化している。戦後アメリカの宿泊・飲食業といったサービス業において、合理的で均質なものというニュアンスが強調されるサービスという用語ではなく、より個人的で情緒的な人間らしいサービス、つまり差異化されたより価値のあるサービスを指し示す用語として、歓待が再発見されている。1990年代に入り日本において使用されるようになった片仮名の「ホスピタリティ」は、こうしたビジネス用語としての歓待である（前田 2007）。この現代資本主義社会における「ホスピタリティ」としての歓待は、サービスとして金銭を払う者に限定された「条件付きの歓待」であるが、金銭の対価ではなく人間として実践される「無条件の歓待」の幻想とも結びついているのである。

以上のように歓待は、神やサービス産業などの多様な文脈、そしてその条件などについて、多角的に検討する必要がある。こうした観点からすると、現代社会の象徴的な歓待の場所である観光地は、その複雑な様相を検討することができる、重要な研究対象であるといえる。本章では、鹿児島県南端の与論島を事例として、観光客の歓待をめぐる多様なあり方について考えてみたい。

1．与論島のイメージと観光客の歓待

与論島は、奄美群島の南端に位置する周囲約21.9 kmの島であり、沖縄本島の北方約23 kmに位置している。北緯30度以南の南西諸島は、1946年3月13日から米国海軍軍政府の統治下におかれたが、1953年12月25日に与論島以北の奄美群島は日本に復帰した。そのため、1972年に沖縄が日本に復帰するまで、与論島が南西諸島における日本最南端の島となっていた。

1960年代中頃になると、ヒッピーを中心とする若者によって、この島は楽園として発見されるようになる。1967年には、海中公園調査をきっかけに同島のサンゴ礁の美しさが注目され、その後、旅行業者が日本のハワイやグアムとして与論島を売り出していった。こうしたなかで、「昨年の国内観光地の目玉商品は、北の知床と南の与論島だったようである」（新納 1972）と、

1970年頃に与論島は日本において注目される観光地となったのである。当時、同島に来る観光客は、7月と8月が主であり、約半数を学生が占めていた。そして、半数以上が東京からの来島客で、「東京都与論島」とも呼ばれていた（鈴木 1974）。また、男女比については明確なデータが存在しないが、「女性のユメをくすぐる島」（『南海日日新聞』1971年10月9日）などと呼ばれ、しばしば若い女性の来訪者の多さが伝えられていた。

このように当時の与論島が観光客を惹き付けていた理由として、「自由」のイメージがあったことが認められる。

> 「解放されたんだ。自由なんだな。まったく楽しくなるよ」
> 「からだを縛っている糸が、みんな切れちまったような…」
> 「この気持ち、来てみなくちゃわからないサ」
> ――若者たちの強調するのは自由。与論で初めて味わったと言う。だれもが、ここでは束縛をきらう。名前を知られることさえも。（『南海日日新聞』1971年7月7日）

これは、「人間の巨大な組織社会の中に組み込まれ、満たされぬ思いだった若者たち」の与論島における様相を描いた新聞記事の一節である。都市から逃れて同島で自由を感じる若い観光客は、束縛を嫌って名を問われぬことすら求めている。こうした自由の希求は、まさに冒頭で紹介した「無条件の歓待」の幻想と結びついたものであるといえるだろう。

また、「恋愛」や「性」と結びついたイメージも、当時の与論島が観光客を惹きつけていた大きな要因であった。しばしば注目されたのは、1962年の紀行文において「典雅な風習」と表現された「夜遊《やゆう》」で、それは「年ごろの未婚の女の子のところに、独身男が数人集り、むかしは蛇皮線を男がひいて女がおどり、今はギターで同じように踊ったり歌ったりする」ものであった（小田 1962）。そして、1971年に発行された週刊誌の記事は、この夜遊という与論島の風習を紹介しつつ、そこに過剰な性的イメージを産み出している。「ブームの与論島の聞きしにまさる性解放」と題された当該記事では、「島の娘をモノにするのは簡単や」といった声を取り上げるなかで、都会からやってくる青年が夜遊を乱しはじめていることを伝え、さらには「もっと簡単なのは、島の娘より観光客の若い女性」と記し、「観光客の八割は若い女で、しかもみんな遠い“異国”に来た開放感か、セックスしとうてムズムズしてる感じ」などといった声を紹介し、「かくてこの島の浜辺では、いたるところで性の狂宴がくりひろげられ」ていると同島の様子を描いたのである（週刊現代編集部 1971）。その後に発行された大衆誌でもこうした状況をいくつかの記事で喧伝し続けており、与論島はまさに性と結びついた歓待の島としてイメージづけられていったのである。

2．歓待の制限と促進

以上のような観光客の来訪に対して、与論島の住民は当初、比較的良好な反応を示していた。とりわけ海中公園候補地の調査を契機としてその海の美しさが賞賛されると、観光による「島おこし」が期待されるようになった（『南海日日新聞』1967年9月29日）。そして、若者が多数訪れるようになると、「海が日本一きれいだし、最南端の島だから」、「都会生活は大変だ。心の洗たくには与論が一番だもの」といった意見を述べつつ（『南日本新聞』1971年7月2日）、観光客を暖かく迎えたのである。

しかしながら、自由と恋愛・性のイメージやそれらと結びついた観光客の実践によって、地元住民の反応は厳しいものになっていく。この点について1972年の記事では、以下のように論じている。

> 若者たちの満足度が高まるのとは反対に、住民達は顔をしかめるようになった。彼等の傍若無人のふるまいが反感をかうのである。若い女性たちは、近くの海で泳いだままのビキニ姿で街を練り歩く。バスにも乗り込んでくる。最初からアベックでくるのもいるし、島で一緒になる“与論妻”もいる。男女関係には非常にうるさい島の人たちにとって、他人事でも我慢できないのだ。（新納 1972）

このように、自由かつ性的な当時の観光客の実践が地元住民の反感を買っていたのであり、とりわけ1971年に与論島の性的な様相を描いた先の週刊誌の記事によって、「島内の世論はにわかに煮えたぎった。かねては人のいい、忍耐強い与論町民が激怒」（『南日本新聞』1971年7月2日）したとされる。また観光客の増加は、先祖の遺骨やサンゴの盗難事件を発生させて住民の怒りを買い（『南日本新聞』1971年7月6日・10日）、そのほかにも、物価の高騰、水不足、ゴミ公害、島民の心の退廃などのいくつもの悪影響を地元にもたらした（鈴木 1974）。こうしたなかで、先述の週刊誌発売後間もなく実施された与論高校新聞部のアンケートでは、同校生300人中156人、町民96人中80人が観光ブームに反対したのである（『南日本新聞』1971年7月10日）。

ただし、観光地化が一方的に忌避されるのではなく、「頭からぜんぶ反対というわけではありませんよ。モテすぎて当惑すると言いますか、島が荒らされないような静かなブームなら、みんな大歓迎でしょう」（『南日本新聞』1971年7月9日）などと、観光による地域振興への期待も存在していた。観光客の「無条件の歓待」ではなく、適度なバランスを保った「条件付きの歓待」が希求されていたのである。

その後、与論島への観光客は、沖縄観光が本格化するなかで、1979年の入込客数15万387人をピークに漸減していく。こうした観光客の減少過程において、地元住民と観光客の対立は顕在化しなくなっていき、むしろ官民一体となってさまざまな観光振興への取り組みがなされるようになる。代表的なものとしては、1983年にパロディ国家の「ヨロンパナウル王国」を建国して南の島の魅力を強調したり、翌年にはギリシャのエーゲ海に浮かぶミコノス島と姉妹盟約を締結して、その後にミコノス島をテーマにしたまちづくりを展開したりするなどといった、新しい観光資源の創出を図るための活動がある（与論町史編集委員会編 1988）。このように、観光客の減少に対応するなかで、その歓待を制限する動きから、歓待を促進する動きへと、現地の住民・行政の主たる対応が変化していったのである。

こうした動向のなかで特に注目されるのが「与論献奉《けんぽう》」と呼ばれる歓待儀礼である。与論献奉は、親の役割を果たす人が杯に黒糖焼酎を入れ、参加者各人が口上を述べたあとでそれを飲むという儀式で、民宿などの多くの観光施設で執り行われている。この儀礼の起源は、「大杯」と呼ばれる祖先崇拝と結びついた回し飲みの儀礼であり、これが1960年頃に強制的な飲酒という意味を込めた「与論憲法」へと転じ、観光客の歓待にあたってもこれが盛んに用いられていた。ところがこの強制的な飲酒が観光客に不評を買ったこともあり、献じ奉るという意味の「献奉」へと同音異字に漢字を変更した「与論献奉」という名称が、1979年に与論町役場職員によって考案された。この与論献奉を説明する文書をみると、「与論献奉は島の永遠の繁栄を念願し、お客に感謝し心から歓迎して町民の誠の心を献上するもの」であると記されている。神的なものが関連していた儀礼をもとに、まさに観光客の歓迎儀礼として創り出されたのが与論献奉なのであり、そこでは適切な量を飲酒することや自己紹介を行うことなどのルールが提起されている。そしてこの儀礼は、与論島の伝統的な豊年踊である与論十五夜踊の創作年と同じ1561年に制定されたとされている。このように、与論島においては、観光客の歓待のために伝統儀礼も創造されていたのである。

3．多様な歓待の姿とその理解に向けて

与論島をロケ地とし、2007年9月に公開された映画『めがね』は、新しい歓待の姿を提起し、同島の観光振興に寄与することになった。「何が自由か、知っている」をキャッチコピーとするこの映画は、「外さないように、失わないように」してきた人生を「ふっと一回休んで」南の島に訪れたひとりの女性が、「小さな宿で出会う人々」との「心のふれあい」を行い、「どこへ行くでもなく、何をするでもなく、ただ「たそがれる」」ことを通じて、「日常の鎖から解き放たれ」て「自由」を取り戻す様子が描かれている（めがね商会編 2007）。

この映画の主人公は、「自由」を求める点において、1970年代に与論島を訪れた観光客と同じである。しかしながら、「たそがれる」という活動を行う点が既存の与論観光と大きく異なっている。同映画では、舞台となる南の島を、ただ「たそがれる」ことができ、「観光」するところがない場所と表現

している。そのためこの映画では、南の島の美しい海は表現されるが、浜辺に座り海を眺めながら「たそがれる」だけで、水着で海を泳ぐような活発な実践は行わず、男女の恋愛関係も発生しない。また同映画で提起される歓待も、宿泊客である主人公が来たのにもかかわらず料理をつくらず食材だけを置いて出かける宿の主人、来訪客でありながら宿の主人と家族のように暮らして主人公の部屋に勝手に入ったりする女性といった、サービスとしての「ホスピタリティ」とはかけ離れたものとなっている。この映画においては、歓待を受ける側も提供する側も「自由」なのであり、そうした状況においてこそ来訪者は「自由」を感じられるというのである。そしてこの映画の影響で、主として20代後半から30代の女性観光客がロケ地である与論島を訪れるようになり、現地の観光協会も同コンテンツを観光振興に活用するようになった。また、「たそがれる」ことを推奨する同映画の影響下にある観光客に対して、現地における聞き取り調査で住民の反発の声を聞くことはなかった。

そのほかにも、観光客の歓待について考える際の重要な観点が存在している。ここまで、観光地における歓待は住民側が提供し、観光客がそれを享受するという構図で基本的に論じてきた。しかしながら、実際に観光客を歓待してきたのは、1970年代の観光ブーム期から、主として元観光客である外来者であった。観光客が宿泊業などでアルバイトするようになり、さらにその後、移住して観光関連産業に従事するというパターンは同島においてしばしば見受けられる。加えて、観光関連の事業者・取り組みについていえば、Uターンした人材や、移住者と地元住民のコラボレーションによる取り組みなど、多様なあり方を見出すことができる。また、COVID-19による影響に注目すると、来島自粛要請とその解除、求められる観光客や観光事業者の対策など、与論島における観光客の歓待のあり方は時期・状況によって大きく変化している（神田 2021）。歓待の理解にあたっては、その多様な姿をとらえるとともに、多角的な視座から考察することが求められているのである（神田 2015）。

課　題

1．（本章から考えてみよう）：歓待にはどのようなあり方があるのか、そしてそれぞれいかなる特徴があるのか、考えてみよう。
2．（調べて考えてみよう）：特定の観光地を取り上げ、歓待との関係を多角的に考えてみよう。

文献案内

1．前田勇（2007）『現代観光とホスピタリティ――サービス理論からのアプローチ』学文社。

観光とホスピタリティについて論じた概説書である。まずは同書から学習をはじめるとよいであろう。

2．シェレール、R.（1996）『歓待のユートピア――歓待神礼讃』安川慶治訳、現代企画室。

ビジネス用語としてのホスピタリティばかりでなく、広く歓待のあり方を多角的に理解するにあたって、同書の内容は極めて参考になる。歓待について深く理解することを求めるのであれば、ぜひ一読いただきたい。

参考文献

◎小田実（1962）「与論島――ある小さな「日本」」『朝日ジャーナル』（6-10）。
◎神田孝治（2015）「観光地と歓待――与論島を事例とした考察」『観光学評論』3-1。
◎神田孝治（2021）「COVID-19 時代のツーリズム・モビリティーズと場所――2020 年における与論島の状況に注目した一考察」『立命館大学人文科学研究所紀要』125。
◎シェレール、R.（1996）『歓待のユートピア――歓待神礼讃』安川慶治訳、現代企画室。
◎週刊現代編集部（1971）「ブームの与論島の聞きしにまさる性解放」『週刊現代』(6.10)。
◎鈴木公（1974）「観光面から見た与論島」『南日本文化』7。
◎デリダ、J.・デュフールマンテル、A.（1999）『歓待について――パリのゼミナールの記録』廣瀬浩司訳、産業図書。
◎新納重博（1972）「与論島狂騒曲」『青い海』2-4。
◎前田勇（2007）『現代観光とホスピタリティ――サービス理論からのアプローチ』学文社。
◎めがね商会編（2007）『めがね』めがね商会。
◎与論町史編集委員会編（1988）『与論町史』与論町教育委員会。

演じられるホスピタリティ

中国では、1980年代まで、戸籍制度と計画経済によって移動や消費が厳しく制限されていた。1990年代以降、経済発展や規制緩和を背景に、観光客数が急増するようになり、2019年の国内観光客数はのべ60億人に達し、世界一の観光市場となった。この過程であらゆるモノ・コトが観光の対象となり、こうした観光化する社会を理解するには、観光する側（ゲスト）とされる側（ホスト）の関係性に注目する必要がある（アーリ・ラースン 2011）。本コラムでは、深圳市にあるテーマパーク「中国民俗文化村」（以下、民俗村とする）で働く少数民族によって演じられるホスピタリティについて、ホストとゲストの関係性から考察したい。

民俗村は1991年に「錦繡中華」（8章末のコラム「観光と展示される少数民族」を参照）の姉妹園としてつくられた。ここでは24のビレッジと21の少数民族が展示されている。ビレッジ内の伝統的家屋には時代を感じさせる家具や装飾品、前庭には伝統手工芸を披露する少数民族が展示され、これらすべてによって「生きた真正な民族文化」が演出されている（李 2012）。観光客は少数民族の「リアルな日常」を鑑賞し、綺麗な民族衣装姿の「ホスト」に家へ案内される。ときにはビレッジで上演される少数民族の婚礼や祭礼のショーに体験参加することができる。この民俗村では約200人の少数民族が働き、その8割は16～29歳の若者で、6割強が女性である。8つの少数民族ビレッジでそれぞれ1日2、3回、若い男女の求愛と結婚に関連する寸劇が上演される（李 2012）。

民俗村で人気の中国雲南省南部から東南アジア北部にかけて分布するワ族のパフォーマンスを詳しくみてみよう。ワ族は中国に約43万人が暮らし、皮膚の色が黒く、中国の他民族にない外見的な特徴をもつ。ワ族のショーは男女の求愛がテーマで、女性の「髪振り踊り」と男性の「狩りと格闘」などのシーンから構成される。パフォーマーが着る「民族衣装」は肌の露出度が高く、夏になると男性パフォーマーは上半身裸になることも多い。少数民族ビレッジでは女性が前面に出されることが多いのに対して、ワ族ビレッジでは「黒馬王子」を自称する男性パフォーマーが主役を担っている。

図1　ワ族パフォーマー
2007年、民俗村で「理想のゲスト」としてスカウトされた筆者（中央）。ワ族のショーが始まる前に「理想のゲスト」（長髪の漢民族女性）があらかじめスカウトされる。

ショーは、司会役の男性による歓迎の挨拶とワ族の紹介からはじまる。司会はユーモアあふれるトークで会場を

李 小妹

盛り上げ、「われわれの肌は黒いだろう……黒い肌はワ族では美の象徴だ……黒いほど異性にもてるぞ」「あなたたち（漢民族）は男を白馬王子と呼ぶのと同じ、われわれワ族は格好良い男を《黒馬王子》と呼ぶ」という台詞で観光客の関心をワ族の黒い肌に向けさせる。続いて「伝統木鼓」が打ち鳴らされるなか、4～6人の「黒馬王子」が大きな動きで登場（狩りから帰還）し、格闘のシーンを演じる。そこへ女性パフォーマーが登場して一列に並び、長い黒髪を振りながらリズミカルに踊る。ここで観光客のなかから1人の女性が誘われ、髪振り踊りに加わる。先の格闘で勝利した「黒馬王子」がこの女性観光客にワ族のやり方で情熱的に求愛し、縁を結ぶギフトを渡してショーが終わる。

中国では、ワ族は肌が黒くてダンスが上手で、なかでも男性が好戦的だというイメージが流通している。このことを受けて、観光開発側（民俗村の場合、国有企業）がその演出を要請し「黒馬王子」の寸劇ができたわけではない。1995年から民俗村で働いているワ族女性（図1、左から2番目）によれば、黒い肌と男性性を強調するこの寸劇は彼女自身を含むワ族パフォーマーが自ら構想したものだという。開園初期は女性の踊りを中心に演出していたが、2000年以降若い女性観光客が増えるのをみて、ワ族ビレッジのリーダーである彼女は女性観光客を対象にワ族男性の演目を増やしたところ、大成功した。やがて「黒馬王子」とのロマンス寸劇の舞台に女性客をスカウトして取り込むようになり、人気の演目となった。「理想のゲスト」のスカウトも、ワ族男性パフォーマーを前面に出して見せることも、ホスト側によって演じられるホスピタリティそのものである。数少ない女性リーダーである先述のワ族女性のように、パフォーマーたちがホスピタリティの演出に積極的に取り組む理由は、パフォーマンスの人気度が雇用契約の更新や待遇の向上につながるからである（李 2012）。

本コラムで取り上げたワ族のパフォーマンスは、深圳の民俗村に限らず全国各地の観光施設で雲南少数民族一般のアイコンになっている。上述したワ族男性の女性観光客へのホスピタリティは、ホストとゲストのみならず、漢民族対少数民族、そして男性対女性といった非対称的な関係性において、複雑に、ダイナミックに、つねに創造・再編され、演じられてきたといえよう。

参考文献

◎アーリ、J.・ラースン、J.（2014）『観光のまなざし［増補改訂版］』加太宏邦訳、法政大学出版局。

◎李小妹（2012）「深圳中国民俗村における『少数民族』の表象」『人間文化創成科学論叢』15。

8 エスニシティ

エスニック・ツーリズムの現状と課題

藤巻正己

1980年代以降、発展途上国は観光立国をめざしてきた。その過程において、マジョリティグループ（多数集団）を中心とする主流社会から排除、疎外され、政治経済・社会文化的に周辺的な地位に置かれてきた先住・少数民族が、有力な観光資源として包摂、動員されるようになった。本章では、先住・少数民族というエスニシティ（ethnicity）を資源とするエスニック・ツーリズムの現状と課題について検討を加える。

1．観光戦略に動員されるエスニシティ

エスニシティとは、民族（ethnic）の派生語である。固有の言語・宗教・習慣などの客観的文化特性を有するさまざまな集団が混住している社会において、そうした文化特性の差異（民族性）や他者とのかかわりのなかで、自身がいずれの集団に属するのかという主観的帰属意識によって分類されるエスニック集団を意味する。しかし、エスニック集団を区別する境界は時代や政治社会的状況によって、さまざまな場面に応じて変動する。さらに、政府によって、作為的に再分類される場合もある。エスニシティは本質的ではなく構築的である、といわれる所以である。

ところで、エスニシティは多民族国家において重要な意味をはらんでいる。なぜならば、どのエスニック集団に属しているか、そしてマジョリティかマイノリティかによって個々人の政治経済・社会文化的地位が異なってくるからである。例えば、典型的な多民族国家であるマレーシアは、「三大種族」と称されるマレー人や移民集団の末裔である華人・インド系のほかに、約60もの先住・少数民族から構成されるが、同国では全民族の調和をうたいながらも、マレー人優先政策、あるいはマレー人とその他先住民族であるブミプ

トラ（Bumiputera）を優遇する政策が採られてきた。したがって、ブミプトラであるかいなかによって、等しく同国民であっても置かれる境遇は異なっているのである。とはいえ、ブミプトラとして分類されながらも、後述のように、オランアスリなど辺境の山地部や島嶼部に暮らす先住民族は周辺的地位に置かれたり、忘れられてきたりもしてきた。同国は憲法でも明記されているように、あくまでも多数集団であるマレー人優位の社会なのである。

しかし1990年代以降、人間と自然環境や先住・少数民族との共生、そして、それらの「持続可能性」を追求すべきであるとの考え方が世界共通の普遍的な思想・価値観として定位されるなかで、先住・少数民族の存在が前景化されるようになった。さらに、新興国において国民統合政策を進めるうえで「負の要素」とみなされてきたエスニシティが、観光立国政策の推進にともない有用な観光資源として、「正の要素」へと意味の転換が図られつつある。

2．エスニック・ツーリズムの登場

1990年の国連総会において「国際先住民年」が制定された。その意図は、世界の先住・少数民族がこれまで主流社会から疎外あるいは差別されてきたほか、彼ら固有の生活領域における森林開発やダム建設などによりその生存を脅かされていたことに対して、その包括的な解決をはかるため国際協力を促進することにある。また、公害問題など病理的現象に直面する文明社会の対極にある、忘れられた先住・少数民族の生活文化・伝統的知恵に学ぼうとする思想が生まれるようにもなった。そして、1992年の国連地球サミットでは、「持続可能な開発」論が提唱され（「環境と開発に関するリオ宣言」）、環境破壊をともなう観光開発を批判した「持続可能な観光」という考え方が広がりをみせるようにもなった。すなわち、ホスト地域の文化的アイデンティティを損なわず、可能な限り自然環境の保全に努力するように、ホスト（先住・少数民族）とゲスト（ツーリスト）との相互理解に至るような観光形態が注目されるようになったのである。さらに、2002年、国連により「エコツーリズム年」が制定されたことを契機に、「人間と自然環境との共生」という普遍的価値観・思想にもとづいた、豊かな自然やそこに暮らす先住・少数民族の文化に対する負荷を最低限にするよう配慮しながら遂行される旅行形態（密林のトレッキング、世界自然遺産のエコツアーなど）が提唱されるに至った。いいかえれば、21世紀の地球社会の諸課題を解消しつつ、さまざまな弊害をもたらしてきたマス・ツーリズムにかわる「オルタナティブ・ツーリズム（alternative tourism）」として、自然生態や先住・少数民族とを対象にしたツーリズムが注目されるようになった。すなわち、エコツーリズムおよびエスニック・ツーリズムの出現である。

かつては、探検家やキリスト教伝道者、自然生態やそこに暮らす先住・少数民族に関心のある特定の人々が秘境に立ち入り、危険を顧みず深訪することがあった。しかし、自然の豊かさを求めるエコツーリズムやトレッキングブームの高まりとともに、文明の弊害に曝されていない「太古の自然のなかで暮らしてきた無垢な人々」との出会いを期待するツーリストも登場するようになった。その後、「秘境」に暮らす「未開」の先住・少数民族を対象とする観光が、当該国による観光立国政策のもと交通インフラの拡充やホテルの建設など安全・安心・快適なツーリズム環境の整備にともない、辺境地域にもマス・ツーリズムが及ぶようになった。つまり、先住・少数民族は有力な観光資源として包摂、動員され、観光の現場において後景から前景へ、不可視的存在から可視化的な実体へと転換するようになったのである。鈴木涼太郎はこうした観光現象を「観光によるエスニシティの商品化」とみなした（鈴木 2014）。

「秘境観光」の名のもと、エスニック・ツーリズムの大衆化は先住・少数民族を観光村に囲い込ませた。こうした観光村では、そこに暮らす住民は文明社会にとって対蹠的な「秘境に暮らす未開の風変わりな人々」との出会いを期待するツーリストの好奇心をかきたてる「見せ物」としての役割を演じることとなった。例えば、タイ北部の歴史観光都市チェンマイ周辺やミャンマーとの国境付近の山地部には、メオ族やモン族など少数民族の村や、首に金色の真鍮リングを巻くカヤン族の女性たちが暮らす「首長族」の村も点在する。本来ならば、特別な日に生まれたシャーマン（巫女）的な役割を担う女性のみが首に金色の輪を巻く習俗があったが、観光ビジネスの介在により、

「首に輪を巻けば、座っていても金がはいる」との甘言により、村中の女性が首に輪を巻きつけるようになったという（石井ほか 2009）。その「奇怪さ」が観光資源となったのである。そして、このような観光村では、伝統的な民族衣装を纏った女性たちが、彼らのエスニシティを表象する観光商品を並べた土産物店で接客し、ツーリストの好奇なまなざしに応えるように「インスタ映え」する写真の被写体となっている。

タイ北部山地の国境地帯に生きる少数民族にはタイ国民と認定されていない人々が多く、タイ人としての政治社会的権利が与えられていないため経済的困窮に苛まれてきた。それゆえ、観光ビジネスに取り込まれ、訪れる観光者の好奇の目や期待に応えるべく「モン族」や「首長族」を演じることで生計を立てることを余儀なくされているのだ。ちなみに、石井香世子や須藤廣によれば、「首長族」の観光村には政情不安なミャンマーから逃れてきた難民の村もある、という（石井ほか 2009；須藤 2008）。

エスニック・ツーリズム研究でしばしば論じられてきたように、秘境を訪ねる旅は、文明社会からのツーリストと未開の先住・少数民族との間で、好奇の目で「観る／観られる」という「非対称的権力関係」をともなう。そして、パッケージ化された周遊型のエスニック・マス・ツーリズムをめぐっては、先住・少数民族の尊厳に留意したり、彼らの固有の文化の価値を知ろうとしたりすることなく、ただ単に「インスタ映え」する彼らを被写体として写真を撮ることだけに愉悦するツーリストの倫理性（観光倫理）を欠いた振る舞いについて批判の声もあがっている。こうした問題をはらんだ、先住・少数民族を対象とした観光事例は世界各地で数多くみられるが、次節では、日本人観光者の主な訪問先となっている台湾におけるエスニック・ツーリズムの現状と課題について検討を加えてみることとしよう。

3．台湾の原住民族観光

台湾では、原住民族観光がエスニック・ツーリズムにあたる。台湾原住民族とは古来より台湾に居住してきた先住民族であり、生存領域や言語・生活文化を異にするアミ族、タイヤル族、ツォウ族など 16 種族（2014 年現在）の総称である。全人口約2400万人のうち漢族が98%を占めるのに対して、わずか2％でしかない文字通りのエスニック・マイノリティにほかならない。中国語で「先住民」とは「すでに滅んでしまった民族」を意味しているため、また、福建・広東省からの漢族による移住が盛んになる17世紀以前から台湾に居住していたことを強調すべく、彼らは自らの政治社会的地位や権利の回復を求めるべく「原住民族」を自称している。

彼らが観光対象となったのは、1895～1945年の日本による植民地期からである。すなわち、日本本土からの「内地人」による台湾観光が1930年代頃からはじまり、山地原住民族（当時は「高砂族」と名付けられた）は「南国イメージ」を象徴する「未開人」として、「観光（者）のまなざし」が向けられたのである。そして、日本にかわって台湾を統治することになった中華民国・国民党政府によって「山地同胞」と位置づけられた台湾原住民族は、1980年代以降、平地・都市部の漢族大衆によるエスニック・ツーリズム（「山胞観光」）に組み込まれることとなった。

原住民族自身の権利回復促進運動や政府による保護政策によって、彼らの政治社会的地位は高まりつつあるものの経済的劣位は解消されておらず、山地の原郷から都会への人口流出は止むことはない。こうした山地原住民族社会の困窮解消のため、台風や水災害が頻発し甚大な自然災害を受けてきた山地部では性急な観光開発が進められてきた（ティブスング 2010：藤巻 2014）。その一環として、台湾中部山地でテーマパークとして開発された九族文化村のような原住民族文化村が山地原住民族の原郷の各所に設けられている。そうした原住民族文化村や、日本統治期に開発された島内各地の温泉地の歌舞場やホテルでは、漢族などの行楽客が短時間で「山地原住民族らしさ」を消費できるように演出された、民族衣装を纏った若者たちによる歌舞ショーが上演されている。そして、観光地の土産物店では、現在の生活実態の文脈から切り離され、原住民族イメージを表象した装飾品や物産などが販売されている（図1）（藤巻 2014）。

しかし、原住民族というエスニシティが観光商品化されている一方で、高山茶、コーヒー、ワサビ、椎茸、小米酒などローカルな物産が山地ブランドとして観光地のみならず台湾各地で販売され、外国人観光者の土産物としても人気を集め、原住民族の現金収入になっていることに注目したい。さらに、「観光（者）のまなざし」におもねるのではなく、阿里山郷楽野村ではツォウ族の人々自らが積極的に伝統的家屋・施設を復元したり、伝承譚をモチーフにした影像を阿里山に至る観光道路沿道に配置したりして、自民族の優れた真正な伝統文化を外部者に伝える取り組みも進められている。さらに、阿里山郷山美村では1995年以来、自然との共生観に根ざしたローカルナレッジにもとづく伝統文化をエコツーリズムと結びつけ、渓流域を自然生態園区として管理しつつ、経済的自立とコミュニティの整備、固有の生活文化の保全を目指したコミュニティ・ベースのツーリズム（community-based tourism）が実践されており、国内外から「山美モデル」として注目されている（ティブスング 2010）。

図1　台北郊外の烏来原住民族酋長村
(2012年8月筆者撮影)

4．「未開性」を逆手にとったマレー半島の先住・少数民族による観光ビジネスへの参入

これまで、エスニック・ツーリズムをめぐる議論では先住・少数民族とツーリストとの関係において、社会的弱者としての前者が劣位、後者が優位という「非対称的権力関係性」が問われてきた。しかし、台湾のツォウ族による山美村での取り組みにみられように、これまでのステロタイプ的エスニック・ツーリズム論では括ることのできない、先住・少数民族による自立的な観光事業への参入がなされている点は注目すべきである。つまり彼らは、「観光（者）のまなざし」に一方向的にさらされているわけではないのだ。

半島部マレーシアの山地部や海岸部の観光開発が進む密林地帯においても、観光ビジネスに参画するオランアスリがいる。オランアスリとは、セノイ、ムラユ＝アスリ（原マレー）、ネグリトの3グループ（18のサブグループ）か

図2　オランアスリ・ビジネス
（2007年9月筆者撮影）

ら成る先住民族の総称である。その人口は2004年現在、約15万人であり、全人口の0.5%でしかない文字通りの少数集団である。東マレーシアのイバン、カダザンなどの先住民族とともに「その他のブミプトラ」としての地位にあり、政府によって保護および主流社会への合流の対象となっている。

イギリス領マラヤ時代に避暑地として開発され、茶園やビニールハウスの観光農園が広がる高原リゾートとして有名なキャメロンハイランドには、セノイ系セマイ人の集落が点在しており、ツーリストはエージェントの案内でそれらの村を訪れオランアスリの生活文化にふれたり、オランアスリの若者のガイドにより束の間の密林のトレッキングやエコツーリズムを愉しんだりすることができる。観光道路の沿道では、ドリアンや蜂蜜など密林の採集物や手工芸品を観光客や行楽客に販売するオランアスリビジネスによって現金収入を得る家族が年々、増えてきている（図2）（ノリザン 2010；藤巻 2010）。

また、マラッカ海峡沿いの油ヤシ農園の只中に所在するセノイ系マームリ人が暮すスンガイ＝ブンブン村では、伝統的な木彫り作品の芸術性が海外から高く評価され、政府の補助事業によって村内に工房や文化村が建設されるようになった。こうした取り組みは、オランアスリの伝統文化の継承や彼らのエンパワメントの強化につながるものと理解したい。つまり、これまで主流社会から疎外され、周辺的状況に置かれてきたオランアスリが観光を契機に、その存在を主流社会のみならず世界的にもアッピールできる機会や状況が生まれてきているのである（藤巻 2010）。

課　題

1．（本章から考えてみよう）：エスニック・ツーリズムについて、「観光倫理」という観点から、問題点を指摘しなさい。

2．（調べて考えてみよう）：日本におけるエスニック・ツーリズムの事例を取り上げ、その実態について調べるとともに課題について考察しなさい。

文献案内

1．藤巻正己・江口信清編著（2009）『グローバル化とアジアの観光――他者理解の旅へ』ナカニシヤ出版。

アジア各国・地域の少数民族をテーマとした観光の実態と背景、課題について論述した、人文地理学・文化人類学・社会学の分野のフィールドワーカーによるケーススタディを編んだものである。

2．江口信清・藤巻正己編著（2010）『貧困の超克とツーリズム』明石書店。

世界各国・地域の少数民族を対象とした観光の現状と問題について言及したものである。江口による「第1章　社会的弱者と観光に関する研究」では、エスニック・ツーリズム研究について包括的なレビューがなされている。

参考文献

◎石井香世子・チャイヤシット＝アヌチットウォラウォン（2009）「タイにおける観光と少数民族――タイ北部「首長族」観光を考える」（藤巻正己・江口信清編著『グローバル化とアジアの観光――他者理解の旅へ』ナカニシヤ出版）。

◎須藤　廣（2008）「難民が観光資源になるとき――在タイミャンマー難民カヤン族の観光化」（須藤廣『観光化する社会』ナカニシヤ出版）。

◎鈴木涼太郎（2014）「エスニックツーリズム」（大橋昭一ほか編『観光学ガイドブック――新しい知的領野への旅立ち』ナカニシヤ出版）。

◎ティブスング＝エ＝バヤヤナ（汪明輝）著（2010）「エコツーリズムによる自立――台湾阿里山里達娜伊谷渓での経験」藤巻正己訳（江口信清・藤巻正己編著『貧困の超克とツーリズム』明石書店）。

◎ノリザン＝モハマド＝ノール（2010）「マレーシア・パハン州におけるエコツーリズムの展開――オランアスリの参加、オランアスリ社会のインパクト」藤巻正己訳（江口信清・藤巻正己編著『貧困の超克とツーリズム』明石書店）。

◎藤巻正己（2010）「ツーリズム・マレーシアに動員されるオランアスリ――必要に応じて可視化されるマレー半島の先住民族」（江口信清・藤巻正己編著『貧困の超克とツーリズム』明石書店）。

◎藤巻正己（2014）「台湾原住民族原郷におけるツーリズムと自然災害――黄昏の仁愛郷廬山温泉をめぐって」（吉越昭久編『災害の地理学』文理閣）。

観光と展示される少数民族

中国の国内観光は、1980年代に基礎インフラが整備され、1990年代半ば以降、週休2日制度や大型連休が導入されるなど、政府による促進政策のもとで発展してきた。この国内観光は、主に漢民族である観光客（人口の92%）が少数民族（同8%）に「観光のまなざし」（アーリ 1995）を向ける構図において開発が進められてきた。その典型的な例として、政府主導で改革開放の実験都市・深圳に開設された中国初のテーマパーク「錦繡中華ミニチュア景観」（以下、錦繡中華とする）が挙げられる。本コラムでは、この錦繡中華を取り上げ、観光の文脈で中国を構成する少数民族や地域がいかに展示されているのか、そこにどのような文化政治的な意味があるのか、検討したい。

錦繡中華（1989年開園、面積30万m^2）は、国家事業として中国の著名建築家や歴史家などからなる専門家チームによって構想された。「五千年の歴史・壮麗な自然景観・多様な民族文化」というテーマが設定され、北京故宮や山東泰山、雲南白族民居など約80点の展示が選定された。少数民族としては、55あるうちのモンゴル族、新疆ウイグル族、チベット族、白族、ナシ族、貴州トン族、四川サニ族および台湾高山族の8民族が取り上げられている。これらは「領土の統一性と歴史の連続性」をもつ国家像として一枚の鳥瞰図（図1）のように展示されている（Anagnost 1997；李 2014）。この鳥瞰図から、豊かな土地を有する政治経済の中心地である東部に漢民族が集住し、峻険な山脈と砂漠に覆われ、開発の遅れた西部に少数民族が暮らしているのが見て取れる。このような錦繡中華の展示によって、中国の東西間にある地理的・政治的に不均衡な関係性が表象されている。

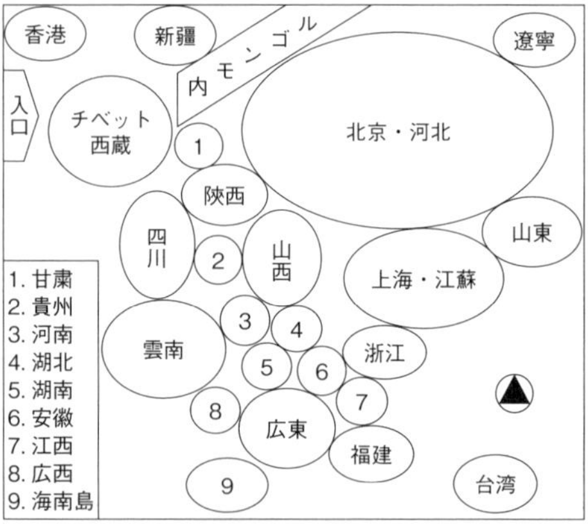

図1　錦繡中華の鳥瞰図（李 2014）
地域の実面積と異なり、西部が小さく、中央と東部が大きく表象されている。

少数民族や地域の表象には、統治の正当化と文化統合の合理化を目的とするプロパガンダやポップカルチャーなどで一般大衆によく知られたコンテンツが用いられている。台湾の展示「阿里山」を例に考察してみよう。中国政府は、台湾を中国の一部であると主張するが、実際独立政権をもつ台湾との交流が少なく、中国人の台湾についての地域イメージは乏しい。ここでは、1950年代に四川出身の作詞家が書いた「阿里山の娘」（別名「高山青」）という歌のモチーフが台湾の表象に用いられて

李 小妹

いる。中国政府は、複数の民族で構成される台湾原（先）住民を中国の少数民族「高山族」と同一視し、台湾の阿里山を「高山族の故郷」としている。阿里山は日本植民地時代に日本の国立公園に指定されたことから、台湾と中国にとって民族独立を象徴する場所でもある。この「高山族＝阿里山＝台湾」というイメージは1960～1970年代、プロパガンダによって「阿里山の娘」を「高山族の民謡」と宣伝するなかでつくられたものである。1980年代、台湾人の歌手テレサ・テンが中国の春節特別番組の舞台で歌い、絶大な人気を博すことで、そのイメージはさらに広まった。錦繡中華の台湾展示は、このようにつくられた民族（高山族）とイメージ（「中国の高山族＝阿里山＝台湾」）を具現化しているといえよう。

「阿里山の娘」のように、少数民族の展示に女性のイメージが利用されることが多い。たとえば、新疆の香妃墓や内モンゴルの昭君墓、「唐の文成公主のために造られたポタラ宮殿」（錦繡中華ガイドブック）が挙げられる。時代も民族も異なる3人の女性（香妃、王昭君および文成公主）の展示にみられる共通点は、婚姻関係によって中央政権と少数民族が結びつけられたところにある。ウイグル族の香妃は18世紀清の乾隆帝に強いられて王妃となった伝説上の人物で、王昭君と文成公主はそれぞれ紀元前1世紀の前漢と匈奴（現モンゴル）、7世紀の唐と吐蕃（現チベット）の政略結婚に利用された実在した女性である。少数民族は歴史的に武力征服や政略結婚および朝貢貿易で中央政権に周縁化され従属させられてきた。ここでは中国における少数民族の周辺・従属性が家父長制の女性の父／夫へのそれに置き換えられて展示されている。

中国では、「56の民族は1つの家族」というスローガンに示されるように、民族関係はしばしば家族関係になぞらえて語られてきた。錦繡中華で少数民族へ向けられたまなざしは、家父長制社会の女性へのそれに通じる。また、民族の概念や地域のイメージを演出するために、プロパガンダやポップカルチャーのコンテンツが流用されている。深圳のテーマパークは国内の遺産観光と民族観光の先駆けとなり、各地にテーマパークブームを引き起こした。この観光開発の過程で、少数民族に対する漢民族／男性／観光客のまなざしによって、中国の国家像が創出され、強化されることになったのである。

参考文献

◎アーリ、J.（1995）『観光のまなざし――現代社会におけるレジャーと旅行』加太宏邦訳、法政大学出版局。

◎李小妹（2014）『中国・深圳華僑城テーマパークにおける空間の表象と少数民族若者の日常実践』（お茶の水女子大学大学院人間文化創成科学研究科提出博士論文）。

◎ Anagnost, A. (1997) *National Past-times: Narrative, Representation, and Power in Modern China.* Duke University Press.

9 ジェンダー

観光と性差の関係性

森本 泉

ジェンダー（社会的・文化的性差）は社会を方向づける重要な要素であると同時に、観光現象をかたちづくる基底要素でもある。ジェンダーの有り様は同じ文化的背景を共有する人々の間でも地域や世代、教育等によって温度差があり、かつ動態的なものである。一方で、観光現象もまた、このような多様で動態的なジェンダーの有り様に影響を及ぼし、女性の地位を向上させるなど社会を変容させることがある。本章では、こうした観光現象と再帰的に、かつ複雑に相互作用しあうジェンダーや社会の有り様に着目し、これらの多元的で動的な関係性について具体的な事例をもとに考察する。

1．観光とジェンダーに関する研究動向

観光研究にジェンダーの視点が導入されるようになったのは比較的最近のことである。1980 年代前半頃まで、ホスト・ゲスト側ともに女性に関する研究はごくわずかしかみられず、特にゲスト側の女性に関する研究は少なく、取り上げられたとしても家族との関係においてであった（安福 2003）。

1980 年代以降、マス・ツーリズムの拡大とともに増大したセックス・ツーリズムに携わる女性に関心が向けられるようになり、国際資本や政府によって性的資源とされたタイの女性（トゥルン 1993）をはじめ、アジアの女性に注目が集まった。日本人男性のアジアにおける買春ツアーも問題化しており（松井 1993）、この問題は、女性対男性、および発展途上国対先進国という典型的なホスト・ゲストの権力構造においてとらえられてきた。1980 年代後半頃から観光が地域の女性に与える影響に関する研究成果が発表されるようになったが、これらの研究は、観光は男女それぞれに異なる影響を与えるという考え方にもとづいて行われてきた（安福 2003）。

観光研究が男女別ではなくジェンダーの視点から行われるようになったのは、特に英語圏でジェンダーと観光に関する論文集が複数刊行された1990年代半ば以降のことである。観光事典のジェンダーの項目を繙《ひもと》いてみると、ジェンダーを意識した観光研究の枠組みが4つ提示されている。すなわち、①ジェンダー化された消費や期待・需要、②ホスト社会のジェンダー秩序への影響、③ジェンダー化された雇用や仕事、④観光とグローバルな性産業の関係性、である。これらの研究枠組みについて研究蓄積が進められる一方で、雇用と女性のエンパワメント、セクシャルな観光環境（特にマスキュリニティ）やセクシャル・ハラスメントに関連する研究はまだ少なく、今後取り組むべき課題として指摘されている（Pritchard & Morgan 2016）。

以下では、これらの研究枠組みや課題を念頭に、具体的事例を検討しながら観光現象とジェンダー、社会の関係性について考察していく。

2．ホストに求められるジェンダー役割

ホスト・ゲストの構図において、一般に女性（ホスト）が男性（ゲスト）に対して従順であることが期待され、女性のイメージをホスピタリティと結びつけ、観光地の魅力として表象することが行われてきた。場合によっては、セクシャルな魅力を含む女性性にもとづいたサービスが求められることもある。このような観光ビジネスの組織原理と労働市場の構造は今日まで堅固に温存されてきた（市野澤 2011）。こうした観光の文脈における性差の商品化は、人種やエスニシティなどの他の要素によって両者の関係性に変化が生じると、必ずしも「ホストとしての女性」対「ゲストとしての男性」の二項対立的構図でとらえられなくなる。観光と性差の関係性が変わるのはどのようなときなのか、具体的な例を取り上げて考えてみよう。

ヒマラヤに位置するネパールでは、登山やトレッキングが盛んである。登山客やトレッカーが山で出会うのが、山地ガイド・ポーターとして知られるシェルパと呼ばれる人々である。シェルパとは、本来はエヴェレストの麓に位置する村を故地とする山地民族の名称である。ガイドとして働くシェルパは、慣れない高地の山道を肩で息をしながら歩く人々にとって、道案内だけ

でなく、難所を乗り越えるのを助けてくれる頼もしい存在である。

シェルパが高所ポーターとして活躍するようになった起源は、19 世紀、インド帝国時代のダージリンに求められる。当時、8000 m級の高峰を擁するヒマラヤでは、イギリスをはじめとしたヨーロッパの人々によって探検が進められていた。彼らの探検活動を高所ポーターとして支えたのが、ダージリンに出稼ぎにきていたシェルパであった。彼らはエヴェレストの麓に位置する高地の村で生まれ育ち、かつてはチベットとの塩の交易を生業としてきたことから、高所での作業に長けていた。

探検隊や登山隊に雇われるようになったシェルパは、場合によっては死と隣り合わせの極限の世界で雇用主（多くは西洋の男性）を守る存在として期待され、その役割を演じるようになった。シェルパに向けられたまなざしには、オリエンタリズムやロマンティシズムが多分に含まれ、西洋の人々にとって「勇敢で忠実、快活で素朴」な存在として認識・表象されるようになった。他方で、西洋の人々はより安価で従順なシェルパを求め、ダージリンではなくネパール在住のシェルパを雇うようになっていった（鹿野 2001）。

1950 年代までに行われたヒマラヤ登山の記録に、シェルパは登山家のために自ら犠牲になることも厭わない忠実な存在として描かれてきた。こうした記録で目にするのは、無精髭を生やした西洋の男性登山家と、控え目に寄り添うシェルパ男性である。シェルパは植民地主義時代に築かれた西洋とインドの関係において、忠実な従者として認識されていた。1960 年代以降、ヒマラヤが大衆的な観光地としての性格を帯びるようになると、植民地主義時代に形成された「勇敢で忠実、快活で素朴」といったシェルパのイメージはさらに増幅され、再生産されていった（鹿野 2001）。

シェルパの仕事は、大変な危険をともなう過酷な労働であり、亡くなっても怪我をしても補償は雇用主の心情に任されていた（鹿野 2001）。決して条件の良い労働環境ではないことに加えて、危険な場所でゲストを守るために「勇敢で忠実」であることが求められ、いまでいうところの感情労働を強いられていたことが想像される。しかし、他方でこうした西洋からのまなざしに応えて望ましい「シェルパ」を演じることで、当時のネパールでは破格の就労機会を獲得し、ネパールで周縁化されてきた山地民族であるシェルパの経済的地位の上昇につながった。これを受け、シェルパという民族名を自称する人が増加し、ネパールの社会地図にも影響を及ぼすことになった。危険が潜む高地では、従来もてなす主体として期待されてきた女性の立場にシェルパの男性が据えられ、心身の強さ（男性性）が期待され、「勇敢で忠実、快活で素朴」な男性性がヒマラヤの魅力として表象されることになったのである。

3．性差への挑戦

近年男性でほぼ占められてきたネパールのヒマラヤ登山・トレッキング業界に変化が生じている。1990年代半ば、ネパールの有資格トレッキング・ガイドは計1579人登録されており、そのうち女性は13人（0.8%）であったが（Nepal Tourism Statistics 1996）、最近では女性ガイドの増加傾向が著しく、有資格トレッキング・ガイド1万7164人のうち、女性は886人（5%）となっている（Lama 2019）。男性に占有されてきた登山・トレッキング業界に、実数は少ないものの、女性が存在感を増してくるようになった。

女性ガイドの増加要因に、女性観光客の増加が挙げられる。ネパールを訪れる女性観光客は男性に比して少なかったが、近年の傾向をみると、女性の増加率は男性のそれよりも高く（図1）、登山・トレッキングを楽しむ女性観光客も増加している。女性でなくても強く逞しい男性ガイドに、道案内だけでなく、疲れたときに荷物を持ったり、川の渡渉のような難所で手を貸してくれることを期待したくなるだろうが、平均的な身体的能力の性差から、男性よりも女性のほうが、ガイドに屈強な男性性を求めることが容易に想像できる。

しかし、また別の男性性ゆえに、女性ガイドの需要が高まることになった。つまり、男性ガイドによる女性観光客に対するセクシュアル・ハラスメントをはじめとした嫌がらせや犯罪が発生しているのである。もちろん男性観光客に対する犯罪も報告されているが、性的嫌がらせや犯罪に遭う被害者は女性観光客のほうが多いのは想像に難くない。ガイドと数日間一緒に山道を歩き、同じ施設に宿泊する状況を考えたとき、女性観光客にとって、山地で遭遇しうる危険から守ってくれる男性性は、他方で女性に危害を加える暴力に転ずる可能性を想起させる。男性ガイドと女性観光客のホスト・ゲストの構図において、女性観光客が安全に旅を楽しむためのガイドの需要が高まり、女性ガイドの増加につながったのである（森本 2005）。

女性がホストとして登山・トレッキング業界に進出するのは、強さを期待されない女性にとって、そして女性が不特定多数の、とりわけ男性と気安く喋ったり一緒に出歩くことに批判的な社会的規範があるネパールにおいて決して容易なことではない。このような困難に女性が直面する社会において、いかに女性ガイドが誕生したのだろうか。

ネパールではじめて女性による女性のためのトレッキング会社を開業したダージリン出身のＡさんの事例をみてみよう。1990 年代以降の観光産業の急成長を背景に、Ａさんは妹２人とともに 1993 年に地方都市ポカラにロッジを開業した。そこに宿泊する外国人女性観光客から男性ガイドによるセクハラ被害をたびたび聞かされ、女性観光客が安全にトレッキングを楽しめるように 1994 年にトレッキング会社を開業し、３姉妹が自らガイドをするよ

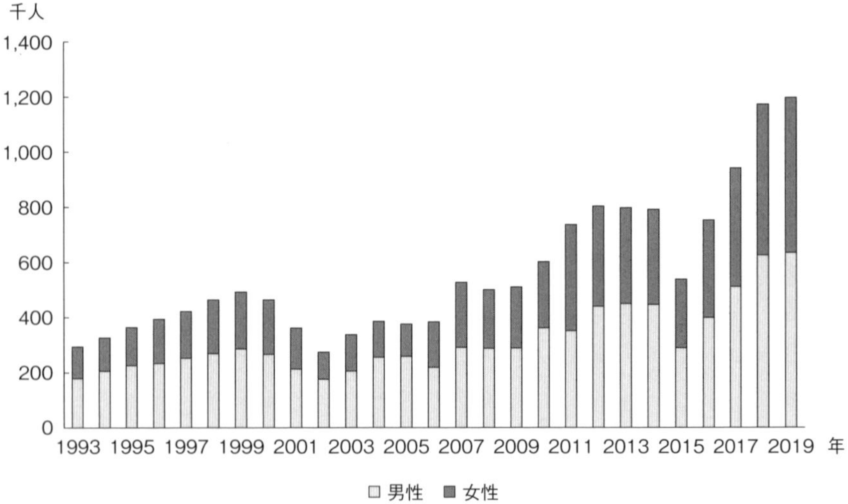

図１　ネパールを訪れる観光客数推移（Nepal Tourism Statistics 2019）

うになった。開業当初、トレッキング中に同業男性からハラスメントを受けたり、邪《よこしま》な意図をもった男性観光客が来ることもあり、多くの苦労があったというが（森本 2005）、いまではトレッキング以外にも事業を拡大・展開している。

ホストとしてのネパールの女性ガイドとゲストとしての先進国からの女性観光客の構図において、多くの場合、ホストに期待されるのは従順で性的魅力のある女性ではなく、旅の安全確保である。そこには、これまで男性ガイドに期待されてきた心身の強さも含まれている。男性にほぼ占有されてきた山において、女性ガイドが誕生することになったのは、こうした性差への挑戦にほかならない。このほかにも女性登山家による、さらに現地のシェルパ女性によるエヴェレストをはじめとした高峰への登山など、性差への挑戦が試みられている。

4．女性のエンパワメント

女性ガイドが存在感を増すようになった別の要因として、観光の現場における女性のエンパワメントについて考えてみよう。

トレッキング会社を開業したＡさんは、困難な境遇にある女性のエンパワメントのために雇用機会を創出したいという思いから、1996 年に女性ガイドの養成事業を開始した。先述したように、観光は女性の仕事として適切と思われない社会規範があることから、開業当初、事業に参加したのは夫と死別・離別、夫が他の女性と出奔、または他の女性を家に連れて来て居場所のなくなった女性や、低カースト出身者など社会的に周縁化された女性が多かったという。そのため、ガイドになる訓練だけでなく、必要に応じてネパール語の読み書きや英会話、会話術も教えてきた。ガイド養成事業参加者はここで修得した知識や技能をもとに女性ガイドとして働き、経済的にある程度自立することが可能になった。

やがてネパールにおける観光産業の高級化により高級ホテルやリゾートが増加し、高学歴エリート女性の就職先として観光産業が注目されるようになると、高学歴女性もこの事業に参加するようになってきた。今日では女性ガイドの需要が高いことから、女性が経営するトレッキング会社が増加し、女性ガイドも増加、男性ガイドよりも高収入を得ている（Lama 2019）。

これまでネパール社会において周縁化されてきた女性が、従来の性的魅力とは異なる女性性ゆえに観光への参入機会を得て、その過程でエンパワメントされ、観光の現場で存在感を増すようになった。観光のかたちは、ジェンダーや人種、エスニシティの支配・従属関係と切り離せないが、観光の現場で女性がエンパワメントされる過程は、同時にこれらの既存の関係性が揺さぶられ、社会が変容していく過程ともいえよう。

5．今後の課題

観光現象の実態を理解するには、観光とジェンダーとの再帰的な様相、すなわちジェンダーが観光の基底要素となっているのみならず観光がそこにかかわる人々のジェンダー関係に影響を与えている様相をとらえていくことが必須と考えられる（市野澤 2011）。本章では、その再帰的な様相を具体的な事例をもとに検討し、観光の現場で期待される男性性や女性性が、ホスト・ゲスト関係によって、また状況によって変化し、これにより、既存のジェンダー秩序が揺るがされ、社会が変容させられていくことを提示してきた。

1980 年代以降に取り上げられてきたセックス・ツーリズムに関する研究では、主に先進国の裕福な男性が発展途上国の貧しい人々を安く買うことに関心が集まったが、近年では新興国の裕福な男性が加わり、その状況は変わりつつある。他方で、ゲストとしての女性が、旅行中に現地の男性との出会いを求めることが取り上げられるようになり、このような観光をロマンス・ツーリズムと呼び、従来のセックス・ツーリズムとは区別して考えられている。そしてまた観光の量的な拡大と質的な多様化が進み、既存のジェンダー秩序の有り様が変容しつつあることを受け、LGBTQ をターゲットにした観光についての研究も蓄積されるようになってきた。

性差そのものの有り様が多様化している今日、観光と性差の多元的で動的な関係性を、その社会の変容を映し出す鏡としてとらえると同時に、社会を変容させる動因としても注視していく必要があるだろう。

課題

1．（本章から考えてみよう）：登山・トレッキングの観光の場において、ホストとしてのシェルパに求められてきたものは何か、本文を読んで答えなさい。

2．（調べて考えてみよう）：観光が女性のエンパワメントのきっかけになった事例を取り上げ、具体的に女性の地位がいかに変容したのか調べ、これについて意見を述べなさい。

文献案内

1．トゥルン、T. D.（1993）『売春——性労働の社会構造と国際経済』田中紀子・山下明子訳、明石書店。

ベトナム戦争後のタイにおいて、政府や国際資本によって観光開発が進められる過程で、女性が商品化され、性的に搾取されていく構造が、グローバル政治経済の観点から読み解かれていく。

2．石森秀三・安福恵美子編（2003）『国立民族学博物館調査報告 37　観光とジェンダー』国立民族学博物館。

日本の観光研究においてジェンダーを主題とした先駆け的な研究成果。観光とジェンダーをめぐる諸問題についての概説の他、観光地や観光産業を担うホストとしての女性に着目した具体的事例等によって構成されている。

3．友原嘉彦編（2017）『女性とツーリズム　観光を通して考える女性の人生』古今書院。

観光現象にかかわる女性を多元的に描こうとした論文集である。前半5章ではゲストとして観光する女性、後半6章ではホストとして観光地を担う女性が取り上げられ、女性がいかに観光にかかわってきたのか、その特徴と課題が様々なアプローチから考察されている。

参考文献

◎市野澤潤平（2011）「ジェンダーと観光」（安村克己・堀野正人・遠藤英樹・寺岡伸悟編『よくわかる観光社会学』ミネルヴァ書房）。

◎鹿野勝彦（2001）『シェルパ　ヒマラヤ高地民族の二〇世紀』茗渓堂。

◎トゥルン、T. D.（1993）『売春——性労働の社会構造と国際経済』明石書店。

◎松井やより（1993）『アジアの観光開発と日本』新幹社。

◎森本泉（2005）「ネパールにおけるトゥーリズムとジェンダー——社会変容のなかの女性」（原ひろ子監修、「原ゼミの会」編集委員会編『ジェンダー研究が拓く地平』文化書房博文社）。

◎安福恵美子（2003）「観光とジェンダーをめぐる諸問題」（石森秀三編『国立民族学博物館調査報告 37　観光とジェンダー』国立民族学博物館）。

◎Lama, S.C.（2019）Nepal's Female Guides Prepare for Trekking Season: Women trekking guides are in such high demand they earn more than men, *Nepali Times*, November 26, 2019.

◎Pritchard & Morgan（2016）Gender, in Jafari and Xiao eds. *Encyclopedia of Tourism*, Springer International Publishing.

観光地と同性愛

現在、日本も含め、観光による経済成長を図る多くの国や自治体、民間業者が同性愛者を旅行者としてターゲットにしている。なぜ同性愛者が旅行者として注目されるのか、また、同性愛者にとってどのような場所が望ましい旅行先なのか。このコラムでは、これらの問いに答える手がかりを探っていきたい。

まずは、用語の説明からはじめよう。同性愛とは、同性を性的な対象とするセクシュアリティである。異性を性的な対象とする異性愛と同様、多様なセクシュアリティの１つであるものの、現在の社会において異性愛が主流であり、同性愛は差別の対象となることが多い。ちなみに、セクシュアリティは、生物学的・文化的性差や性自認、性的欲望、性行為、快楽、生殖の領域にまたがる広い概念であるが（フーコー 1986）、一般的には、性的対象にかかわる性的指向や性自認をさす。メディアでよくみられる「LGBT」（レズビアン・ゲイ・バイセクシュアル・トランスジェンダー／トランスセクシュアル）は、異性愛以外のセクシュアリティの総称として用いられる。さらに、既存のカテゴリーで括られない自分自身の性のあり方を肯定的に表す「クィア」を加え、「LGBTQ」とする場合もある。他にもさまざまなセクシュアリティがあることを示すため、「LGBT +」や「LGBTQ +」と表現することもある。近年では、特定の人々のカテゴリー化を避けるため、すべての人々の性的指向と性自認を表すSOGI（セクシュアルオリエンテーション・ジェンダーアイデンティティ）という言葉も使われるようになった。

多くの社会では、いまも異性愛以外のセクシュアリティに対する差別は根強く残るが、一方で、冒頭で述べたように観光推進に関わる組織は同性愛者を歓迎する傾向にある。これは、同性愛者が、旅行意欲が強く旅行支出額も平均より高い優良な消費者とみなされているからである。UNWTO（United Nations World Tourism Organization：国連世界観光機関）もまた、人権の観点だけでなく経済成長の手段としてLGBTツーリズムを推奨している（UNWTO 2017）。

このように旅行者として歓迎されるようになった同性愛者は、観光地に何を求めているのだろうか。南イングランドに住む562人の男性同性愛者を対象にアンケート調査を実施したクリフトとフォレスト（Clift & Forrest 1999）によると、旅行動機の上位には、仲間との交流や性的経験、また、文化体験や観光、癒し、リラクゼーションが挙がる。これらの動機は同性愛者に特有というほどではないが、これに適した場所を見つけるとなると、異性愛者に比べ同性愛者は不利になりがちである。その結果、同性愛者が特定の場所に集うことになり、それらの場所が安心して交流できる環境としてさらに同性愛者を引き寄せることになる。このようにして、規模の大きい男性同性愛者向け歓楽街を有する欧米の大都市や、ギリシャのミコノス島、スペインのグラン・カナリア島、イビサ島、シッチェスといった海浜リゾートに同性愛者が集中することになった。

吉田道代

同性愛者向けに実施されるイベントも、同性愛者の旅行の重要な誘因となる。そうしたイベントにはさまざまなものがあるが、なかでもゲイ・プライドが、多くの同性愛者をひきつけている。ゲイ・プライドは、パレードを通じて差別や偏見の撤廃、性の多様性の承認を訴える政治的イベントであり、1970年にアメリカではじまってから世界各地に広がった。現在では、娯楽化・商業化もすすみ、規模が大きいゲイ・プライドでは開催期間に映画祭などの文化的行事やさまざまなパーティが企画され、お祭りの様相を呈している。この他に同性愛者に人気のイベントとして、4年に1度開催される国際的総合スポーツ大会のゲイゲームズ、毎年フロリダ州オーランドのディズニーワールドで行われる娯楽イベントのゲイデイズがある。

さて、同性愛者に望まれる旅行先の条件は、近年ではメディアを通じて明確に提示されるようになった。例えば、同性愛者向けの旅行情報を発信するスパルタカス（Spartacus）は、毎年「国際ゲイ・トラベル・インデックス」を発表する。これは、同性愛者の権利の保護などにかかわる17の指標（2020年時点）でゲイ・フレンドリーのレベルを表し、これにもとづき世界の国別順位とアメリカ合衆国内の州別順位が示される。国際的な旅行ガイドブックの出版社 Lonely Planet も、「地球上で最もゲイ・フレンドリーな場所」を発表している。審査の指標となるのは、同性愛者の権利の保障、法的・社会的な扱い、同性愛者向けの宿泊施設・イベント・エンターティメントである。

このような「ゲイ・フレンドリー」の指標から、同性愛者の旅行先に求められるのは、まずは、地元住民がセクシュアリティにかかわりなく平等に扱われ、そのことによって旅行者もまた安心・安全を感じられる環境であることがわかる。こうした条件を整えた観光地が、同性愛者に選ばれる旅行先となっていくだろう。

参考文献
◎フーコー、M.（1986）（『性の歴史1　知への意志』渡辺守章訳，新潮社。
◎Clift, S. & Forrest, S.（1999）Gay men and tourism: Destinations and holiday motivations. *Tourism Management 20*, 615–625.
◎UNWTO（2017）UNWTO releases 2nd Global Report on LGBT Tourism. Retrieved on August 13, 2021 from, https://www.unwto.org/archive/global/press-release/2017-05-05/unwto-releases-2nd-global-report-lgbt-tourism

10 ジェネレーション

メディア、世代市場、親子関係

成瀬 厚

私が翻訳を担当した『アルコールと酔っぱらいの地理学』（ジェインほか 2019）の第6章は、本章と同じく「世代《ジェネレーション》」と題されている。飲酒は法律で一定の年齢未満には禁じられているので、世代や年齢といったテーマが重要である。世代や年齢、そして年代というテーマは飲酒に限らず多くの事象で共通する。時代は移り変わり、さまざまな事象で流行がある。私たちはその時代とともに年齢を重ねる。つまり、年齢に関しては時代を超えた特徴を有すると同時に年代の固有性をもつ。なお、ここで年代とは1980年代といった固有な時代のことを、時代はその固有性に対する一般性として用いる。年代と時代は社会について、世代と年齢は人に対する固有と一般の関係を、場合によって集団と個人を示す語として用いることとする。

観光行為については、前近代的な旅行から近代的な観光へ、マス・ツーリズムからニュー・ツーリズム、そしてポスト・ツーリズムといった時代的な推移がある。交通機関の技術発展や整備状況、観光地種別の変化などの社会環境も観光行為を規定する。旅行のあり方は旅行者の年齢とともに変化する。このように、観光においてジェネレーションという観点は重要な意味をもつ。

1．観光の表象分析

観光産業は先進国、新興国、途上国を問わず、重要な産業となっている。他の産業と同様、生産と消費によって成り立ち、それは観光地と観光客、ホストとゲストに対応する。すべての産業において生産を継続的に行うには世代を超えた持続（継承や交代）が必要とされる。日本交通公社の雑誌『観光文化』は2007年の第182号で「次世代継承」という特集を組んだ。執筆者は観光研究の専門家ではないため、観光地経営という観点ではなく、伝統文化の保存・継承という観点から観光地における世代の問題が議論されている。

消費者の年齢・世代は実際の消費者の属性であると同時に、生産側にとってターゲットとしての意味をもつ。私はこれまで生産側の研究をしてこなかったし、消費者の実態を調査したこともない。私が関心をもって調査・研究してきたのは、生産者と消費者を結びつける媒体としてのメディアである。私が研究対象とした都市使用者による街の利用は、クリストファー・ローのいうアーバン・ツーリズム（都市観光）に位置づけることができるだろう（ロー 1997）。都市使用者とは単なる都市居住者ではなく、通勤や買い物、飲食、レクリエーションで都市を好んで使用する者である。

私は女性雑誌『Hanako』に関する研究論文を発表した（成瀬 1996）。1988年創刊の『Hanako』による街の特集はいまでも健在で、最近では銀座、京都、ハワイ、福岡、鎌倉などの特集を組んでいる。私の論文では創刊から300号分を分析したが、当時は銀座をはじめとして、新宿や渋谷、六本木や下北沢、自由が丘、吉祥寺という東京の街だけでなく、日本や世界の観光地の特集も組んでいた。訪れる街や観光地の選別、その楽しみ方に関して独特のスタイルが提案された。読者としては首都圏在住で30歳前後の働く女性（年収300〜500万円）が想定されていた。

『Hanako』において、東京の街々、日本の観光地（首都圏近郊の鎌倉、伊豆、北海道、沖縄）、世界の諸都市（ハワイ、ニューヨーク、パリ）はフラットにとらえられる。便宜的にはこれらを、都市内移動、国内日帰り旅行、宿泊をともなう旅行、海外旅行と区分できるが、鉄道や航空など、居住地から目的地までの移動にかかわる情報は掲載されない。世界都市論のごとく銀座とニューヨーク、パリとが同列に語られ、グローバル・ツーリズム論のごとく北海道とケニアとが同列に語られる。そういう意味でも、都市使用者にとっての買い物・飲食・娯楽という行動は観光行為と連続的に理解されよう。

街＝場所の意味づけは『Hanako』が規定する階級、性差、世代と関連している。『Hanako』は好んで銀座を取り上げ、それは仕事と深く結びついた年配の男性がたしなむ夜の街であるが、そこに若い女性の価値を見出す。低年齢化・低俗化した渋谷に対しても、大人の視点から高級な側面を見出す。六本木へのこだわりもこの雑誌の特徴だが、仕事とも結びつくハレの場としての山手線内側の街々に対し、郊外西方に伸びる私鉄沿線の街々は生活と結びついたケの場として位置づけられる。

生産と消費の媒介としてのメディアについて議論しておこう。狭義のメディアというと、テレビや新聞、雑誌やラジオといったマス・コミュニケーション手段としてのマス・メディアを意味する。メディアを広義に理解するならば、小説や写真、映画や音楽などの文化形態を含めることができる。ここで、メディアと観光行為との関係を考えるのにふさわしい文章をロジャー・シルバーストーンの著書（シルバーストーン 2003）から引用しよう。

> 私たちは、私的な空間と公的な空間を行き来する。ローカルな空間とグローバルな空間を移動する。聖なる空間と俗なる空間の間を動き、現実の空間から虚構の空間へ、さらにヴァーチャルな空間へと動いていく。（……）私たちの誰もが、こうしたことを不断にしているし、これらすべてが――どれか一つがというのではなく――、物質的ないしは象徴的な対象物としての、あるいは導きとしての、軌跡としての、経験としての、あるいは便覧（aides-mémoire）としてのメディアなしではやりきれない。

メディアに対する批判的な学問的態度はフランス現代思想に端を発するといえる。それは、表象や言説という概念を中心に、社会のあり方を批判的に論じていた。いずれの概念についても、私が地理学の文脈で整理しているので参照されたい（成瀬ほか 2007；成瀬 2016）。

シルバーストーンは「メディアが、アイデンティティ、世界のなかの私という感覚、そして世界のなかで行為する能力、これらすべてを構成する基盤である」と述べ、メディアが現代世界を生きる私たちにとって不可欠なものだという認識に立つ（シルバーストーン 2003）。メディアを批判することはそれを非難し是正するということではなく、日常的／非日常的、現実／虚構の連続性における移動においてメディアが不可欠であることを認識し、そのうえで批判的な立場を維持することが重要だといえる。

2．観光における世代間差異と親子の旅

観光における世代・年齢に関連する事例は容易に思いつく。子どもの頃は親の計画に従って親子で旅をする。子どもが喜びそうな場所が選ばれ、子どもが行けない場所は避けられる。小中高校生では、教員が企画・引率する修学旅行などの団体旅行があり、生徒たちが班になって旅の一部を計画する。学習の機会でもある団体旅行にふさわしい定番の場所がある。高校卒業から大学にかけては同級生同士で計画した旅行となる。社会人になると、一人旅や仲の良い少人数で自由度の高い旅行が実現される。この時期は長く、年齢によって選択される場所や日程・予算・目的などは異なってくる。結婚した場合は新婚旅行など夫婦旅行がはじまり、子どもができると親の立場としての家族旅行となる。退職後の旅行にも多様ながら特徴はあるだろう。尾高慎二らは、全国4500人を対象に実施されている日本観光協会の「国民の観光に関する動向調査」の個票を分析し、回答者の属性から世代別の観光特性について整理している。世代・年齢に着目した分析では、旅行における嗜好が時代の変化よりも加齢による影響が大きいとしている（尾高ほか 2011）。

年齢を限定した旅のあり方が確認できる事例をみてみよう。『団塊ツアー』（太田 2009）では団塊世代の観光旅行の特徴が整理されている。著者は団塊世代を1947～1949年生まれと定義している。当書は団塊世代の27の特徴を挙げ、その多様性を強調しながらも個性のある旅を好み、そのこだわりを実現するための旅には惜しげもなく出費をする世代だとしている。年代に特化した旅行雑誌もある。「50代からの旅と暮らし発見マガジン」と銘打つ月刊誌『ノジュール』がJTBパブリッシングから発行されている。2020年5月号の特集は「50代からの“感動”ひとり旅」と題された。

森下晶美は20歳代から50歳代まで男女1100名に家族旅行に関するアンケートを行った（森下 2014）。回答者である親世代の年齢によって旅行回数や目的、旅の魅力などの特徴が明らかにされている。家族旅行においては世代間の関係が重要である。この観点から書籍や雑誌をいくつか紹介したい。旅行ジャーナリスト村田和子はウェブサイト「家族 de たびいく[1]」等で「旅

育」を提唱している。『家族旅行で子どもの心と脳がぐんぐん育つ　旅育BOOK』（村田 2018）からその内容をみてみよう。村田は、子どもが幼い時期の家族旅行でも、計画段階から子どもにかかわりをもたせ、当事者意識を与えることが重要だという。そこに親子間のコミュニケーションが生まれ、旅行という特別なシチュエーションがその絆を濃密なものにする。一方で、旅先では子どもだけで過ごせるような場面をできるだけつくってほしいという。最近では、そうした子どもの体験プログラムも充実している。

大人になった子どもが、年老いた親と出かける親子旅行についてのエッセイも紹介してみたい。『母とヨーロッパへ行く』（太田 2018）は 40 歳代の娘

図１　本章で扱う書籍・雑誌の表紙

が60歳代の母親と毎年10日間のヨーロッパ旅行をしてきた経験を娘の視点から語るものである。実の母娘という間柄ながら、高齢者をともなう旅の留意点を中心に、ヨーロッパにおける日本人個人旅行者という特殊な事情についても多く語られる。母親の視点に立ったものとしては、『バルセロナ・パリ母娘旅』（銀色 2015）がある。こちらは作家である銀色夏生が、21歳の娘を連れた10日間の旅を綴ったものである。当書は旅行記であり、親子旅こうあるべしという提言はないが、旅行という特殊なシチュエーションが独り立ちした子どもとの濃密な接触を与える機会となることが示される。

雑誌『旅』は休刊前の2011年9月号で「親子で行く旅」という特集を組んだ。写真家である両親（島尾伸三と潮田登久子）と漫画家である娘（しまおまほ）が「島尾家、中国へ。」として表紙を飾っている。3人それぞれの視点で中国福建省厦門・鼓浪嶼島・土楼の旅が語られる。島尾一家による無計画な行き当たりばったりの旅に続いて、この特集では編集者による匿名の親子の旅行計画が国内外の観光地で提案される。また、著名人の親子旅の記憶に関するエッセイが挿入されている。

3．文化・社会地理学と批判的思考

さまざまな転回後の文化・社会地理学において重要なのは、新しい対象や方法もさることながら、批判的思考だと私は考えている。メディアに表象されるのは現実社会と独立した原因でも結果でもない（メディアが社会に影響を与えるとか、メディアは社会を反映しているとかではない）。メディアは社会の一部として埋め込まれているととらえることが重要であり、批判的思考とはメディアや表象を批判（非難）することではない。批判的（critical）とは根本的で、不可欠なものである。

私たちは日常的にメディアを介して知り、感じ、考え、他人に伝え、話し合い、迷い、決め、行動する。メディアとの付き合い方も多様なはずだ。メディアの表象・言説が消費者に刺激を与え、情報を与える部分は大きい。しかし消費者もときにメディアに抗い、否定し、読み流し、打ち捨てる。メディアに接したときに感じる些細な違和に敏感になろう。その感覚は、特段研究者としてではなく、この社会で生き延びる１人の人間として必要なものである。自我をもち、流されず、闘い、勝ち取る。

メディアの表象・言説は総括的なものの見方をする場合があり、それは私たちをときに規定する。本章でみたように、観光行為は世代・年齢で規定される。メディアの調査・分析を通じて、観光とジェネレーションの関係を理解することは重要だが、観光そのものがメディア産業であることを理解することが重要である。研究成果として得られた観光と世代との関係をことさらに強調するのではなく、観光と世代とのあり方を規定するその力に抗い、逃れる術を思考し、模索していくこと、それが重要である。

石田佐恵子が文化研究の文脈で論じているように、具体的な世代の特徴を明らかにする世代論はマーケティングに結びつくものとなる（石田 2007）。それらは批判的観点どころか、資本主義の論理に取り込まれてしまう。観光調査を世代という観点から行うに際しても、その研究結果が観光市場に寄与するものとなっていないか、旅行を支えるイデオロギーを強化するものとなっていないか、留意する必要があろう。

繰り返すが、世界中で観光は重要産業である。昨今のコロナ禍の状況で観光産業は縮小している。職を失う観光産業従事者にとっては死活問題だが、旅行が不要不急の行動として真っ先に規制・自粛されたのも、旅行・観光が人間の生にとって必要不可欠ではないと考えられたからである。この矛盾について思考を巡らすこと、これがいま私たちに必要とされている批判的思考ではないだろうか。

課　題

１．（本章から考えてみよう）：あなたがこれまでの人生で行った旅行について思い出してみよう。それぞれの旅行について、自分の年齢と旅行の特徴について整理してみよう。

２．（調べて考えてみよう）：本章で取り上げたような旅に関する雑誌やエッセイを実際に手に取って詳しく読み、旅行者の世代・年代と旅のあり方について考察しよう。

文献案内

１．ヘザーリントン、K.（2002）「バンに乗ったうるさい奴ら――新世代の旅行者たちと田園地方のユートピア的なもの」神田孝治訳『空間・社会・地理思想』７。

新世代旅行者（New Age travellers）と呼ばれる若者たちの英国田園への旅は、特定の場所に対する既成の価値観を覆す対抗的なものだったということを明らかにしている。

2．ホフステンバッハ、C.・ボータマン、W.（2020）「ジェントリフィケーションの過程における年齢、ライフコース、世代」若林萌訳『空間・社会・地理思想』23。

ツーリズムをテーマにしたものではないが、ジェントリフィケーションをめぐる世代の問題をコンパクトに議論している。

3．スクワイア、S. J.（1993）「田舎を価値づける――ビアトリクス・ポターゆかりの観光に関する考察」山田晴通訳『地理科学』48。

世代をことさら強調はしていないが、イギリスの湖水地方で実際の観光客への調査を行っており、訪問者の大半が25～45歳の女性だったという。その調査報告である。

注

1）http://tabi-iku.jp/

参考文献

◎石田佐恵子（2007）「世代文化論の困難――文化研究における「メディアの共通経験」分析の可能性」『フォーラム現代社会学』6。

◎太田篤子（2018）『母とヨーロッパへ行く――母＋娘＝100歳～の旅』講談社。

◎太田正美（2009）『団塊ツアー』東京図書出版会。

◎尾高慎二・日比野直彦・森地茂（2011）「観光統計の個票データを用いた旅行者属性と観光行動の特性に関する研究」『土木学会論文集D3（土木計画学）』67。

◎銀色夏生（2015）『バルセロナ・パリ母娘旅』KADOKAWA。

◎ジェイン、M.・バレンタイン、G.・ホロウェイ、S. L.（2019）『アルコールと酔っぱらいの地理学』杉山和明・二村太郎・荒又美陽・成瀬　厚訳、明石書店。

◎シルバーストーン、R.（2003）『なぜメディア研究か――経験・テクスト・他者』吉見俊哉・伊藤　守・土橋臣吾訳、せりか書房。

◎成瀬　厚（1996）「『Hanako』の地理的記述に表象される「東京女性」のアイデンティ」『地理科学』51。

◎成瀬　厚（2016）「表象を忘れない――新聞記事の地理学的研究を通じて考える」『コミュニケーション科学』43。

◎成瀬　厚・杉山和明・香川雄一（2007）「日本の地理学における言語資料分析の現状と課題――地理空間における言葉の発散と収束」『地理学評論』80。

◎村田和子（2018）『家族旅行で子どもの心と脳がぐんぐん育つ　旅育BOOK』日本実業出版社。

◎森下晶美（2014）「世代別家族旅行実施状況から見る若年家族旅行の可能性」『日本国際観光学会論文集』21。

◎ロー、C. M.（1997）『アーバン・ツーリズム』内藤嘉昭訳、近代文芸社。

若者とナイトライフツーリズム

「夜」の研究は時間－空間を動的にとらえてこそ面白くなる。太陽光の不在により規定される「夜」は、一次産業を主体とするヨーロッパの農山村において、私的時間であり、休息の時間であり、宗教的時間であった。一方で、産業革命以降のヨーロッパでは、大都市の労働のピリオドが社会の時間感覚を規定していく。パリでは貴族の生活スタイルを模倣するかのように劇場や音楽ホール、ダンスホールが生み出され、市民階級により娯楽空間が創出される。産業革命以降、発展してきた大都市では、夜という時間に独自の経済や社会、そして文化を発展させてきた。同時に19世紀前半のパリでは、売春婦を含む「いかがわしい」夜の場所が警察により把握され、娼家だけでなく街娼のいる居酒屋、カフェなどの閉店時間も設定されるようになり、空間的な管理が開始された（シュレーア 2003）。

さて、大都市のナイトライフツーリズムを構成する観光コンテンツには飲酒行動が付帯するが、それのみでは夜の時間－空間のユニークさが見えてこない。夜を理解することは、都市社会の多面性と複雑性を理解することと同義であり、それは昼の時間の研究にも新たな視座を与える。

夜の使用者は、昼間の空間に新しい意味を付与する。例えば、スケートボードやストリートダンスなど、昼の時間には積極的な意味をもたなかった都市の物理的環境が、夜間だけ、練習用の手すりや踊り場、はたまた舞台へと様変わりする。そうした文化の主たる担い手は、「若者」である。

世界に目を向けてみても同様のことがいえる。例えば、エレクトロ音楽やクラブカルチャーがヨーロッパを席巻した1990年代ベルリンにおいてはベルリンの壁崩壊直後の旧東ベルリン・ミッテ地区にあった百貨店や防空壕、旧東ドイツ政府の鉄道駅舎等の物理的環境が若者により「発見」され、その多くが音楽や芸術表現といった文化的実践の場として改変されていった。2000年代に入ってからは、「クラブ」や「アートスタジオ」とも定義づけられない施設の集合体が、夜に特化した地域である「ナイトライフ街区」として表象されるようになった。2010年代には、EU域内外から格安航空を使用し来街する週末観光客の増加を背景に、クラブやライブベニュー等が夜の観光資源として都市行政に注目されるようになった。また、COVID-19の影響により、運営継続が困難となると、これらを公的な文化施設として認定すべきとの議論さえ生み出されている。

さて、既存の空間を改変（コンバージョン）する行為は、それより以前の1960年代から1970年代にも西ヨーロッパでみられた。ベルリンのクロイツベルク地区やアムステルダムのライツェ広場周辺では「戦後世代」というコーホートに属する若者集団により、新しい空間が創出されていった。こうした文化的運動は、旧西ベルリン地区に位置するクロイツベルク地区では、1960年代末のスクラップ＆ビルト方式の再開発策定を機に生み出され、保存運動としての側面を有した。現在でもク

池田真利子

図１　ベルリン市のナイトライフ街区（2017 年 9 月筆者撮影）

ロイツベルク地区には、ライブハウスや芸術アトリエ、展示空間等が多く集まり、同時代のオルタナティヴなナイトライフ街区としても認識されている（図１）。

「ナイトライフ」の意味するところは地域により異なる。しかし、世代文化は地域を超えて共通する部分もある。戦前世代の価値観や宗教的規範とは一線を画す若者世代により形成された夜の文化的インフラストラクチャーは、今日では重要な観光資源として評価されるまでになった。他方で COVID-19 の影響を受け、密閉空間である音楽関連施設の経営が困難となるなか、若者は再度、ストリートや公園や自然といった公共空間に戻りつつある。ウィズ・コロナのナイトライフツーリズムは、むしろ、都市域よりも、非接触のオンライン仮想空間や、規制が不在の自然地域が求められていくのであろうか。

参考文献　◎シュレーア、J.（2003）『大都会の夜　パリ、ロンドン、ベルリン――夜の文化史』平田達治・我田広之・近藤直美訳、鳥影社。

第Ⅲ部

観光地の新しい潮流を読み解く

11 エシックス

倫理的で持続可能な観光実践の重要性と限界

薬師寺浩之

2018年4月、世界中の旅行メディアによってベストビーチと評されてきたフィリピン・ボラカイ島で、環境改善のため半年間観光者の訪問を禁止する措置が取られた。禁止前のボラカイ島は、旅行メディアに誘発された観光者の急増にあわせてレストランや宿泊施設の開業が相次いでいたが、それらの大半が無認可違法建築で下水処理施設が不完全なことから汚水が海に流れ込み、環境破壊が深刻化していた。この問題は、当地の法整備や観光政策の不備、観光地管理の不手際などが一因であるが、観光事業者が利益追求だけを優先させ、環境保全を蔑ろにしてきたことも大きな要因である。つまり、一部の事業者は倫理観が欠如していたのである。健全な方法で観光を実践するためには、倫理（エシックス／ethics）が重要である。そこで本章では、観光を実践するうえで必要不可欠であるにもかかわらず、いままであまり議論されてこなかった倫理（観光倫理）について理解する。

1．観光倫理とは何か

「倫」は人の輪や仲間、「理」（ことわり）は道理や当然の理由を意味することから、倫理とは仲間の間で守るべき秩序、さらには社会生活を送るうえで必要な決まりごとのことである。国語辞典には、「人として守り行うべき道。善悪・正邪の判断において普遍的な規準となるもの。道徳。モラル」と記されている。倫理は、社会的な存在として生活するうえで最も基本的なものであり、社会的生活は道徳的規範に規定されている。

観光においても、倫理はそれを健全で持続可能な方法で実践するうえで重要である。観光とは、多様な関係者（旅行業・宿泊業・交通事業などの観光事業者、行政、観光者や地域住民など）の思惑が入り混じるところに成立し、利害関係をもとにさまざまな影響（経済・社会文化・自然環境的影響）が生じる現象である。観光に対する思惑が異なるさまざまな人々が、複雑に、また国際的に結びつくため問題が起こりやすい。近年の観光にかかわる問題とは、ホストとゲストの間にある文化や宗教に対する価値基準の違いから発生する文化摩擦の問題、観光地開発がもたらす生態系への悪影響、野生生物を観光資源とする観光地での動物愛護の問題、セックス・ツーリズムや児童労働などに代表される人権に関する問題、ホスピタリティ産業で働く従業員の賃金や労働環境に関する問題、など枚挙にいとまがない。

このように、現代の観光はさまざまな問題に直面していることから、健全で持続可能な観光の実現のために「～すべき」という価値判断、つまり観光にかかわる善悪や正邪という行為の判断基準に踏み込んだり、観光にかかわるさまざまな人たちが倫理的選択を能動的に行ったりすることが求められる（宮本 2016）。観光倫理とは、観光関係者が活動のなかでどのような価値判断を下し、行動選択をするかという倫理的な問題のことを指す。また、関係者が倫理的問題を助長するような行動を慎み、さらに正義や公正、平等などの原則を守り、他者・社会や自然環境と良好な関係を保っている状態のことは、「倫理的な観光」や「責任ある観光」という（Lovelock & Lovelock 2013）。

観光倫理研究は初期段階にあるものの、観光における倫理の重要性は研究者のみならず観光事業者の間でも認識されつつある。国連は 2017 年を「開発のための持続可能な観光の国際年」と定め、持続可能な社会の発展における観光の役割や、責任ある観光実践の重要性に関する認識向上をめざす取り組みを行った。観光産業においては、後述する国連世界観光機関（UNWTO）が策定した「世界観光倫理憲章[1)]」を規範として、自然環境や文化遺産の保護や価値の向上、観光者受け入れ国や地域に対する有益な活動の実践、さらに責任ある行動を観光者に啓蒙する活動などが企業の社会的責任（CSR）の一環として行われている。例えば、世界で最も読まれている旅行ガイドブックである『ロンリープラネット（*Lonely Planet*）』には、観光者の責任ある行動に関する記述があり、観光倫理の理念に従って編集されている。日本では欧米圏ほど観光倫理が議論されることはないが、2010 年代後半の訪日観光者急増にともなうオーバーツーリズム問題やマナー問題に関する報道の増加は、持続可能な観光や観光倫理の重要性を広く浸透させるきっかけとなった。

2．持続可能な観光と観光倫理の関係性

持続可能な観光とは、「訪問客、業界、環境および訪問客を受け入れるコミュニティのニーズに対応しつつ、現在および将来の経済、社会、環境への影響を十分に考慮する観光[2]」と定義されるように、観光関係者間や世代間で公正な取引が行われることに重点が置かれている。観光関係者は、持続可能な開発目標（SDGs）の 17 指標に反しないように自分自身の責任を認識したうえで、経済・社会・文化・自然環境面に対する悪影響を最小化できる観光活動をとること、さらに 17 指標に対して観光が貢献できるように、つまり持続可能な社会の発展に観光が貢献できるように倫理的配慮を行うことが求められる。持続可能な観光は、現在に至るまで観光開発を遂行するうえで最も基本的な理念として位置づけられ、理念としては観光行政や産業にかかわる人たちの間で合意されている。

しかしながら、理念の合意とは裏腹に持続可能な観光開発は多くの場合失敗に終わる、という批判的な意見が多い。持続可能な観光が失敗する理由の１つは、それが観光の構造を主に政策的・技術的側面から改変することに主眼が置かれ、人間の行動と関連しておらず、基本的な人間の規範をもとにしていない点にある（Lovelock & Lovelock 2013）。先述のフィリピン・ボラカイ島では、地元政府によって持続可能な観光の理念に沿った観光政策が策定されていたものの、それを実施する人間（政府関係者や観光事業者など）の倫理観が欠落していたため、観光地として不健全な状態になってしまった。観光とは人間によって供給され、またそれを消費するのも人間であり、極めて人間的な活動である。観光が人間的営みでさまざまな人間関係が生み出される以上、「何が善であり、何が悪であるのか」という行為にかかわる価値判断の問題を問う必要がある（木村 2011）。そこで、善悪・正邪の判断において普遍的な規範となる倫理を持続可能な観光に適用することが重要になる。

3．観光の倫理規定と「世界観光倫理憲章」

持続可能な観光を実現させるためには、観光関係者がとるべき行動（行動規範）を定めた倫理規定を定め、それを広く啓蒙する必要がある。観光にかかわる関係者ごとにとるべき行動内容が異なるため、観光の倫理規定はそれぞれに対して作成される傾向がある。観光事業者が事業者内向けに作成する倫理規定の場合、その内容は法令遵守、社会的良識に従った行動の徹底、公正・公平な取引、差別の撲滅などといった他業種の倫理規定でもみられる一般的なものに加えて、持続可能な観光に資する行動の徹底という観光独自の規範も含まれる。観光者に対する倫理規定は、観光事業者、観光省・庁や外務省などの政府機関、地方自治体などによって作成され、インターネットや旅行ガイドブック、観光・宿泊施設の掲示板などを通して啓蒙される。訪問先の地域住民や観光対象、自然環境、さらに他の観光者などに対する倫理的配慮を求めている。

観光者に対する倫理規定では、世界共通の普遍的なアプローチをとる規定と、個別の観光地を訪問する者に向けた規定の2種類がある。前者で代表的なものは、UNWTOが2017年に作成した「責任ある旅行者になるためのヒント」である[3)]。観光がホストとゲスト双方にとって価値あるものになることを目的として、心構えや考え方を紹介している。①旅先に住む人々に敬意を払い、私達の共有遺産を大切にしよう、②私達の地球を守ろう、③地域経済をサポートしよう、④旅先の情報に通じた旅人になろう、⑤尊敬される旅人になろう、の5項目で構成されている。

後者は、各観光地の行政機関や観光事業者などによってさまざまな規定が作成されている。2010年代後半、外国人観光者の急増にともない生活習慣の違いなどから生じるマナー問題に悩まされていた京都市の観光にかかわる京都市産業観光局、京都市観光協会や京都府観光連盟などは、京都観光で守るべきマナーをまとめたリーフレットやインターネットサイトを英語や中国語などで作成し、外国人観光者に向けて啓蒙活動を行っている（図1）。路上喫煙をしない、撮影禁止場所で撮影をしない、ゴミのポイ捨てをしない、など

図１　外国人観光者へ向けた屋内土足禁止を啓蒙する絵（京都府観光連盟公式サイト Kyoto Manner より）

世界中の観光地で共通のマナーも含まれるが、無理やり舞妓さんの写真を撮らない、古い家屋や物品を触らない、など京都観光に特有のマナーも掲載されている。

世界各地で観光関係者に対して作成されている倫理規定は、UNWTO が 1999 年に定めた「世界観光倫理憲章」を基盤としており、そこで定めている観光倫理の基本的枠組みとほぼ一致するものである。「世界観光倫理憲章」とは、「環境、文化遺産、社会に与える潜在的な悪影響を最小限にしながら、観光の発展を最大限に引き出すことを目的とし、各国政府、観光業界、地域社会、旅行者等のすべてのステークホルダーが、責任ある持続可能な観光を実現するための規範[4]」のことである。自然環境の保護、文化遺産の価値向上への貢献、労働者の基本的権利の保障、観光者の権利などを含め、全 10 条で構成されている。

４．責任ある観光者

たびたびメディアで報道される観光者のマナー問題が示唆するとおり、観光者個人は実感できなくても、非倫理的行動をとる観光者の行動が累積することによって観光地への悪影響が顕在化してくる（宮本 2016)。「郷に入れば郷に従え」の精神にもとづいた、観光者個人の良識的な行動が重要となる。しかしながら現実は、観光者がかかわる「責任ある観光」は、矛盾に満ち溢れている。

そもそも、観光者は日常の責任を非日常世界の観光地で忘れること（現実逃避）を目的として旅に出て、旅行中は日常の束縛から解放された感覚に陥る傾向がある。この解放感が、観光者が旅行先の社会や人々に対して無礼な行動を無意識にもとってしまう一因であり、多少の羽目を外した行動も許されるという甘えの考えにつながってしまう。「旅の恥は掻き捨て」といわんばかりの行動であろう。さらに、観光者は権利と自由を主張し、義務と責任は他の観光関係者（特に観光事業者）に押し付ける傾向があり、もてなされる側としての意識が強い。これらの事実は、現実逃避が主要動機である観光者に対して、いかに「責任ある観光」が旅行動機や行動の現実と矛盾するかをうかがわせるものである。

楽しみとしての観光を自己認識的な倫理・道徳的な観光へ変化させ、快楽的楽しみを罪や強制に置き換えてしまう可能性があるとして、観光者に倫理的行動を求めることに対して批判的な意見も聞かれる。ジム・ブッチャーは、これは「観光の道徳化」であるとして、観光地の関係者が非日常世界（日常の責任を忘れることができる世界）を観光者に提供することによって経済的利益を得る、という観光システムそのものと矛盾すると主張する（Butcher 2003）。

5．観光の倫理的ジレンマ

すべての観光関係者による倫理的配慮こそが持続可能な観光に貢献するのは確かであろう。しかし、それを現実の観光現象に当てはめようとすると、多くの倫理的ジレンマ（相反する倫理的根拠があり、そのどれもが重要だと考えられる場合に発生する葛藤のこと）が発生する。

デヴィッド・フェンネルが指摘するとおり、加害、不正義や暴力といった行為が文化にかかわらず悪としてとらえられるように、本質的なモラル（社会的規範とは異なり、個人の決断によって生まれる良心のこと）は文化にかかわらずすべての人間に共通している。しかし、現実世界では何が善であり何が悪であるのかという問いは、それにかかわる各人がもつモラルに対する枠組み、感情、価値観、またその場の状況が影響を及ぼし、絶対的な答えはない。歴史、経済、文化、宗教、そして教育的背景が個人レベルでのモラルに対する枠組みを作り出す。この善悪に対する主観性が観光現象における倫理的問題の解釈を難しくさせ、また関係者間で誤解や対立を生み出す要因となる（Fennell 2006）。特に、先進国諸国の観光関係者の間で自明の理とされる良いことも、経済や社会的状況が異なる開発途上国ではそうとは言い難いことが多い。

開発途上国のセックス・ツーリズムは、先進国からの男性観光者が貧困や差別に苦しむ現地女性を搾取するという構造が一般的な見方である。多くの観光倫理規定には、セックス・ツーリズムにおけるホストとゲストの関係は不公平と不平等が前提であり、さらにHIVなどの性感染症の国際的な蔓延につながるからそれを助長してはならない、と明記されている。セックス・ツーリズムで名を馳せる場所では、先進国からのNGO・NPO団体が、性産業従事女性の自立支援は正義であると考え、他産業（多くはアパレル製造業）へ従事させるようにトレーニングプログラムを提供している。しかしながら、性産業従事者は長年それで生計を立て、子供や家族・親戚を養い、性産業に従事することに誇りをもっている人もいるなかで、突然外部の勧めで転職させられ、これまでの経済的な生活水準を維持できなくなる、という問題も発生している。性産業従事者の女性は、違う仕事が欲しいのではなく人権が欲しいという（Singh & Hart 2007）。この事例の場合、セックス・ツーリズム＝悪（非倫理的）と断言し、女性の保護を名目に性産業以外に従事させることを正義とする先進国的な考えは、逆に彼女らを苦しめる恐れがあることを示している。

同様のことは、先進国の政府経済援助（ODA）で行われることが多い、開発途上国におけるエコツーリズムにも当てはまる。先進国のエコツーリズム推進者は、自然を保護しながら地域経済を活性化させることを理念とするエコツーリズムは、地域住民や行政関係者に歓迎されると思い込む傾向がある。しかしながら、人口も資源も少なく、国家財政も乏しく、国外からの援助で国を維持している一部の開発途上国は、唯一の資源である美しい自然を武器に観光開発（例えばビーチリゾート開発）をする以外に手段をもたない。つまり、開発途上国が観光開発の経済的恩恵を受けようと期待しているときに、現金収入の道からは遠い「自然保全」を先進国のエコツーリズム推進者に押し付けられ、両者間で考えの相違から軋轢が起こる。地元住民は現金収入のためには自然破壊を受け入れることが多く、先進国のエコツーリズム推進者が考える正義としてのエコツーリズムは、開発途上国では共有されないことが多い（飯田 2012）。

観光はその複雑性と国際性ゆえに、その倫理的解釈や解決が非常に難しい。しかしながら、産業としての観光が世界中で展開されさまざまな問題が顕在化していることから、観光における倫理的解釈や配慮、解決は避けて通ることができない。学術的研究としての観光倫理の発展が望まれる。

課　題

1．（本章から考えてみよう）：観光者のマナー問題は、世界中で問題になっている。観光地住民が、観光者のマナーを悪いと感じてしまう理由を考えなさい。

2．（調べて考えてみよう）：よく知っている観光地が抱えている問題を指摘し、さらにそれにかかわる倫理的ジレンマも指摘しなさい。

文献案内

1．長崎国際大学人間社会学部国際観光学科編（2011）『観光の地平』学文社。

第2章「観光と倫理」（23-31頁）では、倫理学理論をふまえながら観光倫理について説明している。

2．D.J. テルファー、R. シャープリー（2011）『開発途上世界の観光と開発』阿曽村邦昭・鏡武訳、古今書院。

第8章「結論：観光開発のディレンマ」（282-320頁）では、観光開発をめぐるジレンマの特徴とその背後にある観光の構造的問題を説明している。

注

1）国連世界観光機関駐日事務所（2019）「世界観光倫理憲章」https://unwto-ap.org/document/world-tourism-ethics-charter/（2020年9月22日最終閲覧日）。

2）国連世界観光機関駐日事務所（n.d.）「持続可能な観光の定義」https://unwto-ap.org/why/tourism-definition/（2020年9月20日最終閲覧日）。

3）国連世界観光機関駐日事務所（2017）「責任ある旅行者になるためのヒント」https://unwto-ap.org/tips/（2020年9月22日最終閲覧日）

4）前掲注1）

参考文献

◎飯田芳也（2012）『観光文化学——旅から観光へ』古今書院。

◎木村勝彦（2011）「観光と倫理」（文献1）。

◎宮本佳範（2016）「観光倫理研究の課題と展望」『観光学評論』4-2。

◎Butcher, J.（2003）*The Moralisation of Tourism: Sun, Sand ... and Saving the World?*. Routledge.

◎Fennell, D.（2006）*Tourism Ethics*. Channel View Publications.

◎Lovelock, B. & Lovelock, K.（2013）*The Ethics of Tourism: Critical and applied perspectives*. Routledge.

◎Singh, J. P. & Hart, S. A.（2007）Sex Workers and Cultural Policy: Mapping the Issues and Actors in Thailand. *Review of Policy Research* 24-2.

SDGsと観光

2015年の国連サミットでSDGs「Sustainable Development Goals（持続可能な開発目標）」が採択された。これは国連加盟193か国が2016年から2030年の15年間で達成するために掲げた17の大きな目標であり、この目標を達成するための具体的な169のターゲットも含まれている。日本においては、①企業が取り組む分野、②地方創生の分野、③次世代・女性のエンパワーメントなど主に人にフォーカスした分野に分けて推進されている。

採択後、SDGsはさまざまな方法で日本社会に広まっていく。一般社団法人イマココラボが、SDGsの考えをわかりやすく伝えるカードゲームのイベントをはじめたのは、2016年5月である。また、2019年9月にグレタ・トゥーンベリ氏がニューヨークで開かれた国連気候行動サミットで行ったスピーチは日本でも話題になった。そして、雑誌『Pen』は2019年11月15日号でSDGsの特集を組んでいる。

観光とかかわるのは、体験型自然共生施設と持続可能な町づくり、そして有機野菜を中心にした持続可能な食への取り組みであろう。『Pen』では町づくりの例として、50％近くのエネルギー自給率を達成する北海道の下川町、ごみゼロ宣言を行った徳島県上勝町、地域通貨や地元での就職などを促進する神奈川県鎌倉市を紹介しているが、SDGsという概念が登場する以前から持続可能な開発を行ってきた例は、日本にも多く存在する。

開発という概念は、古代ギリシャ、ローマ時代に進歩（progress）として、好ましい意味を与えられてきた。科学と結びつくのは17世紀後半であり、1683年にフランスのベルナール・フォントネルは科学と改善されたテクノロジーを手にする人類こそが無限の進歩に向かうのだと主張した（Du Pisani 2006）。このような開発観は、日本にも導入された。近代化以前にも塩田開発、新田開発が各藩によって行われていたが、明治時代以降、国家政策として「国土開発」が進められた。それは欧米列強の産業力に比肩することをめざしたものであり、アジア太平洋戦争のあとも、電源開発、国土開発、太平洋岸ベルト地帯、全国総合開発といった開発計画が打ち出された。「豊かさ」を追求するこうした敗戦後の開発計画は、国土の自然環境だけでなく、人間の身体も破壊した（森 2019）。

そこで持続可能性が重要な概念となる。この概念も決して新しいものではない。持続可能性という言葉は用いられなくとも、環境への悪影響を縮減し、人間の生活圏を保持する試みは繰り返されてきた。持続可能性は環境破壊に際してだけでなく、例えば18世紀末、イギリスのトマス・ロバート・マルサスは人口の急激な増加による食糧不足、それによって引き起こされる貧困を指摘していたように、土地の収容力と人口の関係性においても論じられる。

特に1960年代末から活動を開始したローマ・クラブが1972年に提出した『成長の限界』と題されたレポートは、加速度的に進む工業化、急速な人口増加、広範囲の栄養不足、天然資源の枯渇、環境悪化により、100 年以内に地球上の成長が限界点に達すると発表した。そして「こうした成長の趨勢を変更し、将来長期にわたって持続可能な生態学的ならびに経済的な安定性を打ち立てる」（メドウズほか 1972）こと、それを早く実施すべきことが提言された。

こうして 1970 年代までに成長や開発は無条件で褒めそやされえなくなった。そのなかで、そもそも生態学で無限の時間、維持されている状態を指していた持続性（sustainability）が開発をめぐる議論に導入され、1970 年代初頭に「持続可能な開発」という語が登場したのだった（Du Pisani 2006）。

さて、SDGs に対してはさまざまな批判が投げかけられている。その最大のものは、SDGs が各国政府による人権問題や社会的不平等への不熱心な取り組みの口実に使われていることである。つまり、SDGs の達成が重視されるあまり、貧困層への富の再配分が不十分なまま放置されているということだ。そもそも、開発の達成はどの年同士の数値を比較するかという通時的な比較になるのに対して、人権は他国の状況との通時的比較にも意識が向けられる。そのため、持続可能な開発を前面に押し出すことは、各国の人権改善の取り組みの緩慢さを覆い隠すことにつながるのである。また、SDGs のプログラムではリーダシップと役割分担がはっきりとしないため、目標が不達成になったときの責任の所在も不明瞭である。結果として社会的弱者にそのしわ寄せがきてしまうおそれもある。

こうした問題があるものの、SDGs は社会的に大きな関心を惹起し、観光産業にも組み込まれる。観光が他所との差異を創出し続けることで、場所や行為を商品化する体系であるのだから、観光は容易に持続可能な開発それ自体を商品化するのである。しかし、SDGs を掲げるレストランや観光施設は決してすべての人に開かれたものではない。というのも、有機野菜や有機小麦を用いた食事はたしかに重要であり、かつ魅力的であるが、決して安価では提供されないため、低所得者層はアクセスしがたいからだ。直接的な経済的理由だけでなく、これらは特定の社会階層に特有の嗜好性に訴えかけることも理由である。

いまや、持続可能な開発という概念を社会から取り去ることはできない。わたしたちに求められるのは、持続可能な開発を何にでも無条件に使える魔法の杖と頼り切るのではなく、その概念がもつ社会性を吟味し続けることである。

参考文献
◎メドウズ、H. D.・メドウズ、D. L. ほか（1972）『成長の限界――ローマ・クラブ「人類の危機」レポート』大来佐武郎訳、ダイヤモンド社。
◎森正人（2019）『豊かさ幻想――戦後日本が目指したもの』KADOKAWA。
◎ Du Pisani, J.（2006）Sustainable development: historical roots of the concept. *Environmental Sciences* 3-2.

12　ダークツーリズム

死と結びついた観光地の創造と変容

神田孝治

　近年、ダークツーリズムと呼ばれる観光のあり方が注目を集めており、日本においては2015年に『DARKtourism JAPAN（ダークツーリズム・ジャパン)』と題した雑誌も創刊されている。ダークツーリズムについては、「実在する商品化された死や災害の場に関する（来訪者による）表象と消費を包含する現象」(Foley & Lennon 1996) であるとか、「死、苦しみ、そして死を連想させる恐ろしそうなものと関係した場への旅という行為」(Stone 2006) であるとする定義がなされている。上述の雑誌においては、「ダークツーリズムとは、戦争や災害をはじめとする人類の悲しみの記憶をめぐる旅である」(井出 2015) とする論考が掲載されている。それぞれに定義の違いはあるが、ダークツーリズムの対象とされる場所には、死、災害、苦しみ、恐怖、悲しみといったものが関係しているといえるだろう。

　このダークツーリズムについて考える際のポイントに、感情に関する問題がある。例えば観光客のまなざしについて論じたJ. アーリは、いろいろな場がまなざしの対象とされるが、その理由に「強烈な楽しみの期待」が存在していることを指摘する（アーリ 1995)。恐怖や悲しみといった感情と結びついたダークツーリズムは、「楽しみ」を前提とする観光客のまなざしを問い直す観光現象となっているのである。また死や災害と関連するダークツーリズムは、とりわけ文化的な政治の問題と関係するという点も重要である。観光にかかわる感情、政治性について、多角的かつ深く問うことができ、かつそうした考察が求められるのがダークツーリズムという現象なのである。

　こうしたなかで本章では、ダークツーリズムの対象とされる場所が、どのような感情と結びついたまなざしのもとで創り出され、変容してきたのか、それとかかわる政治性に注目しながら検討することにしたい。事例としては、死と結びついた観光地である沖縄の墓地に注目する。

1．沖縄観光の誕生と墓地

沖縄への観光は、1937 年に大阪商船が神戸 - 那覇間を 2 泊 3 日で連絡する新造船を就航し、それを記念した遊覧団体の「沖縄視察団」が組織されたことで本格化している。この大阪商船が 1937 年に発行した「第五回沖縄視察団」の旅行パンフレットをみると、「墓地の奇觀」と題して沖縄の墓地の写真が掲載されていることが認められる（図 1）。これは中国南部起源とされる亀甲墓であり、この独特な形態が「奇觀」として沖縄における観光対象の 1 つとされていたのである。

図 1　写真「墓地の奇觀」

こうした沖縄の墓地への観光客のまなざしについては、例えば画家の大野麥風が記した 1934 年の紀行文からうかがい知ることができる。

> 那覇市の名所は、波の上神社、護國寺、孔子廟、御物城址、奥武山公園などをあげるのであらうが、それらよりも、自分の眼を惹いたのは、あの琉球獨特の墓であつた。
>
> これは、コンクリート作りで、形は龜甲、家形、横穴等、到る處の丘陵に立てられてあつてながら文化住宅か要塞の様に見えるのは奇觀だ。(……)
>
> 初夏晩春の頃になると、この墓場の前にテントを張りせいめい祭を營むのだから面白い。これは一年に一度親族一同が打揃つて御馳走を持寄り、こゝに遊んで、我も樂しみ、祖先の靈も慰めると云ふことをするのだが、内地で申せば家族一同のピクニックと云つた様な光景で、墓参りらしいしめつぽさは無く、唄ひさわぐのも面白いものと感じた。（大野 1934）

この紀行文では、那覇市の名所のなかで「自分の眼を惹いたのは、あの琉球獨特の墓」であったと、「奇觀」としての墓地が注目される観光対象であることが記されている。こうした沖縄の墓地の特徴としては、清明祭と呼ばれる墓参とともになされる飲食の楽しみが挙げられている。視覚的に珍しいというばかりでなく、楽しさも喚起する場所として沖縄の墓地が理解されていたのである。

また、いくつかの紀行文等をみると、那覇市内には各所に墓地が存在していたが、特に観光客に注目されていたと考えられるのは、同市の北西沿岸部にあった辻原墓地である。この墓地は、1933年5月に那覇煙草小売人組合が発起し、首里市・那覇市・島尻郡・中頭郡で愛煙家に投票を募って選定した南沖縄八景の1つにもなっていた。同組合は、南沖縄八景とした各地に天然石の碑を建てるとともに、1937年には絵はがきを製作して景勝地の紹介に努めている。辻原墓地は、社会的に観光資源としても位置づけられていたのである。

2．沖縄の墓地をめぐる対立と観光

上述のように沖縄の墓地が観光資源として認識される一方で、それを整理・排除しようとする考えも存在していた。象徴的なものとして、1940年1月7日に沖縄観光協会と郷土協会の主催で開催された「沖縄観光と文化を語る座談会」における議論がある。この座談会は、日本民芸協会主催の沖縄団体旅行参加者の一部と、沖縄県警察部長や琉球新報社長などの沖縄県側の人々が、沖縄の観光振興について検討することを目的としたものであった。こうした会において、旅行団参加者のひとりが、「墓の美に驚嘆し、それを破壊せんとする意見の多いことに反対し、今後は新設を禁止してもよからうが、在来のものまで取除かせるのは、沖縄人の信仰生活を傷けるものである。これは十分愼重な態度でやらないと社會問題になると思ふ」と述べたことに対し、沖縄県警察部長が「あれに莫大な費用をかける風習を打破しなければならないし、衛生上からも改善の必要がある。それに土地問題その他からみて土地の少ない沖縄にこのやうに亂立する墓を整理しなければならない」と反駁している（田中 1940）。

この沖縄への団体旅行を主導したのは、日本民芸協会の会長をつとめていた柳宗悦であった。彼は、先の座談会を契機として「日本文化と琉球の問題」をテーマとして発行された『月刊民藝』（1940 年 3 月発行）において、「墓」という項目を担当している。そのなかで、衛生上、土地利用上、経済上の問題から沖縄の墓の破壊が主張されていることを指摘し、それぞれに対して適宜反論を行いながら、以下のように、その珍しさに言及しつつ、名所や文化財としての価値があることを主張している。

> 那覇辻原の如きを廢止する論もあるが、世にも珍らしい墓地であつて、一つの名所たるを失はぬ。内地のどんな墓地を訪ねるとも、辻原のやうな美觀を有するものに廻り逢ふことは出來ぬ。將來あの墓地を擴大すると云ふやうな主張なら反對してもよいが、あれを廢止すると云ふやうな議論は一を知つて二を知らぬ者であらう。寧ろ葉を見て根を見ぬ者と云へよう。琉球の墳墓は琉球の絶大な文化的財産である。（柳 1940）

もちろん、先に辻原墓地が人気投票により南沖縄八景に指定されていたことを論じたように、沖縄県民でも同墓地に対する考え方は多様であった。特に観光との関連でいえば、沖縄県出身の彫刻家である山田眞山が、「現在の那覇市當局にも、未來の大那覇市を建設する都市計劃がある事と思ふが那覇市が近代都市の相貌を備へる爲には、先づ今の墓地をどうにか整理しなければならないと誰も氣が附くに違ひない。（……）殊に觀光地としての沖縄或は那覇市を考へる場合、現在至るところで眼につく、あの非芸術的な、そして自然の風致を害する墓地は、どうしてもとりのけて了ひたい」（山田 1938）と論じていたことは興味深い。柳がその芸術性を高く評価した沖縄の墓が、「非芸術的」で「風致を害する」ものであり、那覇市の観光地化に対立するため、それを排除しようとする意見も提起されていたのである。

那覇市内の墓地の整理は、第二次大戦後に現実のものになっている。那覇市は、1944 年 10 月の空襲で市街地の約 9 割が焼失し、その後の地上戦を経て壊滅的な打撃を受けていた。そして琉球列島米国軍政府の指示により、那覇市の都市計画事業が推進され、1951年に辻原墓地周辺の墓地整理事業が行われている。この事業は、琉球政府が1953年に施行した都市計画法にもとづき継続され、1954年4月には墓地自体が破壊されている。この都市計画は、石川栄耀の構想にもとづいたものであるが、彼は那覇市街の墓地を「ガン」と位置づけ、墓地を郊外にまとめて公園化し、霊苑と名付けるべきだと述べている（那覇市企画部文化振興課編 1987）。その結果、都市内の墓地一掃が企図される一方で、那覇市近郊に識名霊園が造成されたのである。

3．変わりゆく墓地観光の姿

> 南部（島尻）は、沖縄最後の激戦地――。本土からは毎年遺族団がきて、霊を慰める。中には観光の“名所旧跡”として目をたのしませている者もいる。（……）名所は名所でも、慰霊塔が多すぎる。ひめゆりの塔、健児の塔、そして県人遺族の建立した塔――。まさに「日本の墓地」である。（大城編 1965）

これは1965年に発行された書籍における「南部　慰霊の塔　戦後　20年たった今日は……」と題された記事の一節である。ここでは、「沖縄最後の激戦地」であった南部地域には、「慰霊塔」が多数建立されていること、そこは遺族団が訪れるとともに観光の「名所旧跡」となっている「日本の墓地」であることが記されている。第二次世界大戦後、那覇市内の観光対象としての墓地が消失する一方で、新たに沖縄本島南部に墓地観光の場所が創られていたのである（図2）。

第二次世界大戦における激戦地となった沖縄では、20万人以上の戦没者を数えていた。多数の戦没者の遺骨は、敗戦直後から住民によって収集され、最後の激戦地となった南部地域を中心に建立された慰霊塔に納骨された。こうした慰霊塔に、1949年に発表された小説『ひめゆりの塔』の影響も受けるなかで、1950年頃から、遺族ばかりでなく、沖縄県在住民や本土からの土建業者が訪れ、戦火に散った人々を悼むようになった。そして1956年になると、

図2　摩文仁の丘の慰霊塔
所収：城山善三（1970）『慰霊塔案内』佐久川政功

沖縄バスによって同地への定期観光バスも運行されるようになる。「南部戦跡めぐり」と題されたこのバスのパンフレットを見ると、「週末の楽しい観光プランに」というキャッチフレーズが附されている。南部戦跡は、死を悼む悲しみの場所であるとともに、観光のための楽しみの場所としても位置づけられていたのである。

1962年からは日本政府の資金援助にもとづく霊域整備事業がはじまり、とりわけ沖縄本島南部の摩文仁の丘には各府県の慰霊塔・碑が多数建立されていった（北村 2009）。このように沖縄県外の慰霊塔が多数建立されるなかで、そこは「日本の墓地」と称されるようになったのである。またこの本島南部は、「戦争の悲惨さをすべての人々に体得させ平和の尊さを認識させるとともに祖国のために散華した英霊を慰める」とされた沖縄戦跡政府立公園に1965年に指定されている。南部戦跡は、「祖国のために散華した英霊を慰める」という目的をもった国家的な聖地として社会的に創り出されていったのである。この頃の沖縄観光は、「南部戦跡めぐり、次いで中北部観光、市内見学、ショッピング」といった「一定の型にはめられる」ものであり、「沖縄に来た人が、先ず第一に必ず訪れなければならない事になっている処に、南部一帯の戦跡」があったとされる（直江 1964）。当時の沖縄観光において、国家的な聖地としての南部戦跡をめぐることが社会的に重視されていたのである。

この南部戦跡は、特に1972年の沖縄の本土復帰以降に批判の対象にもなっていた。「日本の墓地」という国家聖地としてのあり方、特に軍国主義との関係が糾弾されたのである。1974年には、観光バスのガイドが「県民の犠牲を「殉国の美談」にしたてあげるような説明ぶり」であり、「戦跡での話の大部分が軍人中心であること」に疑義が呈され、「沖縄県民の心持を逆なでするようなもの」として批判されている（安仁屋 1974）。その後、こうした議論を契機としつつ、1975年に摩文仁の丘に設立された平和祈念資料館の展示が軍顕彰の色合いが強いこと、新設される慰霊塔の碑文の内容も同様の傾向があること、そして住民が立ち入ることができなかった軍人の死の場所たる摩文仁の丘が観光コースの焦点となっていることなどがあわせて批判され、沖縄県民の戦争体験を忘却せず継承していくことが提起されるようになったのである（大城 1979）。

こうした取り組みの1つに、いわゆる観光用ではない「沖縄の素顔」を知るための書籍として、1983年に『観光コースでない沖縄』（新崎ほか 1983）が刊行されたことがある。ここではまず戦跡に焦点があてられるが、本島南部地域に偏らない場所が紹介されるとともに、住民の戦争体験を伝えるものとしてガマをはじめとする慰霊碑以外の場所が組み込まれ、摩文仁の丘については「司令部と軍人の慰霊の地」であると批判的な解説が加えられている。この書籍での戦跡は、南部戦跡＝「日本の墓地」であることをやめ、沖縄県民にとってのものになっているのである。また1980年代後半には、住民の戦争体験を伝えるものとして、ガマを中心とした戦跡を案内する「平和ガイド」が誕生し、これが1990年代以降に増加した平和学習を目的とする沖縄への修学旅行に深く結びついていく。第二次世界大戦後に生じた戦跡への観光は、政治的な関係のなかで、その位置づけも対象も異なるものへと変化していったのである（神田 2015）。

課　題

1．（本章から考えてみよう）：ダークツーリズムの特徴について考えてみよう。

2．（調べて考えてみよう）：ダークツーリズムの対象とされる特定の場所を取り上げ、その成立と変容について考えてみよう。

文献案内

1．井出明（2018）『ダークツーリズム――悲しみの記憶を巡る旅』幻冬舎。

日本におけるダークツーリズムの状況と研究の視座を知るために、本書は極めて参考になる。

2．神田孝治（2015）「沖縄本島における墓地を対象とした観光の生産とその変容――移動に注目したダークツーリズムの考察」『観光学評論』5-1。

本章で論じた沖縄観光と墓地の関係について、移動に注目した観点から考察を行っている。さらに理解を深めるため、あわせて参照されたい。

参考文献

◎アーリ、J.（1995）『観光のまなざし――現代社会におけるレジャーと旅行』加太宏邦訳、法政大学出版局。

◎安仁屋政昭（1974）「観光バスに乗った！」『沖縄思潮』1-3。

◎新崎盛暉ほか（1983）『観光コースでない沖縄――戦跡・基地・開発・離島』高校生文化研究会。

◎井出明（2015）「ダークツーリズムとは何か？」『ダークツーリズム・ジャパン』1。

◎大城一男編（1965）『新沖縄大観――終戦20周年記念号』沖縄グラビア社。

◎大城将保（1979）「戦争体験は継承しうるか――靖国思想から瓦全思想へ」『新沖縄文学』43。

◎大野麥風（1934）「琉球遊記」『海』39。

◎神田孝治（2015）「沖縄本島における墓地を対象とした観光の生産とその変容――移動に注目したダークツーリズムの考察」『観光学評論』5-1。

◎北村毅（2009）『死者たちの戦後誌――沖縄戦跡をめぐる人びとの記憶』御茶の水書房。

◎田中俊雄（1940）「問題の推移」『月刊民藝』2-3。

◎直江敏郎（1964）「沖縄病さまざま」『南と北』31。

◎那覇市企画部文化振興課編（1987）『那覇市史――資料篇3巻1　戦後の都市建設』那覇市役所。

◎柳宗悦（1940）「墓」『月刊民藝』2-3。

◎山田眞山（1938）「観光沖縄の公営墳墓」『月刊琉球』2-4。

◎Foley, M. & Lennon, J. J.（1996）JFK and Dark Tourism: Heart of Darkness. *Journal of International Heritage Studies*. 2-4.

◎Stone, P. R.（2006）A Dark Tourism Spectrum: Towards a Typology of Death and Macabre Related Tourist Sites, Attractions and Exhibitions. *Tourism*. 54-2.

ダークな記憶装置

「ダークな記憶装置」とは自然災害、戦争・弾圧・虐殺・差別、産業事故・公害などによって数多くの人命が失われたり、社会的排除や迫害を強いられてきたりした人々にまつわる「負の歴史」をふり返り、今生そして未来に生きる私たちの人間観・歴史観・世界観を問い直す契機となるダークな出来事を伝える施設（博物館・記念館・モニュメントなど）や「ダークネス」を帯びた場所（戦跡・被災地など）を指す。

近年、こうしたダークな記憶装置を旅先とする「ダークツーリズム」への関心が高まり、「ダークツーリズム」を冠した入門書やガイドブックが数多く刊行され、ダークネスをテーマにしたツアーも催行されるようになった。それは、カラフルな「光」を「観」、非日常的経験を愉しむことを目的とする旅とは異なり、「負の記憶」を伝える受難の地や建造物・記念館などを訪れ、平和や安寧の大切さをあらためて感受させる旅にほかならない。それゆえ、こうした旅は「悲しみのツーリズム」、「鎮魂のツーリズム」、「平和の記憶を紡ぐ旅」（遠藤 2016）、あるいは「悲しみの記憶を巡る旅」（井出 2018）とも称される。

ダークな記憶装置のあり方について数多くの論点を提起している好著として、『ミュージアムと負の記憶――戦争・公害・疾病・災害：人類の負の記憶をどう展示するか』（竹沢 2015）がある。同書では、ナチス・ドイツにより多数のユダヤ人が虐殺されたポーランドのアウシュビッツ・ビルケナウ強制収容所、広島平和記念公園、水俣病にかかわる展示施設（水俣市立資料館と水俣病歴史考証館）、ハンセン病療養所である岡山県長島愛生園、2011 年「3.11 東日本大震災」被災地、カンボジアのトゥール・スレン虐殺犯罪博物館、南京大虐殺記念館など、国内外のさまざまな「負のミュージアム」が紹介されている。事例のなかには、ユネスコ世界遺産も含まれている。例えば、アウシュヴィッツ・ビルケナウ強制収容所（1979 年登録）と広島平和記念公園の原爆ドーム（1996 年）である。

こうした「公式的」な「負の世界遺産」として、12 か所の潜伏キリシタンゆかりの教会や受難の地から成る「長崎と天草地方の潜伏キリシタン関連遺産」も 2018 年に加えられることとなった。同遺産には、長崎・島原半島の原城跡（島原・天草の乱最終決戦地）と熊本・天草の﨑津集落が含まれているが、江戸時代を通して困窮と疲弊が続く受難の地であった島原と天草が、明治・大正期にかけて「からゆきさん」送出の地であったことにも想いを馳せたい。「からゆきさん」とは、旧満州や東南アジアなどに渡り、娼妓・娼婦として身売りされた年若い女性たちを指す。「からゆきさん」の痕跡は、今日、東南アジア有数の観光地に見出すことができる。シンガポールの観光スポットであるチャイナタウンの一角には「旧日本街」の説明パネルが立ち、その界隈が「からゆきさん」たちが身をひさいだ娼館街であったことが紹介されている。また、マレーシアのジョージタウン（ペナン）でも「からゆきさん」ゆかりの日本街があったことを、店舗の看板や道路標識などからうかがい知ることができる。そして、これらの街の郊外には「日本人墓地」が設けられ、異国の地で亡くなった彼女たちの墓標が立っている。「ダークネス」は「移動」するのだ。

ところで、かつて外来勢力によって植民地支配の経験を有する地域では、植民地期の建造物や遺構が観光資源となっている場合が多い。例えば、イギリスなど西洋諸国の植民都市だったマレーシアのマラッカやジョージタウンが好例である（藤巻 2014）。また、台湾では旧日本帝国による植民地支配の痕跡を数多く見出すことができ、それらが観光資源として利活用されている。ポストコロニアル・ツーリズム論は、そうした「ダークな植民地経験」の観光化に対して批判的立場をとる。しかし、台湾では、1990年代から本格化する「台湾本土化」・「台湾人意識」論台頭の過程で、400年以上にわたりオランダ・スペイン・清・日本・中華民国という外来勢力によって支配されてきた一連の経験を「台湾本土の歴史」を構成する史実として位置づけ、各時代の建造物や遺構を台湾固有の歴史的経験を表象する記憶装置として文化資産化する政策が推進されてきた。そして、それらは結果として観光・集客装置となっている（藤巻 2019）。

ちなみに、日本統治期に最盛期を迎えた台北郊外の旧金鉱山街の九份は、アニメ作品『千と千尋の神隠し』（宮崎駿監督、2001年）の聖地として日本人観光客も多数訪れる大衆観光地となっているが、日本統治後入台してきた中華民国・国民党政府による弾圧に巻き込まれた台湾人家族を描いた映画『悲情城市』（侯孝賢監督、1989年）の舞台でもある。このように訪問先のカラフルな観光地がダークネスを帯びた受難の地であることも多い。観光の現場は歴史的地層を成しているのだ。であればこそ、私たちに求められるのは地理・歴史的想像力の豊かさであり洞察力であろう。

参考文献
◎井出明（2018）『ダークツーリズム――悲しみの記憶を巡る旅』幻冬舎新書、幻冬舎。
◎遠藤英樹（2016）「ダークツーリズム試論――「ダークネス」へのまなざし」『立命館大学人文科学研究所紀要』110。
◎竹沢尚一郎編著（2015）『ミュージアムと負の記憶――戦争・公害・疾病・災害・人類：人類の負の記憶をどう展示するか』東信堂。
◎藤巻正己（2014）「マレーシアにおける遺産観光と利用される植民地経験――再観光資源化されるコロニアリティ、ハイブリディティ」（天理大学アメリカス学会編『アメリカスのまなざし――再魔術化される観光』天理大学出版部）
◎藤巻正己（2019）「「観光のまなざし」が向けられる「ダークな記憶装置」としての日本統治期の建造物と旧「眷村」――台湾のツーリズムスケープ瞥見（1）」『立命館大学人文科学研究所紀要』121。

13 アート

ツールとしてのアート／アートとしての表象

濱田琢司

2000年代以降、アートがときにツーリズムの重要なツールとなる状況がみられる。大規模なアートプロジェクトは100万人を超える観光者を集めており、そうした状況に牽引されてか、各地でより小規模のアートイベントやアートを活用したまちづくりが実践されている。本章では、第1に、地域におけるアートの活用をツーリズムとの関係も含めて考えてみたい。一方で、そのような事例を検討してみると、そうしたイベントが、巧みにデザイン≒アート化されてアウトプットされていることに気づくこともでき、それらは、「地域発」のデザインなどというかたちで注目されてもいる。本章では、この2つのアート（あるいはデザイン）の地域とのかかわりのあり方を、ローカルなアートイベントを事例として考えていくこととしたい。

1．ツールとしてのアート／アートとしての表象

近年、アートを活用しての地域づくりの実践が各地で行われている。その最大規模のものは、「大地の芸術祭　越後妻有アートトリエンナーレ」や「瀬戸内国際芸術祭」、「あいちトリエンナーレ」といったアートプロジェクトの類いだろうが、より小規模な形で実施されるアートイベントも多く開催されているし、そうしたイベントとは異なる形で（あるいは連携しつつ）アートを活用して行われる取り組みがさまざまにみられるようになってきている（野田・小泉ほか 2020 など）。

他方、アートを少し広くとらえて、デザインという部分まで含む形としてみたときに、やはり近年の傾向として、観光地の店舗、土産物のパッケージや観光案内のリーフレット、マップ、看板の類いなどに、洗練された「オシャレ」なデザインが活用されている様相をみることができる（例えば、齋

藤・伊藤編 2014)。すなわち、地域の活性化やその他の何らかの実践における１つのツールとしてのアートと、地域を表象する際のデザイン≒アートという、２つのフェーズにおいて、アートと地域、そしてツーリズムが重なりあうような状況が、おそらくは2000年前後よりさまざまなかたちでみられるようになっているのである。

本章では、このような状況をふまえつつ、栃木県益子町で2009年からトリエンナーレ形式で開催されている「土祭《ヒジサイ》」というローカルなアートイベントを事例として紹介しながら、関連の事象を確認しつつ、近年のアートと地域とツーリズムのかかわりを概観してみたい。

2．陶業地・栃木県益子町

土祭とは、茨城県との県境に接する栃木県の南西部に位置する、人口２万2000人ほどの町である益子町にて開催されている地域イベントである。

益子では近世末期に陶業が興り、現在も焼きものの町として知られている。益子には、特に1960年代後半以降、陶芸家をめざす多くの人々が移住し、結果、1960年頃には50ほどであった陶磁器業の事業者数は、1970年代にかけて200を超えるほどの増加をみせた。他方、陶芸家として活動するケースが多いことから、企業体としては零細な事業者が多いことも特色である。それゆえ、陶磁器業は、高度経済成長期以降、農業、精密機械工業に続く、第３位の産業として展開してきた。精密機械についてはこれを支えてきた企業が撤退したこともあり、役割を大きく低減させているが、生産額の規模としては現在も農業が上位にある。とはいえ、外部的には、焼きものの町、あるいは「民陶（民芸陶器）の里」としての地域イメージが圧倒的に大きいことも事実である。

3．「土祭」――焼きものを売らない祭り

その益子町において、町長が実行委員長を務める「益子アートウォーク実行委員会」の主催にて2009年９月19日から10月４日にかけて初回が開催されたイベントが「土祭」である。2006年に町長となった大塚朋之のもと策

定された「ましこ再生計画」にて提示された「住民と行政の「協働」と「ボランティア精神」」をこのイベントの重要な試みとして掲げつつ、町の基幹産業である「窯業」と「農業」の「源」である「土」をテーマとした「祭」として開催された（益子アートウォーク実行委員会 2009）。

総合プロデュースは、陶器を含めた服飾・雑貨の販売店舗とギャラリーを併設したスターネットというカフェを益子で主宰する馬場浩史で、イベント全体のコンセプトは、馬場の発想によるところが大きいものであった。馬場は、1980 年代から 90 年代にかけて、東京にてファッションブランドなどのプロデュースを手がけていた人物で、1998 年に益子に移住し、「この土地の旬の素材にこだわり（……）その素材の命を感じ、生かすため、切らない、火を通しすぎない、料理しないことを心がけた」というカフェスターネットの運営をはじめた。馬場が益子で手がけるものは、その後、「食」から「この土地の古いものや手仕事」、それらを育む「風土」へと広がっていき、それは、それまで益子を訪れていた陶器愛好者とは別の層からも注目を集める。

そして、「「土」をテーマに、益子の風土を深く見つめ、美しく健康的でローカルな暮らしを願って」、土祭を企画したという（益子アートウォーク実行委員会 2009）。馬場によれば、益子は「豊かな自然、農業や手仕事がいまも息づいて」おり、「まだまだやり直すことは可能」な土地であった（土祭実行委員会 2012）。第 1 回の際に重要なビジュアルイメージとして用いられたのが、昭和 30 年代の益子のスナップショットだったのも（図 1）、馬場がそこに「土」とともに生活していた時代の「原風景」を見たからであったようである。

焼きものにかかわるイベントとしては、1960 年代の半ばにスタートしたとされる「ましこ陶器市」が年 2 回開催されており、毎回 30〜40 万人ほどを集客する。対して、土祭は、「農」や「風土」などへの注目も含めて、より

図 1　民家の壁面に掲げられた「陶の里、益子の原風景」パネル（2012 年筆者撮影）

「環境」を意識する形のイベントとして実施された。第1回目と2回目にセミナーのスピーカーとして参加したナガオカケンメイは、土祭について馬場から、焼きものを「売る」ことを第一義とした陶器市に対して、「焼きものを売らない」祭りとして企画していることを知らされたという（益子町編 2016）。それは、外に向かって売るよりも、地域の内に向かって地域を知ることを重視するところから土祭が発想されたゆえであった。

開催回によって変動はあるが、2012年の第2回では、町内の民家、倉庫、神社も含めて、町内外のアーティストによる22の展示場所が設置され、ほかにセミナーやイベント、「地域の可能性を見いだすことを目的とした」40ほどの「住民プロジェクト」などが企画され、スタンプラリーなど娯楽的な要素も取り入れながら、イベントが開催された（土祭実行委員会 2013）。

4．アートと地域とツーリストの「協働」

ところで、ツーリズムとアートは、かつてより相互に連動しながら、地域の文化にさまざまな影響を与えてきた。その1つは、ツーリズムの対象としてのアートのあり方で、当該地域において観光資源の核となっているような美術館などがそのわかりやすい事例だろうか。そして、もう1つは、地域にある何らかの対象が、ツーリズムにかかわる現象のなかで発見され、価値づけられ、アートに類するものとしての評価を受けるようになるという、「発見の物語」の一部としてのかかわり方である。民芸運動という文化運動によって、地方で生産される日用の雑器が嗜好的なものとして価値づけられることで、それがツーリズムの対象としてのアートともなり、これを求める観光者が生産の現場に訪れるというようなケースが、その事例となろう（益子もこのケースに当てはまる地の1つであろう）。

このうち後者に関して、かつては外部の知識人や大手メディアが発見者として大きな影響力をもつ場合が多かったが、近年のアートを活用した各地の取り組みでは、そうした構造を残しつつも、地域の人々との「協働」を通して、これを実体化させようとする場合が多い。そこでは、アートは美術館の中にとどまるものではなく、アーティストが地域的な事象を「リサーチ」しつつ制作を行う「リサーチ型」のスタイルが生まれるなど、アートの「エスノグラフィック・ターン」と呼ばれるような状況がみられる（下道ほか 2020）。橋本和也は、こうした近年のアートのあり方もふまえつつ、アクターネットワーク理論を用いて、越後妻有トリエンナーレなどを事例に、外部要素としてのアートがいかにして「土着化」していくのかについて検討し、アーティストと地域の人々、そしてツーリストとが、ある種の共犯関係をもちながら、対象となるアートを地域のものとしていく過程があることを示す（橋本 2018）。

図２　「土舞台」（2012 年筆者撮影）

土祭も、前節の益子町長の言葉にもあるように「協働」が１つのキーワードになっている。例えば、第１回以降、イベントのシンボルとなっている「土舞台」（図２）は、著名な左官師である挾戸修平の指揮によるものであるが、舞台背後の壁は、左官職人と町内外のボランティアとが協働によって、益子の「土」を「リサーチ」しながら町内の複数の場所から採った土を主として「益子の地層」をイメージしつつ制作したものであった。ほかにも地元の小中学校生と協働した作品や益子の陶土づくり職人からの学びを受けてアーティストが制作するものなど、地域との協働および地域の学びにかかわるかたちでの作品・企画が主となっている。また、出品者には陶芸家をはじめ町内在住のアーティストも少なくないが、その多くは移住者である。内部者でもあり外部者でもあるようなそうした人々が企画にかかわっている点も注目すべき特色でもあった。

手元で確認できる土祭の第３回までの延べ来場者数は、第１回は概数で４万 1000 人、第２回が５万 2644 人（土祭実行委員会 2013）、第３回が５万 8624 人[1)]で、これは「焼きものを売らない」祭りとしては、当初の予想を超える集客であったという。そして、そうした来場者が、協働による作品を見に訪れることで、町の人々が再帰的に地域を自覚していくような動きが（部分的にであっても）みられた。そのような関係性は、橋本が示したようにアートと地域（の人々）とツーリストのそれぞれをアクターとするかかわりあいとしてとらえることができるようなものかもしれない。そこには、絶対的な上位にある「発見者」の存在はなく、それぞれのアクターの相互作用としての発見と自覚のプロセスがある。

5．デザイン≒アートを通した地域表象

同時に、イベントにまつわるさまざまな対象が、非常に洗練された形でデザインされていた点も土祭の１つの特色であり、それは、ファッションやデザインの仕事にかかわってきた馬場がこだわるところでもあったろう。図１や２に示したようなイベント関連の場も、公式ガイドブック（図３）をはじめとした印刷媒体もしっかりデザインされていた。

その点が評価されてか、土祭は、近年の「地域発デザイン」をピックアップする書籍において「アート祭」の一事例として紹介されている（田中ほか 2013)。同書は、「デザインによって付加価値を向上させ、高いアピール力を発揮させ、地元の活性化につなげようという思いを強く感じ」るような「地域ならではの「地域発」のデザイン」を紹介しようと企図されたもので、観光のリーフレットや地域の土産物のパッケージなど、ツーリズムに関係する事例も多く紹介される。こうした「デザイン≒アート化」された地域的もののアウトプットは、近年、かなり広範に浸透しており、ツーリストに向けた現代の地域表象として、意識しておくべき側面でもあろう。

図３　土祭公式ガイドブック（2009年）

そのように「デザイン≒アート化」されたイメージは、その需要層をある

程度限定することになる。この点には、おそらくは馬場自身も意識的であった。すなわち、焼きものを「売る」ための祭としての陶器市と「売らない」土祭という二項的な提示の仕方を具体化するものとしてのデザインを見せるということである。その意味で、前節でみたアートと地域とツーリストによる「協働」による地域の「発見」は、こうした「デザイン≒アート化」された表象のもとに成立しているものであったともいえるかもしれない。

6．地域とアートの継続へ向けて

文化人類学者の兼松芽永は、越後妻有アートトリエンナーレに対する長期的な調査をもとに、設置されている作品あるいはその作品と関連する地域の自然と地域の人々およびツーリストとの関係が歳月の流れとともに変転する様相を検討しつつ、「アートと地域の相互参照関係」の変遷を継続的に「丹念にたどっていく」ことの必要性を指摘する（兼松 2020）。

土祭もまたその内実を変容させていっているようにみえる。第2回開催の翌年の馬場の他界を受けて環境デザイナーである廣瀬俊介を土祭風土形成ディレクターとしつつ開催された2015年の第3回の土祭は、ツーリズムの対象ではあり続けてはいたものの、益子という地域の内側をより意識したものとなった[2]。続く第4回では、よりその傾向が強まっているようである。

土祭に限らず、アートにかかわるイベントや実践・表象は、その地域における役割も、ツーリズムとの関係も、時間の経過とともに、さまざまにあり方を変化させていく。そうした点を見据えながら、アートをめぐるイベントや実践に、そのデザイン面も含めて注目していくことで、アートと地域とツーリズムとの関係をより深く検討していくことができるだろう。

課　題

1．（本章から考えてみよう）：アートを観光やまちづくりの資源としようとする動きが各地でみられる理由は何だろうか。アートのもつ意味を想像しながら考えてみよう。

2．（調べて考えてみよう）：アートを活用した地域イベントは各地で実践されている。それらにおいて、当該の地域がどのようなかたちで紹介されているかという点をヴィジュアルイメージとともに確認し、傾向を探ってみよう。

文献案内

1．橋本和也（2018）『地域文化観光論——新たな観光学への展望』ナカニシヤ出版。

ブルーノ・ラトゥールのアクターネットワーク理論を手がかりに、ある事象がツーリズムを通して「地域化」されるプロセスを、アートプロジェクトも事例としつつ検討する。

2．野田邦宏・小泉元宏・竹内潔・家中茂編（2020）『アートがひらく地域のこれから——クリエイティビティを生かす社会へ』ミネルヴァ書房。

アートをやや広義にとらえつつ、アートと近年の地域づくりの状況を、地方のアートプロジェクトなども含む多くの事例から検討する。

3．齋藤あきこ・伊藤千紗編（2014）『地域の魅力を伝えるデザイン』ビー・エヌ・エヌ新社。

土産物のパッケージや観光パンフレットなどの近年のデザインを紹介する。やや定番化されたようにもみえるが、デザイン≒アートとしての近年の地域表象の様相を知ることができる。

注

1）土祭事務局（2016）『Living with the Earth 土祭 2015』、http://hijisai.jp/cms/wp-content/uploads/4f19eeaecf2d7c04e2024d80c801c163.pdf（2021年1月10日閲覧）

2）廣瀬俊介（2015）『土祭 2015「益子の風土・風景を読み解くプロジェクト」報告書』土祭実行委員会、http://hijisai.jp/-pdf/fudo_report/report.pdf（2021年1月10日閲覧）

参考文献

◎兼松芽永（2020）「アートプロジェクトの図地転換——田んぼの「棚田化／アート化」から考える」『国立民族学博物館研究報告』45-2。

◎齋藤あきこ・伊藤千紗編（2014）『地域の魅力を伝えるデザイン』ビー・エヌ・エヌ新社。

◎下道基之・石倉敏明・川瀬慈・中村史子ほか（2020）「《Cosmo-Eggs　宇宙の卵》アートと人類学の交点から考える」『民族藝術学会誌　arts/』36。

◎田中里奈・寺家将太・斉藤聖編（2013）『地域発デザインは燃えている！——進化する地域ブランド特集』パイインターナショナル。

◎野田邦宏・小泉元宏・竹内潔・家中茂編（2020）『アートがひらく地域のこれから——クリエイティビティを生かす社会へ』ミネルヴァ書房。

◎橋本和也（2018）『地域文化観光論——新たな観光学への展望』ナカニシヤ出版。

◎土祭実行委員会（2012）『土祭 2012 オフィシャルガイドブック』土祭実行委員会。

◎土祭実行委員会（2013）『土祭 2012　報告書』土祭実行委員会。

◎益子アートウォーク実行委員会（2009）『土祭ガイドブック＆パスポート』益子アートウォーク実行委員会。

◎益子町編（2016）『土祭　2009-2015』里文出版。

ヘブンアーティスト事業とツーリズム

ヘブンアーティスト事業とは東京都の文化政策であり、2002年9月からはじまった大道芸のライセンス制のことである。東京都が2000年に発表した『当面の東京都文化政策手法の転換と取組』には当面取り組むべき重点目標が設定され、ヘブンアーティスト事業は「世界を視野に入れた文化の創造と発信を強化する」という重点目標のひとつを実現するための「文化創造活動への公共空間の開放」という具体的な取り組みである。東京都は幅広いジャンルのアーティストを公募し、オーディションを実施する。その合格者がヘブンアーティストとして認定され、2020年10月現在、東京都が指定した地下鉄駅や公園などの54施設72か所で活動することができる。ヘブンアーティストは自身で日時を指定して活動場所を予約するのだが、例えば、台東区の上野公園は国内外から多くの観光客が訪れ、観客が多いことから、アーティストの予約が競合するほど人気がある（山口 2008）。活動場所は都民が芸術に親しむことのできる「街の中にある劇場」となること、アーティストと観客との交流を通して芸術文化が育成されることが期待されている。ヘブンアーティスト事業において、東京都がアーティストの活動を支援するということが明確に打ち出されていたのである。

他方、ヘブンアーティスト事業は当初から地域活性化やまちづくり、商店街振興と関連づけられて進められ、東京都内のみならず海外も視野に入れた集客や賑わい創出の手段として利用されてきた（山口 2017）。ここにヘブンアーティスト事業における観光・地域振興に資する側面が強調されすぎることへの懸念がある。2000年8月の三宅島噴火のあと、2005年2月に避難が解除され、島民が帰島することを受けて噴火災害からの復興を後押しするためにヘブンアーティストが派遣された。東京都が2015年に発表した「東京文化ビジョン」では、文化戦略として「教育、福祉、地域振興等、社会や都市の課題に、芸術文化の力を活用」が掲げられる。具体的には東日本大震災の被災地支援のために芸術文化イベントが展開され、ヘブンアーティストが派遣される。このようにヘブンアーティストは災害被災地における人々の心をいやす存在としても利用されるのである。

この取り組みのほかに歩行者天国などで開催されるイベントもある。かなり前のイベントになるが、2006年3月に台東区秋葉原の中央通りで開催され、筆者もサポートスタッフとして参加した「ヘブンアーティスト IN 秋葉原」を取り上げたい。このイベントに参加したヘブンアーティストは12組であり、秋葉原中央通りの5か所で活動する。1回の公演時間は30分でこの日は1組につき2回の公演であった。観客の数はややばらつきがあるものの、50名以上の観客を集めるヘブンアーティストもみられ（図1）、全体的に盛況であった。このイベントの管理や運営について、運営本部に常駐して指揮をとる東京都の職員がおり、現場のサポートスタッフが30名程度いる。さらに民間警備会社の警備員も40名弱動員され、巡回や交通整理などに当たっている。全てを合わせると 70 名程度のスタッフがこのイベントにかかわっている。当日の事前打ち合わせの配布資料には公演時間の遵守の徹底が示された。私服警官も巡回予定であることが説明され、それを受けて警備会社の責任者が軍隊さながらの様子で警備員に訓示を与えていた。

図 1　ヘブンアーティストの活動と観客
(2006 年 3 月筆者撮影)

観光客を含め多くの聴衆で賑わった「ヘブンアーティスト IN 秋葉原」だが、徹底した空間と時間の管理と統制が行われている。ヘブンアーティストである雪竹太郎はその立場からこの事業が公共空間の囲い込みとそれによるライセンスをもたないアーティストの排除を生むことを批判的に述べているが（雪竹 2003)、行政が集客や賑わい創出のためにストリートを囲い込む際にあらためてストリートの公共性について再考する必要があろう、ストリートは誰のものであるのかと。さらにヘブンアーティスト事業に類似するような大道芸のライセンス制が日本の他都市でもみられるようになり、名古屋市の「ポップアップアーティスト」もそれにあたる。ズーキンが世界中のどの都市でも似たような現代アートイベントやフィルムフェスティバルがみられるようになった状況を、現代アートで有名なグッゲンハイム美術館があたかもマクドナルドのように世界各地に伝播する様になぞらえて「マグゲンハイム化」と呼び、批判した（ズーキン 2013)。ストリートレベルのイベントでさえも都市間競争や都市の文化資本に資するものとして取り上げられ、利用されてしまう。そのような行政の思惑や意図、政策決定のプロセスについて批判的にとらえ返していかなければならない。

参考文献
◎ズーキン , S.（2013)『都市はなぜ魂を失ったか―ジェイコブズ後のニューヨーク論―』内田奈芳美・真野洋介訳、講談社。
◎山口　晋（2008)「「ヘブンアーティスト事業」にみるアーティストの実践と東京都の管理」『人文地理』60-4。
◎山口　晋（2017)「東京都のヘブンアーティスト事業からみるストリートのイベント化」（神谷浩夫・山本健太・和田崇編『ライブパフォーマンスと地域――伝統・芸術・大衆文化―』ナカニシヤ出版)。
◎雪竹太郎（2003)「路上　東京都・ヘブンアーティスト制度についての私の見解」『現代思想』31-12。

14 デジタルメディア

融解する境界と新たなる観光地

神田孝治

近年の観光を特徴づけているものの1つに、機械によって読みとり可能な情報のメディアである、デジタルメディアの利用がある。なかでも、パーソナルコンピューターの普及・発達とともに、1990年代半ばから多くの人々が利用するようになった、インターネットの役割は大きなものがある。現在、観光地などの情報を収集したり、宿泊や航空券の予約を行ったりする際に、多くの人がインターネットを活用している。

インターネットの登場は、観光客の行動や、観光業および観光地のあり方に大きな影響を与えている。とりわけ、インターネットが情報の流れを変えたことは重要である。インターネットの普及により、情報の発信者と受け手という区分が崩れたのであり、こうした様相は2000年代半ばにWeb2.0と呼ばれている。観光地の情報も、主にマスメディアを通じて一方向的に流されていたものが、インターネットを活用することで、観光地の行政や住民、そして観光客などが自由かつ広範に発信できるようになっている。

また、2007年に発売が開始された「iPhone」に代表される、スマートフォンのようなモバイルメディアも重要である。観光客とともに移動するデジタルメディアが、現実空間とデジタル情報が創り出す虚構空間との境界を融解させることを可能にし、新しい観光行動や、これまでにない観光地を生じさせているからである。

こうしたなかで本章では、デジタルメディアの影響で生じた新しい観光地に注目し、境界の融解という観点を中心としながら、デジタルメディアと観光地の関係性について考えてみたい。

1.『鬼滅の刃』が生じさせる聖地とインターネット

まず、インターネットが大きな役割を果たすなかで生じた新しい観光地である、『鬼滅の刃』の聖地について考えてみたい。『鬼滅の刃』とは、大正時代の日本を舞台とした、人間と鬼との戦いを描いた漫画作品である。同作品は、2019 年 4 月から 9 月までテレビアニメとして放映されるなかで人気に火が付き、アニメ映画が 2020 年 10 月 16 日に公開されると、同年 12 月 27 日には洋画と邦画を含む国内興行収入で歴代 1 位となっている。このような人気作品である『鬼滅の刃』は、コラム「アニメの聖地化と地域」で紹介したようなアニメ聖地を生じさせている。

同コラムで紹介した事例でも、アニメ聖地の創造にあたって、ファンによる情報発信などで、インターネットが重要な役割を果たしていることを指摘した。また、アニメ聖地巡礼においては、ファンばかりでなく、地域側からのインターネットを活用した情報発信がみられる（岡本 2018）。インターネットによって、情報の発信主体が流動化しているのである。こうした傾向は、『鬼滅の刃』の聖地でさらに大きくなっている。『鬼滅の刃』は、多くのファンが訪れることができる場所にロケ地が存在しておらず、作品と何らかの関係が見出された場所が聖地とされているという特徴がある。そのため、どこが聖地なのかという点について、同時期の紹介記事であっても、その数も場所も異なっている。つまり、多くの場所に聖地としての可能性が開かれるという、境界が融解したポストモダン的状況が生じているのである。こうしたなかで、観光による地域振興をめざして、インターネットを活用した『鬼滅の刃』の聖地創造が積極的に試みられるようになっている。

興味深い事例として、奈良県葛城市にある葛木坐火雷《かつらきにいますほのいかづち》神社の『鬼滅の刃』の聖地化を紹介したい。2020 年 6 月 20 日の『毎日新聞』に掲載され Web 上でも公開された記事（Web 版タイトル「『鬼滅の刃』ファン、善逸になりきりポーズ　奈良の葛木坐火雷神社が話題に」）では、『鬼滅の刃』の主要キャラクターである我妻善逸《あがつまぜんいつ》の技名「火雷神」をその名称に含む同神社に、コスプレイヤーと呼ばれるアニメなどのキャラクターに扮した人が訪れていることに言及しつつ、「技の名前「火雷神」の字がある葛木坐火雷神社の社碑の前でポーズをとるコスプレイヤー」の写真も紹介している[1]。また、同年7月19日の奈良テレビの放送では、「作品の聖地」として葛木坐火雷神社を取り上げ、Web上で同様のコスプレイヤーの写真を含む記事が公開されている[2]。葛木坐火雷神社への来訪者は先の6月20日の記事を契機に増加しており、7月19日のテレビ放送以降に同地は「聖地」としても表現されるようになっている。このように、同神社の『鬼滅の刃』の聖地化は、この作品との結びつきが画像や文章などで表現され、それが新聞・テレビとともにインターネットで流通するなかで実現されているのである。

こうした葛木坐火雷神社の聖地化にあたっては、葛城市役所産業観光部商工観光課の職員による、インターネットを活用したさまざまな仕掛けがあったことが認められる。同職員は、2020年6月2日に、葛城市のマスコットキャラクターである「蓮《れん》花《か》ちゃん」の公式Twitterにおいて、葛木坐火雷神社と『鬼滅の刃』との関連を暗示する画像・文字を投稿している。これは、閲覧者の多い同キャラクターのTwitterでの情報発信を狙ったとのことである。さらに、知人のコスプレイヤーに声をかけて6月中旬に葛木坐火雷神社でのパフォーマンスを実現し、そこに新聞記者を呼ぶことで、上述の新聞記事へとつなげている。先の職員は、情報の発信には新聞記事がWeb上のニュースとして流れることが効果的であると述べており、実際にこれをきっかけとしてTwitterにおける書き込みも増加し、こうしたSNSを通じてさらに情報が拡散されている。また、その後もいくつかの関連する取り組みを行っているが、それらについての情報は、葛城市の観光活性化に関するWebページに「鬼滅の刃」の項目を設けて発信している[3]。このように、葛木坐火雷神社の『鬼滅の刃』の聖地化は、インターネットを活用しつつ地域主導で行われており、またそれは多様な主体による情報発信を誘発するなかで実現されていたのである。

その他の事例として、和歌山県紀の川市にある甘露寺（前駅）の『鬼滅の刃』の聖地化も紹介したい。紀の川市企画部地域創生課は、シティプロモーション事業の一環として、2020年10月16日公開の「劇場版『鬼滅の刃』無限列車編」の上映時に、同市のPRCMを一部の映画館で放映している。「かんろじまえのひみつ」と題された当該CMは、『鬼滅の刃』の主要な女性キャラクターの甘《かん》露《ろ》寺《じ》蜜《みつ》璃《り》を想起させる「甘露寺前駅」をアピールしつつ、同駅およびその周辺には何か「ひみつ」があると視聴者に関心を抱かせるものになっている。あわせて、同キャラクターのキーワードの「恋」になぞらえた「恋の聖地」プロモーションを開始し、甘露寺前駅のホームに「恋みくじ」のカプセルトイを設置したり、同駅近くの甘露寺の本堂に「特別仕様のフォトジェニックな雨戸」を期間限定で設置したりする取り組みが行われた。

こうしたプロモーションおいても、インターネットは重要な役割を果たしている。先のCM動画はYouTubeで公開されており、現地の情報は「かんろじまえのひ・み・つ」と題した特設Webサイト[4]で発信されている。このWebサイトは、FacebookやTwitterなどのSNSとも連動しており、「#かんろじまえのひみつ」というハッシュタグを付けてInstagramに写真を投稿することも呼びかけている。なお、このWebサイトは、著作権の問題を考えて直接的な言及を避けるなかで、「恋」のほかにも、「みつ」という読み、ピンク色というイメージカラーなどで、甘露寺蜜璃を間接的に想起させるものになっている。こうした内容は、若い女性をターゲットとして展開している同市のシティプロモーション事業、さらにはいちごを特産品とする現地の産業とも連動している。このように、インターネット上の多様なメディアを活用しつつなされた、甘露寺蜜璃の特徴と現地の状況をゆるやかに組み合わせた「恋の聖地」化プロジェクトを通じて、甘露寺（前駅）の『鬼滅の刃』の聖地化が果たされていったのである（神田 2021）。

2．『Pokémon GO』が生じさせる観光地とモバイルメディア

次に、『Pokémon GO』に注目して、モバイルメディアが創り出す新しい観光地について考えてみたい。『Pokémon GO』は、2016年にリリースされた、Niantic, Inc.と株式会社ポケモンが共同開発したスマートフォン向けのゲームアプリである。このゲームはそのタイトルに「GO」が含まれているように、移動を特徴としている。プレイヤーは、ゲーム上の主人公であるポ

ケモントレーナーとなり、架空の生物である「ポケモン」が生息する虚構の世界を移動する。そしてこの移動は、スマートフォンに搭載されたAR（拡張現実）やGPS（全地球測位システム）機能を利用し、現実世界のプレイヤーの移動によって実現される。スマートフォンを活用することで、虚構世界と現実世界の境界が融解しているのであり、『Pokémon GO』のプレイヤーはその両者において移動するのである。

こうした『Pokémon GO』で遊ぶプレイヤーと観光地の関係を検討するにあたっては、いくつかの重要なポイントがある。1つ目は、手に持ったスマートフォンの画面に視線を落とし、画面を指でなぞったりタップしたりしながら歩行したり停止したりするような、プレイヤーがなす独特の行為や歩行のリズムである。このような振る舞いが、「歩きスマホ」の問題を浮上させ、観光地においてふさわしくないものと認識される場合がある。2つ目は、『Pokémon GO』で遊ぶプレイヤーにとって、既存の観光資源を含む現地の様相は必ずしも重視されないということである。同ゲームで遊ぶプレイヤーにとって重要なのは、ポケモンが生息する虚構の世界である。なかでも、同ゲームで遠方からもプレイヤーを集めて観光地化するためには、「レアポケモン」と呼ばれる珍しいポケモンが獲得できることが重要となる。3つ目は、特定の場所に多くのプレイヤーが集まる可能性があることである。これは観光地化にとって同ゲームが有効であることを示すが、過剰な集客によって負のインパクトが生じる危険性をはらんでいる。そして4つ目は、『Pokémon GO』が生じさせるプレイヤーの集中は一過性だということである。同ゲームでは、「ポケモンの巣」と呼ばれる特定のポケモンが大量に出現する場所は定期的に変更され、レアポケモンをはじめとする多くのポケモンを特定の場所に集中して発生させるイベントは期間が限られている。すなわち、『Pokémon GO』が生じさせる観光地は移動するのである（神田 2018）。

以上の特徴をふまえつつ、『Pokémon GO』が生じさせる観光地の様相について考えてみたい。注目すべき事例の1つに、2017年8月9日から15日に横浜市において開催された、日本初の公式リアルワールドイベントの「Pokémon GO PARK」がある。このイベントはカップヌードルミュージアムと赤レンガパークの2か所を会場としたもので、同期間内の14日には横浜スタジアムで抽選制のイベント「Pokémon GO STADIUM」も開催された。どちらのイベントでもレアポケモンの獲得が可能となっており、あわせて200万人以上のプレイヤーが参加したとされる。

こうしたイベントにおいて、いくつかの問題が発生している。まず生じたのはプレイヤーの集中による通信障害であり、そうした状況に対応するために18時までとされていたイベント時間の制限が初日の夜から撤廃されるとともに、イベントの範囲がみなとみらい地区に全域化されることになった。そうした結果、みなとみらい地区全域において昼夜を問わずプレイヤーが同ゲームで遊ぶようになり、歩きスマホや道路混雑への苦情が横浜市や神奈川県警に130件以上寄せられ、夜間の静寂が失われたことも指摘される事態となった。このように同イベントは、プレイヤーの集中とそれに対する運営のあり方によって、地域にさまざまな社会的問題を引き起こすことになったのである。『Pokémon GO』が生じさせる観光地は、それが期間限定であるとともに、プレイヤーの集中と独特な移動のあり方から、その空間や時間の範囲が変動したり、これまでにない問題を生じさせたりしたのである。

こうした課題については、のちのイベントにおいて対策が試みられている。特に注目されるものとして、2018年8月29日から9月2日に実施された横須賀市における「Pokémon GO Safari Zone in YOKOSUKA」がある。このイベントは、横須賀市の3か所の公園を会場として、レアポケモンの出現により同市に多くのプレイヤーを集客することが企図されたものであった。同イベントの大きな特徴の1つに、事前応募抽選制をとって参加者を限定したことがある。当選すると送付される二次元バーコードがついた「参加券」を持っている人のみがプレイできるシステムで、参加できたプレイヤーは6万5000人であった。

この理由としては、横須賀市役所への聞き取りによれば、前年の横浜のイベントにおける問題点への対応を考えたということと、横須賀市の状況をふまえたということであった。そのポイントとして、横浜のイベントで課題となったネットワーク環境の問題があったとされる。また、歩きスマホや渋滞といった問題についても、特に横須賀市は自動車の数が多いことが懸念されたとのことである。プレイ時間も、レアポケモンの出現時間によって、各日10時から20時までに制限されていた。このように、『Pokémon GO』というデジタルメディアが創り出す虚構空間への参加のあり方を調整することで、現地の状況に対応した観光地の創造がめざされたのである。

結果として、同イベントでは大きな問題は生じることがなく、基本的に上記の対策は成功したといえる。ただし、会場外でのプレイを控えることを求められていたものの、地域振興がめざされた同イベントでは、商店街を中心とする市街地へのプレイヤーの移動が実質的に促されていたこともあり、歩きスマホの問題は解消されていなかった。この要因には、プレイヤー間でポケモンを交換できる新機能が実装されたことや、会場外の商店街などにもレアポケモンが一定程度発生したことで、イベント参加者以外のプレイヤーも横須賀市に集まり、市街地を訪れるプレイヤーが増加したということもあった（神田 2020）。

モバイルメディアを利用する『Pokémon GO』の特徴をふまえつつ、いかに適切な観光振興を行っていくのかという点については、その後もさらなる対策が試みられている。例えば、COVID-19の流行に対応して、同ゲームには、不動もしくは限定的な移動でプレイできるシステムが導入されている。『Pokémon GO』と観光地の関係性は、変化し続けているのである。

3．デジタルメディアと動きゆく観光地の姿

本章で紹介したように、デジタルメディアは、さまざまな境界を融解させるなかで、新しい観光地を創り出すことがある。そうした観光地の特徴として注目されるものに、動きに関するものがある。ここで取り上げた『鬼滅の刃』と『Pokémon GO』の事例は、いずれも複雑かつ広範で急速な情報の移動によって創出されている。その結果、デジタルメディアに牽引された観光地の様相の変化も動的な傾向にある。この点は『Pokémon GO』の事例に顕著であるが、アニメの聖地についても、急速に成立する一方で、持続性に乏しい傾向がある。また『Pokémon GO』の事例にあったように、デジタルメ

ディアは新しい観光客の移動のあり方を生じさせ、それまでとは異なる観光地の姿を創り出すことがある。この点については、アニメの聖地についても、特に3章末のコラム「アニメの聖地化と地域」で紹介した事例に顕著である。

このように、境界の融解を促進するデジタルメディアは、さまざまな移動の様相を変えるなかで、観光地のあり方を変化させる大きな要因となっている。これからの観光地を考えるにあたっては、デジタルメディアに注目しつつ、その動きゆく姿をとらえていく必要があるだろう。

課　題

1.（本章から考えてみよう）：デジタルメディアと観光地の関係性について考えてみよう。

2.（調べて考えてみよう）：特定の観光地を取り上げ、デジタルメディアによって、それまでのあり方とどのように変化したか、考えてみよう。

文献案内

1. 遠藤英樹・寺岡伸悟・堀野正人編著（2013）『観光メディア論』ナカニシヤ出版。

デジタルメディアをはじめとするさまざまなメディアを取り上げつつ、観光とメディアの関係について論じている。まずはこうした書籍を参考にするといいだろう。

2. 神田孝治・遠藤英樹・松本健太郎編著（2018）『ポケモンGOからの問い――拡張される世界のリアリティ』新曜社。

『Pokémon GO』に関して多角的に考察した書籍である。デジタル技術とメディアの関係を問うたパートを中心に、本章に関係する内容が多数含まれている。

注

1）https://mainichi.jp/articles/20200620/k00/00m/040/041000c（最終閲覧日 2020 年 8 月 25 日）

2）https://this.kiji.is/657501980489712737（最終閲覧日 2020 年 8 月 25 日）

3）https://www.city.katsuragi.nara.jp/soshiki/shokokankoka/5/1155.html（最終閲覧日 2020 年 8 月 25 日）

4）https://kanrojimaenohimitu.com（最終閲覧日 2020 年 8 月 25 日）

参考文献

◎岡本健（2018）『アニメ聖地巡礼の観光社会学――コンテンツツーリズムのメディア・コミュニケーション分析』法律文化社。

◎神田孝治（2018）「『Pokémon GO』が生みだした新たなる観光客についての考察」『立命館文學』656。

◎神田孝治（2020）「『Pokémon GO』のリアルワールドイベントと地域――2018 年の横須賀市における事例に注目した考察」『立命館文學』666。

◎神田孝治（2021）「『鬼滅の刃』が生じさせる新たな聖地――「境界の融解」と「移動」に注目した考察」『立命館文學』672。

SNSと観光地への意味づけ

「門の上を見てください。見ざる言わざる聞かざるがあるのです。でも、ほとんどの人は見ずに、インスタ映えばっかりですけどね」。これは2020年3月に筆者が京都市にある八坂庚申堂を訪問した際に、人力車夫が乗客に話していた内容である。この会話が示唆するとおり、八坂庚申堂ではカラフルなくくり猿を背景に、自撮りをする着物女性やカップルであふれている。いまやインスタグラムは八坂庚申堂のみならず、インスタ映えスポットとして多くの観光地を生み出している。また、ツイッター等のSNSやトリップアドバイザーに代表される口コミサイトも多くの人々に閲覧され、旅への欲求をかきたてている。

このようなウェブ上の情報は、新たな観光地を創造するだけでなく、既存の観光スポットにも新たな価値を付与する。鈴木謙介は「情報通信環境がモバイルなものになる中で、ひとつの空間に複数の空間における個々人の役割やコミュニケーションが流入し、空間の意味を確定できなくなる現象」を「多孔化」と呼ぶ（鈴木 2019）。また、その状況ではウェブ情報によって現実空間に新たな意味の付与や、空間の意味の上書きがされると指摘する（鈴木 2013）。したがって、多孔化した現代社会においては、観光地に対する空間の意味づけも多様化する、もしくはその場所の「歴史」や「固有性」が新たな意味づけに塗り替えられる。そして、そのような多孔化した状況は、人と人との間にある特定の空間への意味づけの違いが原因となり、訪問者と地域との軋轢を生じさせてしまうのである。

ここで問題となる特定の場所に付与された意味やイメージを解釈する試みは、新聞・雑誌記事や文学作品、ガイドブックなどの紙媒体を対象にされてきた。その後、インターネットの発達により、旅行ブログ、ツイッターに代表されるマイクロブログ、口コミサイトでの投稿の分析が行われるようになる。ウェブ上のテキストデータは手作業もしくはプログラミングにより取得される。プログラミングにより取得する場合、ツイッターのようにAPI（Application Programing Interface）と呼ばれる「プログラミング言語を使って、特定のアプリケーションやサービス、データベースに接続するための仕組み」（桐村 2019）を通さなければならないこともある。また、それらのテキストデータは膨大であるため、計量的な分析が行われる傾向にある。ウェブのみならず、アンケートや新聞記事などのテキストデータを計量的に分析するツールは多数開発されており、例えば計量テキスト分析フリーソフトの「KH Coder」が挙げられる。

ここからは、京都市を代表するインスタ映えスポットである八坂庚申堂と蹴上インクラインへのSNSと口コミサイトでの投稿（2020年1月～7月、トリップアドバイザーのみ全期間）から、両スポットに対する意味づけを検討しよう。まず、八坂庚申堂への投稿に対して頻出語を抽出すると、インスタグラムとツイッターにはレンタル着物に関連する語（着物、レンタル等）が頻出するとともに、「# 写真好きな人と繋がりたい」に代表される写真好きコミュニティの関連語も使われる。グーグルマップやトリップアドバイザーの投稿でも、頻出語の傾向は大きく変化しないが、インスタ映えスポットという状況に対して否定的な意見が確認される。そこでは、信仰の場で撮影に夢中になる観光者が、その場にふさわしくない訪問者として描かれる。この状況は、八坂庚申堂に対する意味づけの違いから発生する訪問者間の軋轢を表しているのではないだろうか。

一方で、琵琶湖疏水事業により完成した国指定の史跡である蹴上インクラインでは、ウェブサービス間で史跡に関する記述の有無に違いがある。グーグルマップやトリップアドバイザーでは、蹴上インクラインが桜の名所、「映える」場所として記述されるとともに、琵琶湖や疏水、鉄道といった琵琶湖疏水と関連する語が確認される。しかし、インスタグラムやツイッターでは琵琶湖疏水に関する記述が少なくなる。京都市は琵琶湖疏水の案内看板や、復元された「三十石船」を設置するとともに、スマートフォンやタブレット端末に明治期、大正期の風景を表示し、実際の風景と重ね合わせるVR（Virtual Reality仮想現実）体験を整備することで、蹴上インクラインを琵琶湖疏水の歴史を有する場所として強調している。鈴木謙介は多孔化や空間の意味の分断がもたらされた現代において、仮想現実によって共通した集合的記憶に接続することが、多孔化へのささやかな対抗手段になるという（鈴木 2013）。しかし、蹴上インクラインへの投稿にみられるインスタ映えスポットとしての意味が支配する状況は、行政の意図する場所への意味づけがSNS上では失効しつつあり、ガイドブックに似た役割も有する口コミサイトでしか残されていないことを示しているだろう。

SNSが観光情報獲得手段として重要となる現代において、観光地はSNS上で付与される意味づけにますます塗り替えられていくだろう。そのような時代だからこそ、意味を創り出すSNSへの投稿を分析し、観光地への意味づけを把握するとともに、新たな意味づけが発生する過程を明らかにする必要がある。

参考文献
◎桐村　喬（2019）『ツイッターの空間分析』古今書院。
◎鈴木謙介（2013）『ウェブ社会のゆくえ――〈多孔化〉した現実のなかで』NHKブックス。
◎鈴木謙介（2019）「ソーシャルメディアとオーセンティシティの構築――「インスタ映え」の観光社会学的考察」『観光学評論』7-1。

15　オーバーツーリズム

グローバルな移動を再考する

森本 泉

世界各地の観光地で、観光による負の影響が顕在化するようになった。ヴェネツィアやバルセロナでは、地域住民による抗議運動が行われたほど深刻化している。不満を抱くのは受け入れ側の住民だけではない。観光客自身も過剰な観光地化に失望し、また生命の危険にさらされる事態も生じている。近年オーバーツーリズムという用語で問題化されるようになったこの状況は、1960年代以降の観光公害と呼ばれた状況と共通するものがある。こうした従来の問題をはらみながら登場した新しい用語は、いかなる問題を提起するのだろうか。本章では、この問いを探求するとともに、このような状況を一転させた新型コロナウイルス感染症（COVID-19）によって顕在化した問題についても、グローバルな移動に焦点をあてて検討する。

1．オーバーツーリズムとは何か

オーバーツーリズムという用語は、2016年にアメリカの観光専門メディア会社スキフトが、「観光地に対する危険を表す概念[1]」として提起して以降広まったとされる（Dodds & Butler ed. 2019）。そこからこの用語は分野を越えて広く流布し、2018年に世界観光機関（UNWTO）から報告書『オーバーツーリズム？』が刊行された。観光地理学の観点からも『オーバーツーリズム』と題する学術書が次々と出版されている（Dodds & Butler ed. 2019; Milano et al. ed. 2019など）。このような短期間に多くの調査・研究が公表されたのは、すでにこの用語が示す状況が注視されてきたからにほかならない。

UNWTOは、オーバーツーリズムという用語を「観光による混雑への対応と観光収容力という既存概念を表す新しい言葉」（UNWTO 2019）と説明している。地域性や季節、観光形態などによって観光収容力は異なるが、この収容力を超えて、地域住民の生活の質や観光客の体験の質に負の影響が過度に及ぶと、オーバーツーリズム状況となる（UNWTO 2019）。こうした状況はいまにはじまったものではなく、この要因である観光地の適切な管理の欠如と無秩序な開発は、観光地がこれまで直面してきた問題でもある。

2．オーバーツーリズムの背景と問題

オーバーツーリズムという用語が示す状況を歴史的にたどると、マス・ツーリズムが進展するようになった1960年代に求められよう。すなわち、世界各地で国際観光を前提に大規模リゾート開発が進められ、観光産業は経済的収益を上げる一方で、深刻な環境破壊や経済的搾取、文化変容などを惹起するようになった。このような問題は観光公害と呼ばれ、とりわけ第三世界における観光開発は、観光客を送り出す側の先進国との関係が問題視され、ポストコロニアリズムの観点から批判されてきた。

こうした問題をはらみつつ国際観光客数は増加し、観光は人々のライフスタイルの重要な部分を占めるようになった（Williams 1998）。欧米を中心に拡大してきた国際観光市場において、20世紀末からアジア・太平洋の割合が増し（図1）、世界各地で観光を取り入れた都市化や地域再編が行われるようになった。この新しい観光では、旅行会社によってパッケージ化されたツアー商品を購入する形態に加え、個人で旅をカスタマイズすることが可能になり、観光形態が多様化するようになった。

このような観光の拡大・多様化の背景に、LCCや大型化したクルーズ船による移動費の低価格化、ビザ発給要件緩和、ICTによる情報収集や旅行手続きの簡便化、そしてこれと関連してAirbnbのような多様な宿泊施設の選択を可能にしたプラットフォームの構築などがある。これらに並行して、観光開発のためにさまざまな規制が緩和され、市街地に観光関連施設が集積するだけでなく、地域住民が暮らす住宅地にも民泊の増加などにより観光客が日常的に出入りするようになった。観光客は、Airbnbのうたい文句「暮らすように旅する」を実践するようになり、他方の住民は生活環境が好奇のまなざしにさらされ、ゴミ投棄や騒音などの観光による被害が日常化するよう

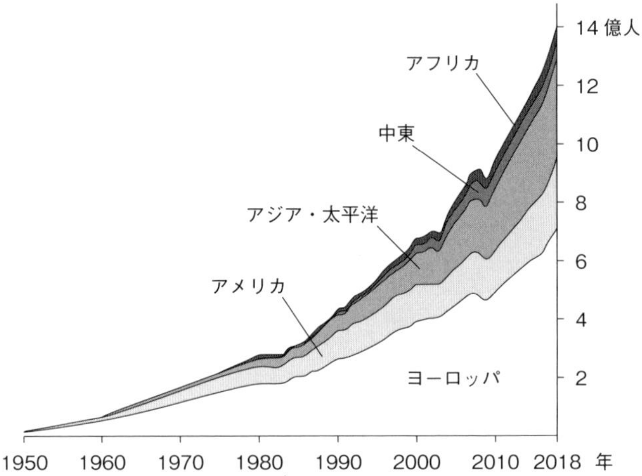

図1　地域別国際観光客到着数[2)]

になった。こうした負の影響が大きくなると、地域住民が抗議運動を起こすことがある。まさにこうした状況とそれにともなう問題点を前景化させる概念として浮上したのが、オーバーツーリズムという用語である。

単純に考えれば観光収容力を超えない範囲で観光客を受け入れるか、多くの観光客に耐えうる収容力を備えれば、オーバーツーリズム状況を回避できるように思われるが、問題の解決は容易ではない。その要因の１つに、観光地にかかわる不均衡で複雑な利害関係がある。国が観光産業を梃子《てこ》に経済成長をめざすなか、その最前線にあるローカルな社会では、観光産業の恩恵を受ける人々もいれば、増大する観光（客）がもたらす被害に日常的に悩まされる人々もいる。こうした両側面に向き合わねばならない自治体にとって、両者の調整は単純にはいかない。他方、過剰な観光化に失望した観光客は別の観光地を求めるようになり、また別の場所でオーバーツーリズム状況が引き起こされることもある。このようにオーバーツーリズムは、複雑な利害関係の構図において、複数の空間スケールからとらえるべき問題なのである。

オーバーツーリズムの事例としてヨーロッパの観光都市が注目されているが、世界各地で同様の問題が起きている。旅行ガイドブック、『ロンリー・

プラネット』の創設者であるトニー・ウィーラーは、オーバーツーリズムの印象的な場面として本章の冒頭に挙げた有名な観光都市のほかに、エヴェレストと、飛行中の航空機の位置をリアルタイムで表示する Flightrader24 の画面を挙げている（Wheeler 2019）。地球を覆う網の目状の経路を無数の人々が移動し、これらの人々が到達しうる場所でオーバーツーリズムが生じる可能性があり、それは標高 8000 m の第三の極地でも例外ではない。

3．オーバーツーリズムの事例

●渋滞する世界最高峰エヴェレストの山頂

2019 年春、エヴェレスト山頂付近で 11 名の死者を出した遭難事故は記憶に新しい。好天候になると登山者はいっせいに山頂をめざし、その頂上に至る登攀《とうはん》ルートが狭いため長蛇の列ができる。酸素濃度の低い標高 8000 m の地にいるだけで体力を消耗し、待っている間にボンベの酸素を消費し、酸素欠乏や低体温症、高度障害により死亡する例が後を絶たない。登山者同士が狭いルートで接触して滑落することもある。エヴェレスト山頂が登山者で混雑している危険な様子は、1996 年春に日本人を含む 12 人が亡くなったエヴェレスト大量遭難事故以後、メディアでたびたび取り上げられてきた。

大量遭難の原因として問題視されるのは、登山技術や経験が十分でない登山者の増加である。ネパール政府による入山規制緩和を受けて、1990 年代以降商業登山がはじまり、かつては経験豊富な限られた登山家のみがアプローチできたエヴェレスト登山のあり方が変わった。登山の商業化を可能にした背景として、登攀ルートの整備、登山装備の軽量化や高機能化、天候予測技術の向上、さらに山頂まで顧客を支えるガイドやスタッフの存在がある。1990 年代から登山者を公募している登山手配会社では、首都カトマンドゥからエヴェレスト山頂までのツアーを登山許可登録料を含めて 1 人 6 万 9000 US ドル[3]で売り出している（2020 年時点）。こうした登山ツアーが増え、2017 年に約 400 人であった登山申請者は、2019 年には約 700 人に増加し、好天日には 1 日で数百人の登山者が頂上をめざし、渋滞が発生することになる。

エヴェレストのオーバーツーリズム状況について、高坂晶子は上述のヒマラヤ登山の変容や登山者増加による混雑のほか、環境汚染や受け入れ態勢についても問題を指摘する（高坂 2020）。ヒマラヤでは、使用済み酸素ボンベや登山装備などのゴミや排泄物が放置され、近年の気温上昇により氷が溶け出すとともに氷結していたゴミが露出し、環境汚染が深刻化している。また、遭難死した少なからぬ遺体も放置され、登山者はこれらを避けて通らねばならない。登山手配会社が競争することで登山ツアーが低価格化し、登山者が増加したことで技術や経験不足のガイドやスタッフも増加した。その結果、これらの人々の生命がますます危険にさらされるようになっている。

このようなオーバーツーリズム状況が 20 年以上続いているのは、ネパールにおいて、エヴェレスト登山が 1 人 1 万 US ドルの登録料をはじめ外貨獲得源や雇用機会として期待されているからである。ただ商業化されて混雑するエヴェレストを嫌う登山者も多く、ネパール政府はヒマラヤの入域規制していた地域を開放することで特定地域への集中を軽減させることや、技術や経験不足の登山者による遭難事故を防ぐために登山許可証交付要件の厳格化を検討している。また、政府は、2014 年に自らの出したゴミ以外に 8 kg のゴミの回収を義務づけた。しかし、自身の荷物をスタッフに運ばせるような登山者は、ゴミを持ち帰ることより、1 登山隊あたり 4000 US ドルの預託金没収を選ぶ。こうした事態に対し、ネパール内外の登山関係者が、清掃活動を目的とした登山ツアーを催行するなど問題解決に取り組んでいる。

●抗議デモが起きた地中海沿岸の街ヴェネツィア

水の都として知られるヴェネツィアは、古くから観光都市として知られてきたが、近年観光客の増加が著しい。その背景に LCC やクルーズ船の増加が挙げられ、訪問客層もブラジル、中国、ロシアからの観光客が急増するようになった（UNWTO 2019）。旧市街では Airbnb 利用者の増加とともに B&B（小規模宿泊施設）が増加した。また不動産価格が高騰し、観光客対象の店舗が増加する一方で、地域住民の生活必需品を扱う店舗が減少した。気候変動にともなう高潮への危機感の高まりもあり、1950 年に 17 万人であった人口は、2015 年には 4 万 3700 人に減少した（Visentin & Bertocchi 2019）。

地中海沿岸の観光を特徴づける大型クルーズ船は、いわば移動する観光空間であり、巨大で瀟洒な船体には羨望のまなざしが向けられてきた。しかし、年間約600隻のクルーズ船が寄港するヴェネツィアでは、一度に大勢の客を連れてくる大型クルーズ船は観光収容量超過の一大要因とされる。また、巨大な船体が航行するときに生じる波は、水深が浅く地盤が弱いヴェネチアの海底侵食や、歴史的建造物の損壊も引き起こし、船が放出する大量の排水や排気による環境破壊も深刻化している。そして、大型クルーズ船の存在自体が歴史的景観を損ねるとの批判もある。こうしたなか、2019年6月、大型クルーズ船が埠頭と観光用ボートに衝突する事故が発生し、これを契機に大型クルーズ船の入港に反対する大規模な住民運動に発展した。これに対し、イタリア政府は、大型クルーズ船の歴史的地区への入港禁止を発表した。

観光客の急増によって地域住民の生活が圧迫され、観光資源である歴史的建造物や自然環境が破壊されてきたことに対し、誰が責任を負うのか。ヴェネツィアを訪れる観光客は、クルーズ船に宿泊する観光客をはじめ日帰り客が80%を占めており、イタリア政府は2019年から宿泊税に加えて、日帰り客からも訪問税を徴収する方針を発表した（UNWTO 2019）。これまで都市のインフラを享受するだけであった観光客が、観光地に対して責任の一端を担うことが求められるようになったのである。

4．COVID-19によって顕在化した問題

2019年末以降、COVID-19の感染拡大防止のために、世界各地で人々は不要不急の移動を制限された。一時は旅客機もクルーズ船も就航を停止し、観光地から人影が消えた。オーバーツーリズム問題は一気に解消されたかにみえるが、これは持続可能性を念頭においた計画的な観光縮小ではない（Romagosa 2020）。観光客不在により、閉業に追い込まれた観光関連産業や失職した人々も少なくなく、観光地は新たな危機に直面している。

観光地の持続可能性に着目すると、オーバーツーリズムを惹起するグローバルな移動の増大と、COVID-19感染拡大防止のための強制的な移動の停止は、表裏一体の問題にみえてくる。つまり、ローカルな観光地の生命線を握る観光客の多寡は、グローバルな人々の移動の管理の問題でもあった。

COVID-19によって、観光産業が不要不急の移動によって成り立っていること、そして外部要因に左右されやすいことがあらためて明示された。このような脆弱な側面がある観光産業の従事者は他産業に比べて非正規雇用が多く、第三世界出身者や女性の割合が高い。これらの国家や性別などの社会的境界が顕在化し、格差がさらに拡大することが懸念されている（UNWTO 2020）。

こうした格差をめぐる問題は、COVID-19発生初期に横浜港に係留されていたクルーズ船、ダイヤモンド・プリンセス内でもみられた。船内では、優雅にクルーズを楽しんでいた乗客と、緊急時も業務に就き感染リスクの高い状態に置かれた乗員とが隔離されていた。乗客の半数は日本人で、その他欧米や香港出身者が多く、他方の乗員はフィリピンやインド、インドネシア人が7割を占め、両者の関係はコロニアリズムと批判されてきた構図と重なる。また、各地に寄港しながら移動するクルーズ船は感染症拡大の要因として危険視され、当時航海していたクルーズ船は旗国であっても入港を拒まれることがあった。クルーズ船は、経営効率のために便宜置籍化が進み、運営会社の国籍と一致しないことが多く、通常でも責任の所在が曖昧になりやすい。COVID-19は、開発手段として期待されてきた観光が、このようなリスクと表裏一体に発展してきたことをも浮かび上がらせた（森本 2021）。

COVID-19の発生以降、移動による感染拡大を防ぐために、感染リスクによる国・地域の選別や入国時の検疫が強化されている。国境管理だけでなく、わたしたちの身近な場所でも体温や体調、行動に関するセキュリティ・チェックが常態化している。オーバーツーリズムの要因の1つである人々の移動の管理は、今後、こうしたセキュリティ・チェックを通じて自国／民族中心主義的傾向を助長し、人種や民族差別に接続することが懸念されている。

課　題

1．（本章から考えてみよう）：オーバーツーリズムとCOVID-19による強制的な移動の停止が観光地に与える影響について、共通する問題を指摘しなさい。

2．（調べて考えてみよう）：オーバーツーリズムの事例を取り上げ、いつからどのような問題が生じているのか、それに対しいかなる対策がとられているのか調べ、その要因と対策に対する意見を述べなさい。

文献案内

1．UNWTO（2019）『「オーバーツーリズム（観光過剰）」？——都市観光の予測を超える成長に対する認識と対応　要旨』UNWTO。

2018年に英文で書かれたヨーロッパを中心とした観光都市におけるオーバーツーリズムについての報告書の日本語要旨で、その実態と対策が述べられている。

2．高坂晶子（2020）『オーバーツーリズム——観光に消費されないまちのつくり方』学芸出版社。

オーバーツーリズムの定義とその背景や影響を検討し、国内外の事例を紹介するとともに、それぞれの問題に対する対策を示している。

3．阿部大輔他編（2020）『ポスト・オーバーツーリズム』学芸出版社。

COVID-19による移動停止直前の国内外のオーバーツーリズムの事例を8件取り上げ、オーバーツーリズムとは何であったのか検討し、今後の観光戦略を提起している。

注

1）https://skift.com/2016/08/23/exploring-the-coming-perils-of-overtourism/（2020年7月1日閲覧）。

2）https://ourworldindata.org/tourism（2020年7月1日閲覧）。

3）https://www.adventureconsultants.com/expeditions/seven-summits/everest/（2020年7月1日閲覧）。

参考文献

◎高坂晶子（2020）『オーバーツーリズム——観光に消費されないまちのつくり方』学芸出版社。

◎森本泉（2021）「「不要不急」の移動を再考する——COVID-19と観光とクルーズ」『PRIME』44。

◎ Dodds, R. & Butler, R. ed.（2019）*Overtourism: Issues, realities and solutions*, De Gruyter Oldenbourg.

◎ Milano, C., Cheer, J., & Novelli, M. ed.（2019）*Overtourism: Excesses, discontents and measures in travel and tourism*, CABI.

◎ Romagosa, F.（2020）The COVID-19 crisis: Opportunities for sustainable and proximity tourism, *Tourism Geographies*. DOI: 10.1080/14616688.2020.1763447.

◎ UNWTO（2019）『「オーバーツーリズム（観光過剰）」？——都市観光の予測を超える成長に対する認識と対応　要旨』UNWTO。

◎ UNWTO（2020）*UNWTO World Tourism Barometer May 2020 Special focus on the impact of COVID-19*, UNWTO.

◎ Visentin, F. & Bertocchi, D.（2019）Venice: An Analysis of Tourism Excesses in an Overtourism Icon, in Milano, C., Cheer, J., & Novelli, M. eds. *Overtourism*.

◎ Wheeler, T.（2019）Foreword, in Milano et al. eds.（2019）.

◎ Williams, S.（1998）*Tourism Geography*, Routledge, London.

訪日観光客とテーマ化する温泉旅館

日本を訪れる外国人の数は 1964 年以降順調に伸び続け、2019 年には最多の 3188 万 2000 人（日本政府観光局資料）を記録した。訪日観光客（以下、訪日客）の旅行形態が多様化するなかで、国内の観光地では宿泊施設の整備をはじめ、サービスの多様化・高度化が求められてきた。観光施設には多言語表記や QR コードのついた看板が増え、浮世絵など日本の伝統文化を外観や内装のデザインに取り入れた宿泊施設や飲食店を見かけるようになった。このように訪日客の存在は、これまで国内観光客に利用されていた観光空間のあり方を変える要因の１つだと考えられる。本コラムでは、長野県下高井郡山ノ内町・渋温泉にある小石屋旅館（以下、小石屋）の改修事例を取り上げ、訪日客の存在が地方温泉地を変化させている一局面をみていく（安江 2020 参照）。

1300 年の歴史をもつとされる渋温泉は、浴衣を着て外湯巡りが楽しめる温泉街である。近年、北米や欧州の客に人気の「スノーモンキー」（地獄谷野猿公苑）の情報発信に力を入れており、2019 年の山ノ内町の外国人宿泊者数の 48.3％がヨーロッパ・北米・オセアニアからである。1928 年創業の小石屋は、2013 年の事業停止後、現経営者によって 2015 年に同じ旅館名称で訪日客を主なターゲットとして再開業され、高評価を得ている。では、どのように小石屋が訪日客向けに改修され、情報発信がされているのか、まずは広報素材からみていこう。

小石屋の HP[1)] には和風様式の趣のある外観や和室の写真が掲載され、その建物は、「The building of Koishiya Ryokan was built 90 years ago as a traditional Japanese style hotel.」（下線筆者）と紹介される。また、宿泊予約サイトでは、改修前の昭和時代を感じさせる白黒写真が掲載され、建物は「伝統」的な「日本の建築様式」であり、「歴史」を感じさせる温泉旅館滞在を訪日客に期待させている。

旅館の外観には大きな改修はなく、内部は大広間や一部の和洋室、水回りは改修されたが、それ以外の和個室、廊下、階段は昭和時代の温泉旅館の趣が残されている。次の間を有する和個室、室内の家具、調度品、布団、浴衣はもちろん、廊下の足音や路地裏の話し声が聞こえる襖や障子で緩やかに外部と区切られた空間は、視覚的な「日本」らしい記号とあわせて聴覚、触覚をも刺激する。温泉入浴や旅館滞在は訪日客に人気の文化体験であるが、彼らの期待に応えうる「日本の温泉旅館」の演出と実際の環境が提供されているといえよう。

一方で、小石屋は「１泊２食付き」と内湯の組み合わせが主流の従来の温泉旅館滞在のあり方から逸脱し、素泊まりが可能、内湯はなくシャワールームが整備されている。畳敷きの大広間からログハウス風に改修された館内のカフェ・レストランで食事を提供し、客室タイプは和個室・和洋室に加えて相部屋を整備して、１人１泊 3000 円からの宿泊商品を提供する。歴史を感じさせる正面玄関には、英語で書かれたブラックボードが置かれ、カフェ・レストランは宿泊客だけでなく誰もが利用できる、より公共性のある空間に変化した。再開業した小石屋は、営業形態は旅館営業であるが、その業態と空間的特徴からは「旅館風ゲストハウス」と呼ぶのがふさわしい。豪華な食事が提供され和装の女将や仲居がもてなす日本の温泉旅館とは一線を画しているのは明らかである。

商業施設やテーマパークにおいて「古代ローマ」や「西部開拓時代」などのあるテーマや物語を、その物理的な環境だけでなくそこで働く従業員の接客の行動原理にも適用することをテーマ化という（ブライマン 2008）。アーリとラースンは、テーマ化された空間は、「期待に反しないよく知られた記号を通して基本的には視覚に働きかける」（アーリ・ラースン 2014）と述べ、観光客の期待に十分に応えようとする、ときには本物よりも本物らしい環境がテーマ化された空間といえる。

小石屋は訪日客にとって「日本の温泉旅館滞在」が巧みに演出されたテーマ空間である。しかしながら、同旅館が訪日客から高評価を得ているのはそのためだけではない。地産地消を掲げ、西洋式の食事を提供するカフェ・レストラン、ポロシャツを着用し英語で気さくに接客する従業員、欧米系の訪日客やグローバルに広がる都市型の生活スタイルに慣れ親しんだ観光客にとって一時的に日常に戻れる一種の飛び領土的空間（Edensor 1998）として機能していることも一因である。記号で満たされたこのテーマ空間は、伝統的な温泉旅館滞在と現代都市型の消費スタイルという、相反する2つが矛盾なく受け入れられている、いわば差異が無効化した空間ともいえるだろう。

日本人客が主流であった国内観光地に訪日客という新たな主体が出現することで、記号であふれつつも差異が無効化した空間が観光地に形成されていく。この空間の副産物は、昭和時代に形成された日本の温泉旅館滞在のあり方を揺るがすことかもしれない。小石屋には簡素化された旅館滞在を高評価する日本人客も訪れている。今後、この新しい滞在のあり方が日本人客にも普及するのであれば、訪日客とは、風情のある温泉地の景観を維持したまま、日本人客の温泉旅館の滞在スタイルさえも変化させる力の1つだといえるのではないだろうか。

注

1）小石屋旅館ホームページ http://yadoroku.jp/koishiya/［最終閲覧日 2020.09.26］

参考文献

◎アーリ、J.・ラースン、J.（2014）『観光のまなざし［増補改訂版］』加太宏邦訳、法政大学出版局。
◎ブライマン、A.（2008）『ディズニー化する社会——文化・消費・労働とグローバリゼーション』能登路雅子監訳、森岡洋二訳、明石書店。
◎安江枝里子（2020）「訪日外国人観光客のまなざしを意識した温泉旅館のテーマ化」『杏林大学外国語学部紀要』32。
◎ Edensor, T.（1998）*Tourists at the Taj*. London, Routledge.

第Ⅳ部

隣接領域の視座から観光地を読み解く

16　観光社会学

社会的《ソーシャル》なものの相貌を映し出すディズニーリゾート

遠藤英樹

観光をめぐっては、3つの立場がある。第1にそれは、「観光客（ゲスト）」である。しかし観光には別の立場も必要である。それは旅行会社・宿泊業者・交通業者などをはじめとする「プロデューサー（観光を制作する者）」、そして「地域住民（ホスト）」である。

観光社会学にあっては、観光客とプロデューサー（観光を制作する者）と地域住民、それぞれの立場や相互関係のもとで、観光現象がいかに生成するのかが考察される。ただしここで強調しておきたいことは、これらの現象は決して「社会のあり方」と無関係に生成するのではないということである。観光現象は、自我、ライフスタイル、階層、ジェンダー、文化、メディア、地域・都市、伝統、宗教、グローバル世界など多様な領域においてみられる「社会的《ソーシャル》なもの」と交差しつつ生成するのである。

そのためもあって観光社会学が取り扱う対象は、非常に幅広い。例えば「メディアと観光」「テーマパーク」「コンテンツ・ツーリズム」「ミュージック・ツーリズム」「ダークツーリズム」「サスティナブル・ツーリズム」「まちづくり」「観光というグローバルな移動《モビリティ》」「伝統的な舞踏や祭り」「アート・ツーリズム」「スポーツ・ツーリズム」「食と観光」「宗教と観光」「ホスピタリティ産業における仕事」など、多種多様な現象が観光社会学の対象となる。これらが共通して目指すのは、〈観光を通して現代における社会的《ソーシャル》なものの相貌を映しだす〉ということである。本章ではそのすべてを紹介し尽くすことはできないが、ディズニーランドという観光地を中心的な事例として挙げ、観光社会学の議論の一端にふれていただき、その面白さを味わっていただきたいと思っている。

1.「本物／偽物」論を越えて──シミュレーション論の、そのさらなる先へ

アメリカ合衆国の社会批評家であるダニエル・ブーアスティンは、『幻影の時代』（1964年）という本のなかで、現実よりも雑誌、テレビ、映画、広告といった複製技術メディアで描き出されたイメージのほうが力をもつという現象を「擬似イベント」と名づけている。現実やオリジナルではなく、現実やオリジナルをわかりやすくドラマティックに演出しながら伝えてくれる「擬似イベント」のほうに私たちは深いリアリティ（現実感）を抱きはじめるようになっている。ブーアスティンは、このような現実感覚の揺らぎが進行していることを指摘した。

その際、彼は観光を事例の1つに取り上げ、観光地の本当の姿、本当の文化よりも、観光パンフレット、観光情報誌、映画、テレビなどのメディアによるイメージのほうに観光客は惹かれるようになっており、そうしたイメージを確認するために現実の観光地へ出かけているのだという。

だがはたして、観光とはメディアによってつくりあげられた複製品、偽物、擬似的なものを楽しみに行くだけのものなのだろうか。観光社会学者ディーン・マキァーネルは、その著『ザ・ツーリスト』（2012年）においてブーアスティンの主張を批判している。

マキァーネルによれば、観光客たちは、つくりあげられ飾り立てられた観光空間を望んではおらず、観光地で暮らす人々の本物の暮らし、本来の何も手が加えられていない真正《オーセンティック》な文化を経験したいという、真正《オーセンティシティ》なものに対する願望に駆りたてられているとされる。ただし観光客が見たり経験したりしたものがはたして本物かどうかは、結局のところ確かめられはしない。これこそが本当の暮らしぶりや文化だと思っていたのに、じつは、観光客が訪問してもよいように演出されている場合もある。マキァーネルはこうした状況を「演出された真正性《オーセンティシティ》」と呼ぶ。彼は、観光客が本物と偽物（演出）が交差する、メビウスの輪のようにねじれた空間を旅しているのだという。

しかし観光状況においては、以上の議論にとどまらない事例が数多くある。

ディズニーランドはその代表的な事例である。この場所には、本物／偽物、オリジナル／複製といった区別にはとどまらない観光社会学の論点が凝縮されている。

フランスの社会学者・思想家・哲学者であるジャン・ボードリヤールは、すべてがメディアと結びつき、すべてがオリジナルなきコピーとなった世界を、「シミュレーション」と呼び、これを現代社会の特徴だと考える（ボードリヤール 1984）。その際、彼は、ディズニーランドを「シミュレーション」の代表的な事例の１つとして挙げている。園内では、ミッキーマウスやミニーマウス、スティッチたちが歩いて手をふってくれるが、彼らはあくまで、メディアで描かれた夢の存在である。ディズニーランド全体が、ディズニー・メディアで描き出されたファンタジーのイメージに沿って創造＝再編されているのである。

東京ディズニーリゾートに行って「本物のミッキーマウスなど、どこにも存在しない！」と叫んでみても、何の意味もありはしない。観光客は、ディズニーリゾートの世界すべてが現実のものではないファンタジーの領域にあることを承知していて、そのことを楽しんでいる。観光客はそうしたファンタジーの世界を、“あえて「本物」とみなしている”のであって、「本物／偽物」「オリジナル／複製」という区別に何の興味ももってはいない。彼らがミッキーマウスからではなく、ミッキーマウスの着ぐるみを着たキャストから、サインをもらって喜ぶことができるのはそうした理由からである。

ディズニーランドはたしかに、ファンタジーに彩られた「シミュレーション」の世界を形成している。しかしながら同時に、この場所は、単にメディアによって形成された「シミュレーション」であるというだけにはとどまらない要素も数多くもっている。ディズニーリゾートには、この場所のファンタジー性を支えるための仕掛けが、ファンタジーの世界、「シミュレーション」の世界の背後にあって、蜘蛛の糸のようにさまざまなかたちで縦横にはりめぐらされているのである。

例えば東京ディズニーランドでは、周りの道路や鉄道、住宅などが見えないように盛り土をされ木が植えられ（「バウム」といわれる）、訪問者が日常の世界に引き戻されないでファンタジーの世界だけに浸れるようにされている。また、人々があちらこちらから入ってくることが絶対にできないように、入口はエントランス・ゲートの1か所のみにとどめられている。園内に入るときには必ずここを通らなくてはならないようにされ、日常世界との接点を必要最小限に抑えられている。

「ワールドバザール」エリアには、建物の大きさや道路の幅についてもある仕掛けがある。そこでは遠近法による錯覚を用い実際よりも通りを長く見えるように、中に入っていけばいくほどに建物が小さく、道路は細くなるようにつくられている。さらに「シンデレラ城」が真正面に見えるように配置され、それを目指して遠近法の錯覚で長く見える通りを歩きながら、訪問者たちは、少しずつ日常の世界を離脱しファンタジーの世界へと没入していくことができるようになっているのである。

それぞれのテーマパークの空間配置についても、工夫がなされている。ディズニーのテーマパークは、日常世界の接点であるエントランス・ゲートから中に入り、シンデレラ城に近づくにつれて、日常性からファンタジー性へと変化している。シンデレラ城に向かってセントラル・ゾーンを左側に行くと「アドベンチャーランド」「ウエスタンランド」等の「過去」をイメージさせるテーマパークが、右側に行くと「トゥモローランド」等の「未来」をイメージさせるテーマパークが配置されている。

このようにディズニーリゾートのファンタジー性は、リアルな仕掛けにつねに支えられていることがわかる。「シミュレーション」は、必ず実在的でリアルな部分を介在させている。ディズニーリゾートでは、「シミュレーション」＝ファンタジー性が、「リアルな仕掛け」と密接に絡みあいながら実現されていて、「シミュレーション」をとらえようとするときには、その背後の観光のプロデューサーによる「リアルな仕掛け」をとらえていく必要がある。

さらにディズニーランドという「シミュレーション」は、アメリカ文化と切り離せない関係にあることも忘れてはならない。これについては、能登路雅子というアメリカ研究の研究者が『ディズニーランドという聖地』(1990

年）という著書のなかで詳しく論じている。そのことは，1955年世界ではじめてロサンゼルス郊外アナハイムにおいてディズニーランドが開園したときに，ウォルト・ディズニーが行ったスピーチでもわかるだろう。

> この幸せあふれる場所においでくださった方々，ようこそ。ディズニーランドは，あなたの楽園です。（……）ディズニーランドはアメリカをつくりあげてきた理想，夢，つらかった現実にささげられるものです。

このスピーチは，ディズニーのアニメ映画などで描写されるアメリカ合衆国の夢や理想が，ディズニーランドというかたちで三次元化された記念すべき瞬間のスピーチである。ディズニーは，アメリカ合衆国の価値観・世界観を全世界に発信し続け，アナハイム・ディズニーランドを開園させて以降も，それを，フロリダのウォルト・ディズニー・ワールド・リゾート（1971年開園），東京ディズニーリゾート（1983年開園），ディズニーランド・パリ（1992年開園），香港ディズニーランド（2005年開園），ハワイのアウラニ・ディズニー・リゾート（2011年開園），上海ディズニーリゾート（2016年開園）へと拡げていったのである。

2．人とモノの関係を問い直す――ダッフィーやシェリーメイと一緒に歩く

だが東京ディズニーリゾートという観光地は，それだけにとどまるものではない。たしかに，それは，メディアによってつくられたシミュレーションとして，アメリカ合衆国の価値観・世界観を拡散させ，アメリカ文化の象徴となっている。しかし同時に，ゲストたちは，その場所で，自分たちで自由に，さまざまな遊び方を発明していく。ディズニーリゾートは，そうしたパフォーマンスが展開される場所になっているのである。

そのことを考えるうえで，ダッフィーやシェリーメイというキャラクターを事例にするとわかりやすいだろう。これらダッフィーやシェリーメイにおいて非常に興味深いのは，それらがまるで生きているかのように訪問客たち

が接している点である。フィールドワークのときも、ディズニーシーのグッズストアには、ダッフィーやシェリーメイのぬいぐるみを購入しに来た訪問客たちであふれかえっていたが、そこで彼らは、たくさんあるぬいぐるみのなかで「“この子”が可愛い！」「“この子”が、私を“呼んでいる”！」「“この子”、あんまり私と“合わない”」と口々に言いあいながら、ぬいぐるみを選んでいた。

もちろんたしかに、ぬいぐるみといえども、縫製の仕方で少しずつ、かたちや顔つきが違っていたりする。だがここで注目すべきはそのことではなく、ぬいぐるみを「この子」と表現したり、「私を呼んでいる」という言葉を口にしたりしていることである。ゲストたちは、まるでダッフィーやシェリーメイが生きて彼らに対して働きかけを行っているエージェント（行為者）であるかのように、それらぬいぐるみに対して接しているのである。

それとともに、東京ディズニーリゾートのゲストたちのなかにはアトラクションを楽しんだりするのではなく、ダッフィーやシェリーメイのぬいぐるみをもってパーク内をただ散歩することが好きという人も出てきている。彼らは、ときに自分のぬいぐるみをスマートフォンで撮影しインスタグラムにアップし、「ぬい撮り（ぬいぐるみ撮り）」をしたりしながら、まさにパーク内をダッフィーやシェリーメイをはじめ「この子たち」と「お散歩」をするのである。東京ディズニーシーのゲストたちは、アトラクションに乗ったり、パレードを見たりするといったディズニー側が提供する遊び方ではなく、パーク内を「ダッフィーやシェリーメイと一緒に歩く」という彼ら自身の遊び方で、この場所を楽しんでいる。

このことを、アクターネットワーク理論を用いて考えてみたい。アクターネットワーク理論とは、フランスの哲学者・社会学者・人類学者であるブリュノ・ラトゥールが考えた理論である（ラトゥール 2019）。ラトゥールは、モノというのは単なる客体ではなく、行為者として、人・社会と密接にかかわっているのだと主張している。人とモノは深く絡まりあいながら、相互に「行為者（エージェント）」としてネットワークで結びつけられてきたのだという。ダッフィーやシェリーメイたちキャラクターも、そうである。ダッフィーやシェリーメイというぬいぐるみ＝モノは、人であるゲストやキャスト、スマートフォンなどのメディア、運営会社などの組織などと結びつきネットワークを形成しながら、ディズニーシーという非日常的な空間を構築しているのだ。観光社会学の視点からディズニーランドをとらえるならば、こうした複合的なネットワークの総体として観光をとらえ返していくこともできる。

3．トランスナショナルな文化

それだけではない。「ダッフィーやシェリーメイと一緒に歩く」という遊び方は近年、東京ディズニーリゾートにとどまらない現象となってきている。東京ディズニーリゾート、しかもディズニーシー限定で発売されはじめたダッフィーやシェリーメイがいまや、その場所から飛び出し、香港、ハワイ、上海でも、パーク内をダッフィーやシェリーメイと「一緒に歩く」ことを楽しむゲストたちが多くみられるようになっているのだ。

アメリカ文化の象徴として、メディアによってつくられたシミュレーションの場所である東京ディズニーリゾートは、ダッフィーやシェリーメイのぬいぐるみと「一緒に」パーク内をただ「お散歩」するというゲストたちの遊び方を生み出し、現在そのパフォーマンスを全世界に拡散させている。アメリカ文化の象徴としてはじまったはずのディズニーパークが、アメリカにはない、東京限定のローカルなぬいぐるみを生み出し、そのぬいぐるみというモノを用いて、独自の遊び方を日本で発明し、脱「アメリカ文化」的かつ脱「ディズニーランド」的ともいえるような、新たなパフォーマンスをゲストが発明するのを許容したのである。

ただし、ここで注意しておくべきことがある。それは、香港、ハワイ、上海においてはダッフィーやシェリーメイと「一緒に歩く」という遊び方が観察できるのに対して、アメリカ合衆国のアナハイム、フロリダ、フランスではほとんど観察できないということである。それは、それぞれの国家・社会が日本に対して、逆に日本がそれぞれの国家・社会に対してまなざす欲望・利害・関心と緊密に結びついていることをうかがわせるのではないだろうか。

「日本に向けられる／日本が向ける」まなざしに内在する、さまざまな欲望・利害・関心が重なり、ねじれあい、「トランスナショナルな文化」が形成されているからこそ、そうした差異が見て取れるのである。

以上のように観光社会学の視点からディズニーランドという観光地を考えるだけでも、メディアとのかかわり、観光産業がほどこしているリアルな仕掛け、アメリカ文化、人とモノの関係性、トランスナショナルな文化のあり方など、現代における社会的《ソーシャル》なものの相貌を幅広くかつ深く掘り下げて考えることができるようになるのだといえよう。

課　題

1.（本章から考えてみよう）：ユニバーサルスタジオなど他のテーマパークの事例についても考えてみよう。

2.（調べて考えてみよう）：東京ディズニーランドをつくることで、千葉県浦安市の地域がどのように変わっていったのか調べ、観光開発が地域にどのような変容をもたらすのかについて考えてみよう。

文献案内

観光社会学をもっと知りたくなったら、以下の文献も読んでほしい。ディズニーランド以外でもさまざまなことを扱いながら、観光を通して現代における社会的《ソーシャル》なものの相貌を映そうとしている観光社会学のことがもっとわかるようになるだろう。

1．安村克己・堀野正人・遠藤英樹・寺岡伸悟編著（2011）『よくわかる観光社会学』ミネルヴァ書房。

2．遠藤英樹・寺岡伸悟・堀野正人編著（2014）『観光メディア論』ナカニシヤ出版。

3．遠藤英樹・橋本和也・神田孝治編著（2019）『現代観光学――ツーリズムから「いま」がみえる』新曜社。

参考文献

◎能登路雅子（1990）『ディズニーランドという聖地』岩波書店。

◎ブーアスティン、D. J.（1964）『幻影の時代――マスコミが製造する現実』星野郁美・後藤和彦訳、創元社。

◎ボードリヤール、J.（1984）『シミュラークルとシミュレーション』竹原あき子訳、法政大学出版局。

◎マキャーネル、D.（2012）『ザ・ツーリスト――高度近代社会の構造分析』安村克己・須藤廣・高橋雄一郎・堀野正人・遠藤英樹・寺岡伸悟訳、学文社。

◎ラトゥール、B.（2019）『社会的なものを組み直す――アクターネットワーク理論入門』伊藤嘉高訳、法政大学出版局。

観光の再帰性

観光地の魅力や価値とは何だろう。自然のはたらきが形成した奇観やダイナミックな風景。国宝や世界遺産などの制度によって太鼓判を押された伝統的な建造物や町並み。地域の歴史や文化が深く刻印された独特の風習や祭礼。観光とは、自然や人間の営みがもたらす地域固有の価値を資源化し、まなざすことであると長らく考えられてきた。しかし、よくよく観察してみると、必ずしもそうとは限らないようだ。観光地や観光対象の価値について、もう一歩進んで考えてみよう。

観光社会学の代表的な研究者であるジョン・アーリは、その主著『観光のまなざし』において、集合的まなざしという概念を提起した（アーリ 1995）。集合的まなざしは、他者の存在を必要とする。「自分と同じような他の“ツーリスト”がいること」が、その場に「カーニバル的な雰囲気」を与える。ここでは観光地や観光対象の価値は観光という営みの外にはない。観光に訪れる人が多いという認識が、観光の価値を左右しているのだ。堂々巡りともいえるこのような循環を、社会学では再帰性と呼ぶ（ベックほか 1997）。再帰性とは、ある現象をめぐる知識や認識が、まわりまわって現象に影響を与えるような事態を指す。近年では、再帰的な観光が急進化している。

東京・渋谷のスクランブル交差点を例にとって考えてみよう。YouTube で Shibuya Crossing と検索してみるとよい。日本にやってきた外国人観光客による投稿がつぎつぎと見つかるだろう。ここは、いまや日本を代表する観光スポットである。渋谷スクランブル交差点にやって来る彼らを魅了しているのは、「世界中から観光客を集める場所」としての渋谷である。文化財も青い海も白い砂浜もない。多くの観光客がやって来るという認識こそが決定的に重要である。ここはまさしく再帰的な観光地だ。

逆のパターンも考えてみよう。「ガイドブックに掲載されていない」「観光コースから外れている」「観光客にはまだ知られていない」というフレーズには、抗いがたい魅力がある。人里離れた秘湯、隠れ家レストラン、路地裏のカフェなど、王道から外れた秘境的なイメージは、観光における１つの価値だ。アーリはこのような「他のツーリストがいないこと」を重視するような観光のあり方を、（集合的まなざしとの対比で）ロマン主義的まなざしと名づけた。観光の価値を規定しているのは、観光資源そのものの魅力であると同時に（あるいはそれ以上に）「ツーリストが少ない」「私だけが来ている」といった卓越性の認識や感覚である。ここでも観光が参照するのは、観光それ自体である。

観光客の多寡だけが問題なのではない。吉田拓郎が作曲し森進一が歌った名曲「襟裳岬」（といっても若い読者にはピンと来ないかもしれないので YouTube などで調べてみてほしい）には、「襟裳の春は　何もない春です」という印象的なサビがある。この曲をきっかけとして、襟裳岬はかえって有名になった。ほんとうに

「何もない」のかを確かめるため、怖いもの見たさに多くの人々が襟裳岬まで足を運んだのである。ここでは「魅力のなさ」が魅力になっている。

茨城県と栃木県が魅力度ランキング最下位を争って（？）いることが話題になったが、県民はどうせなら最下位を望んでいるに違いない、などと予測するのはひねくれすぎだろうか。日本で最も暑いとされる埼玉県熊谷市や、最も寒いとされる北海道占冠村は、観光の観点からすれば注目の町だ。地域の魅力のなさも、極端な暑さや寒さも、観光の文脈では魅力的なネタになる。実際、がっかり観光地は、ちゃんと「がっかり」できるという観光の再帰的な楽しさを確約してくれる、立派な人気観光地である。このような論理を逆手にとって、広島県は「おしい！広島県」という自虐的なPRを打ちだした。襟裳岬でも広島県でも、地域の資源そのものの価値が低いことがかえって価値を生んでいる。このような逆説に、社会学は再帰性を見出す。

ふたたび観光客の数に話を戻そう。新型コロナウイルス感染症のただなかにおいて、東京ディズニーランドやユニバーサルスタジオジャパンなどの人気観光地では、人数制限や事前予約制などの措置がとられた。アトラクションの待ち時間が少なく、普段よりも満喫できたとの高評価に埋もれがちではあるが、何となく物足りなかったという声も聞こえてくる。来場者であふれかえっている状態は、集合的まなざしの観点からすれば観光的価値を高めるものだ。「カーニバル的な雰囲気」を失った観光地は、たしかにどこか淋しげだ。

観光客は他の観光客の数にますます敏感になり、インスタグラムなどのSNSはその傾向に拍車をかけていく。観光地は観光客の多寡について能弁に語りはじめる。コロナ前はインバウンド客で賑わった京都嵐山では、激減した観光客を呼び戻すべく「人間よりサルのほうが多い」というシニカルなポスターが作成された。そこには観光客が少ないため歩きやすいという実利性に加えて、人の少ない嵐山を歩くという貴重な観光体験への誘いが潜んでいる。単に「嵐山に行くこと」ではなく、「いつもとは違う嵐山に行くこと」が宣伝されているのだ。観光地の価値は観光という営みの内部でぐるぐると循環する。私たちはますます観光を観光する。再帰的な観光の時代だ。

参考文献
◎アーリ、J.（1995）『観光のまなざし――現代社会におけるレジャーと旅行』加太宏邦訳、法政大学出版局。
◎ベック、U.・ギデンズ、A.・ラッシュ、S.（1997）『再帰的近代化――近現代における政治、伝統、美的原理』松尾精文・木幡正敏・叶堂隆三訳、而立書房。

17 観光人類学

観光と文化をめぐる動態への多様なアプローチ

鈴木涼太郎

文化人類学は、対象地域に長期滞在しながらフィールドワークを行い、文化という側面から人間を理解しようとする学問分野である。調査者が現地の言語を習得しながら参与観察やインタビューを行う人類学的なフィールドワークにおいては、対象となる人々とともに暮らしながら、日常生活の多様な側面にかかわるデータを収集することがめざされる。そこで収集された情報を分析するうえでは、「当事者の視点」から対象となる文化を理解すること、比較を通じて自文化を相対化すること、経済や宗教、政治などといったさまざまな要素を個別に分析するのではなく、それら相互の関係性を視野に入れ全体論的に対象社会を把握することが重要視され、その成果は民族誌（エスノグラフィ）としてまとめられる。

このように、特定の地域を対象としてフィールドワークを行うという意味において、文化人類学は地理学とも重なりあう問題関心や研究手法を多数有している。そこで本章では、観光現象を対象とした人類学的研究の展開と変遷について整理し、観光地理学を学ぶ人々に参照可能な議論やトピックをやや駆け足ではあるが紹介することとしたい。

1．観光人類学の誕生

●文化人類学と観光の「距離」

海外旅行はもちろん国内旅行においても、観光客は観光地の文化に触れる機会をもつ。そしてその文化は、世界文化遺産に登録されているような歴史的建造物のみならず、衣食住をはじめ地域で暮らす人々の日常生活のあらゆる側面にかかわるものでもある。その意味で観光現象と文化人類学は、密接なかかわりを有しており、異文化を研究対象として理解しようとする人類学者と、「楽しみ」として消費する観光客は、一見したところ相似ともいえる関係にある。

だがこのことは、かえって人類学者が観光という研究対象を敬遠する結果につながっていた感も否めない。というのも、長期にわたってフィールドに滞在しながら「真面目に」異文化を研究する人類学者にとって、「楽しみ」のため、あるいは「遊び」のために地域を短期で訪問し、文化的な経験を金銭の支払いの対価として消費する観光客の振る舞いは、自らの研究活動と対極に位置するものであり、研究対象となる文化の変化をもたらす邪魔者ととらえられたからである。ホームから異郷へと移動して異文化を体験するという意味では同じであっても、文化に対する姿勢が大きく異なっており、それゆえ両者には「距離」が置かれていたのである。

また観光研究一般に目を向けてみると、20 世紀初頭からその問題関心の中心は、観光産業の発展をはじめとした観光の経済的側面に置かれており、文化を研究する学問分野がそこで存在感を発揮することはなかった。結果として、観光現象を対象とした人類学的研究は、人類学においても、また観光研究においても、1980 年代に至るまで研究成果の蓄積は、限られたものであった。

● *Hosts and Guests* と観光人類学の誕生

観光現象を対象とした人類学的研究、すなわち観光人類学の端緒となったのは、1977 年に初版が出版された古典 *Hosts and Guests*（『ホスト・アンド・ゲスト』）である。同書は、1974 年にアメリカ人類学会研究大会と共同開催された学術シンポジウムをもとに 1977 年に出版され、1989 年には第 2 版が出版されている（スミス編 2018）。編者のスミスが初版の冒頭でその背景について述べているように、1974 年は世界観光機関（WTO、現国連世界観光機関：UNWTO）が発足した年であり、マス・ツーリズムの世界的拡大が顕著な時期であった。そのような背景のもと、人類学者たちは、自らのフィールドにおける文化の分析において観光現象を視野に入れる必要に迫られたのである。この論集は 14 人の人類学者による多彩な論考によって成り立っており、特定の論点に収斂するものではない。だが、そのなかでのちに多くの研究に参照されたのは、文化の商品化と真正性をめぐる問題をはじめ、世界各地に押し寄せる大量の観光客たちが、人類学者がフィールドとする地域の文化に与えるインパクトについて批判的に論じる研究であった。

観光地となった地域の文化は、民俗芸能のようなパフォーマンスであれ、地域独特の住居をはじめとした建造物や手工芸品のような物質文化であれ、観光客に向けて商品化される過程においてさまざまな改変が加えられる。各観光地では、観光客向けのショーにおいて芸能の上演時間が短縮されたり、観客に人気の演目や所作が誇張されたり、あるいは表面上の特徴をなぞっただけの建築意匠がホテルやみやげ物店に流用されたりする事例を多く目にすることができる。このような文化の商品化のあり方は、当該の文化が本来有していた意味や価値を損ない、真正性を消失させるものととらえられた。

観光研究の発展過程を整理したジャファール・ジャファリによれば、観光人類学は1960年代に登場した観光産業の発展を肯定的にとらえる「擁護型」の研究に次いで登場した、「警告型」の研究として位置づけられる（Jafari 2000）。観光人類学は、観光が地域に対して負のインパクトをもちうることを指摘することで、観光研究に新たな論点をもたらした。そして観光を対象とした研究が、観光産業のみならず、文字通りホストとゲスト、観光客とそれを受け入れる地域の相互作用の過程も視野に入れて行われる必要があることを示したのである。*Hosts and Guests*の出版から40年以上が経過したとはいえ、地域に暮らす人々の立場から、あるいは観光産業の経済的な利潤の追求ではなく文化の側面から観光現象をとらえようとする視座自体は、現在に至るまでの観光人類学において基調となっているといえるだろう。

2．文化論的転回と観光人類学

●文化本質主義批判と観光人類学

1990年代に入ると、世界的に観光現象を対象とした多様な人類学的研究が蓄積されていく。日本においても人類学者による観光をテーマにした論集が編まれたり、入門書的な性格をもった書が出版されたりするなど、本格的な研究が開始された（石森編 1996；山下編 1996）。マス・ツーリズムの進展とともに、観光開発の波が世界中に押し寄せ、もはや観光客がまったく訪れないような土地は存在しない。かつて人類学者が観光客に対して置いてきた「距離」は必然的に縮まり、「遊び」ではなく「真面目に」地域の文化を研究する人類学者が「純粋な文化」を求めるがゆえに排除してきた観光は、地球上をあまねく覆う資本主義経済や「近代」の象徴であり、それゆえ文化動態の現在を描き出すために必要な研究対象となったのである。

1980年代以降の人類学においては、文化を連綿と受け継がれてきた固有で不変の本質を保持する存在として描いてきた文化本質主義に対する疑義が次々と提示されることになった。長きにわたる歴史をうたう「伝統」がじつは近代の産物であったことを明らかにした「伝統の創造」論（ホブズボウム・レンジャー編 1992）とも共鳴しつつ、文化をその担い手が操作可能な存在として描く「文化の客体化」論（太田 1993）や、文化を近代化とともに消滅するものとしてではなく、混交しつつ新たに創造されるものとして描き出す文化の生成論をめぐって活発な議論が交わされた。

この文脈において観光現象は、文化本質主義を批判し、文化の構築性や操作性を論じるうえで格好の事例を提供することとなった。先にも述べたように、観光の場では、従来「伝統的」とされてきた文化要素やパフォーマンスが、観光客に向けて操作的に改変され商品として提供される。文化が不変ではなく、つねに担い手の人々が時代や環境の変化のなかで取捨選択しながら構築していくものであるとすれば、観光の場で商品化され、再構築される文化もまた地域の人々の文化であることに変わりはない（ブルーナー 2007）。インドネシア・バリ島を事例に山下が論じているように、「神々の島」バリを象徴する民俗芸能をはじめとした伝統文化は、近代以降、オランダによる植民地支配を背景に欧米から訪れた研究者や芸術家、そして観光客との関係のなかで刺激され、再構築されていったものである（山下 1999）。このような、ホストとゲスト双方の異なる文化的文脈が出会うことで創造される「観光文化」（橋本 1999）の考察が、観光人類学の主要な研究テーマとして、国内外さまざまな地域の事例をもとに行われたのである。

●ホストとゲストの不均衡な力関係

同時に重要なテーマとなったのが、このような文化の構築過程が、ホストとゲストの間の不均衡な力関係のもとで行われている点である。観光はしばしば、経済的に富める国々や地域と貧しい国々や地域、いわゆる「北」と「南」の政治的経済的な権力関係を基盤として生起する。観光産業や観光客がホスト社会に押し付けるステレオタイプ的、オリエンタリズム的イメージや、文化を商品として売買するという営為は、そのようなホストとゲストの間の力関係を前提としたものとして批判的に検討されたのである。

だが一方で、不均衡な力関係があるにせよ、担い手たちが観光という場を利用して行う文化の表象や実践が、観光客によって押し付けられたイメージに対抗し、それらを相対化する契機ともなりうることも指摘される。むしろ観光人類学の研究が明らかにしてきたのは、そのような状況において観光客に向けて再構築され、呈示される文化をめぐる実践が、不均衡な力関係のなかで劣位に置かれた人々が、自らのアイデンティティを構築する抵抗の場としてもとらえられるということであった（太田 1993）。

そしてこのような論点もまた、当時の人類学の理論的関心と重なるものであった。人類学者が「文化を書く」ことが、植民地支配を前提とした権力性をもとに成り立っていた点に自省的な議論が行われるなかで、上記のような権力関係を内包する観光は格好の研究対象となった。つまり、1990 年代以降の観光人類学の発展過程において、文化の構築性や政治性という当時の人類学が関心を寄せていた理論的課題を論じるうえで、観光現象がこのうえない切り口を提供していたという背景が存在していたのである。

さらに、観光の場において文化は（再）構築され、そのプロセスは不均衡な権力関係の網の目にからめとられたものであるという論点は、いわゆる文化論的転回をめぐる議論ときわめて親和的なものである。観光研究において観光開発のマイナスインパクトを告発する「警告型」の研究としてスタートした観光人類学は、地理学も含めた人文社会諸学の理論的潮流とも適合しながら、研究が進展していったのである。

3．観光現象を対象とした人類学的研究の広がり

文化の構築性や権力性について観光を事例に論じる研究は、その後の観光人類学の方向性に大きな影響を与えることとなった。文化人類学の入門的なテキストでも、これら観光人類学の成果が紹介されている。ただし留意すべきは、一連の研究があくまで当時の人類学内部の理論的課題に応答するために観光という事例を参照したのであって、それらの論点が人類学的な視点が観光現象に対して有する可能性のすべてではなかったという点である。

2000年代以降は、より多様な問題関心をもとに、観光現象を対象とした人類学的研究が行われている。例えば、エコ・ツーリズムや地域主体のコミュニティ・ベースド・ツーリズム（CBT）、グリーン・ツーリズムなど、従来型の観光開発の代替的手段として近年の観光研究で注目されている事象を扱った研究も数多い。文化論的転回後の人類学において1つの潮流をなしている、自然と文化の二分法を問い直す存在論的転回をめぐる議論や、それとも深くかかわるアクターネットワーク理論（Actor Network Theory：ANT）を観光現象に適用する研究も少なくない。地域の文化資源を活用した観光のあり方の分析に人類学的な理論を応用して新たな観光学を展望しようとする研究が登場する一方で（橋本 2018）、観光振興を無前提に擁護する観光研究に対してあくまでも距離を置き、それらを組み替える対抗科学として「観光の人類学」を定位しようとする取り組みもなされている（吉田 2013）。研究対象となる地域も、比較的多くの研究が蓄積されてきた東南アジアやオセアニアのみならず、アフリカやヨーロッパ、中東諸国、東アジアや日本国内各地へと広がりをみせている。

また、従来の観光人類学が特定地域をフィールドとし、その地域の文化に対する観光のインパクトについて論じることが主流だったのに対し、それとは異なる視点で観光現象へとアプローチする研究も行われている。その一例としては、国内外の旅行会社や航空会社、ホテル、あるいはみやげ品をはじめとした小売業者の商取引やセックス・ツーリズム産業、観光と定住のはざまに位置するロングステイ・ツーリズムなど、いわゆる観光・ホスピタリ

ティ産業の活動を対象とした人類学的な研究が挙げられる。さらに、伝統的な宗教的聖地の多くが世界遺産登録され、巡礼者とともに多くの観光客を集めるようになるにつれ、既存の宗教と観光の境界を融解させる宗教ツーリズムも多くの関心を集めている。そして、聖地への巡礼を行う人々の移動の過程や観光客も含めた人々が移動する道に焦点を当てた研究は、観光地と深くかかわる現象を対象としつつも、特定の地域ではなく移動する人間の身体そのもの、あるいは人間と周囲の物理的・社会的環境、インフラストラクチャーとの相互作用に着目している。

ただし注意が必要なのは、それらの研究が観光現象を理解するうえで有益な示唆を含んでいるにもかかわらず、主たる関心の相違によって必ずしも観光人類学の名を冠していないという点である。当然のことながら地域開発やまちづくり、地震や津波をはじめとした災害からの復興に関する問題系には、多くの場合観光振興というテーマが付随する。ヘリテージ・ツーリズムという言葉が人口に膾炙しているように、世界遺産をはじめとした文化遺産の保全や活用をめぐっても、観光は避けては通れない要件である。これらの問題に取り組む多くの人類学的研究もまた、観光地の理解や観光研究一般にも興味深い知見を含んでいる。

このように、文化論的転回後の観光現象を対象とした人類学的研究は、伝統や文化の創造や再構築とその権力性を論じる観光人類学とは別の次元で新たな展開や広がりをみせてきた。観光現象が多面的であり、人類学者のフィールドの多くが観光地となっている以上、人類学的な視座による観光研究が広がりをみせるのは必然である。だがこのことによって、隣接領域から観光人類学の全体像を把握することは難しくなっているともいえる。

しかし、冒頭でもふれたように、地域の文化を対象にフィールドワークを行う文化人類学は、地理学とも重なる問題関心を多数有している。それゆえ、その多様で豊かな研究成果は、観光地理学を学ぶうえでも有益であり、関心を寄せる地域が重なる場合はもちろんのこと、観光地の文化にかかわるテーマについて研究する際には、ぜひ参照していただきたい。

課　題

1．（本章から考えてみよう）：旅先で出会った文化の具体的な事例を1つ挙げ、その文化が観光客の来訪によってどのような影響を受けてきたのかについて考察してください。

2．（調べて考えてみよう）：観光地理学と観光人類学で類似した地域や研究対象を扱っている研究成果を比較し、その分析視角の共通点と相違点を指摘してください。

文献案内

1．スミス、V.L.編（2018）『ホスト・アンド・ゲスト――観光人類学とはなにか』市野澤潤平・東賢太朗・橋本和也監訳、ミネルヴァ書房。

観光人類学の端緒となった論集の完訳版。出版から時間がたっているものの、現代観光にも通底する論点が多数含まれている。

2．山下晋司編（2007）『観光文化学』新曜社。

1996年に出版され、日本における観光人類学を代表する議論が収められたテキスト『観光人類学』をもとに、近年の観光動向を盛り込んで改訂された後継書。

3．川口幸大（2017）『ようこそ文化人類学へ――異文化をフィールドワークする君たちへ』昭和堂。

大学生向けの文化人類学の入門書。豊富なエピソードをもとに、人類学の理論やフィールドワークの特徴について理解することができる。観光にもふれられている。

参考文献

◎石森秀三編（1996）『観光の二〇世紀』ドメス出版。

◎太田好信（1993）「文化の客体化――観光を通した文化とアイデンティティの創造」『民族学研究』57-4。

◎スミス、V.L.編（2018）『ホスト・アンド・ゲスト――観光人類学とはなにか』市野澤潤平・東賢太朗・橋本和也監訳、ミネルヴァ書房。

◎橋本和也（1999）『観光人類学の戦略――文化の売り方・売られ方』世界思想社。

◎橋本和也（2018）『地域文化観光論――新たな観光学への展望』ナカニシヤ出版。

◎ブルーナー、E.M.（2007）『観光と文化――旅の民族誌』安村克己ほか訳、学文社。

◎ホブズボウム、E.・レンジャー、T.編（1992）『創られた伝統』前川啓治ほか訳、紀伊国屋書店。

◎山下晋司（1999）『バリ――観光人類学のレッスン』東京大学出版会。

◎山下晋司編（1996）『観光人類学』新曜社。

◎吉田竹也（2013）『反楽園観光論――バリと沖縄の島嶼をめぐるメモワール』人間社。

◎ Jafari, J.（2001）The Scientification of Tourism. in Smith, V.L. & Brent, B. eds. *Hosts and Guests Revisited: Tourism Issues of the 21st Century* Cognizant Communication.

モラル・エコノミーとしての観光

筆者はこれまでタイを中心に、地域の人々が主体的かつ自律的に運営するコミュニティ・ベースド・ツーリズム（CBT）と呼ばれる観光実践について研究を行ってきた。その主たるフィールドの1つである北タイ先住民カレンの村で、2020年3月グロヒと呼ばれる儀礼が約70年ぶりに行われた。「グロ」はカレン語で「封鎖する」、「ヒ」は「村」を意味する。この呼称からもわかるとおり、グロヒとは、数週間から数か月村を封鎖して、村に災いをもたらす存在を遠ざけるための儀礼である。かつて、コレラが流行した際に行われた儀礼が、新型コロナウィルス（COVID-19）のパンデミックを背景に、再び実施されたのである。

同じ時期、タイ国内では、都市部を中心に政府主導でロックダウンが行われていた。この「上からのロックダウン」は、新型コロナウィルス感染拡大を抑えることには成功したものの、観光関連産業を中心に地域経済の停滞をもたらし、市民生活にも甚大な影響を与えた。では、グロヒ儀礼という、いわば「下からのロックダウン」を自ら敢行したカレンの人々は、人やモノの移動が極度に制限された状況をどのようにして乗り切ったのであろうか。

そのことについて考えるためには、まず、カレンの人々がどのような生業に従事しているのかを知る必要がある。この村の主たる生業は焼畑であり、そこでは主食となる陸稲のほか、多種多様な野菜や根菜、ハーブなどを自家消費用に栽培している。さらに、焼畑以外にも、森での狩猟や川での漁労、水牛や牛、ブタなどの家畜飼育などにも従事している。市場経済に包摂されながらも、こうした1つの生業に特化しない複合的な生業形態によって、彼らは一定水準の自律的な暮らしを維持してきたのである。それゆえ、1か月程度の封鎖はたいした問題にはならなかったようだ。

この複合的な生業形態は、カレンの人々の観光への向き合い方にも影響を与えている。この村では、観光客にホームステイや生活文化の体験・学習の機会を提供するCBTを20年以上にわたり運営してきた。その取り組みは、タイ政府観光庁から「タイ観光賞（Thailand Tourism Awards）」を授与されるなど、国内外で高い評価を受けているのだが、観光客の受け入れ頻度について尋ねると、住民の多くは「月に1回程度でちょうどよい」と語る。

当初筆者は、この一見消極的ともみえる住民の観光に対する姿勢に拍子抜けしたのであるが、カレン特有の生業システムを理解するにつれ、なぜカレンの人々がこういった姿勢をみせるのか、徐々にその理由がわかってきた。

1つの生業に特化しない多様性への志向は、実はカレンに限らず焼畑耕作民に広くみられる特徴である。この点をふまえれば、カレンのCBTへの向き合い方は、観光が多様な生業の1つとして焼畑耕作民のエートスに取り込まれていったことの証左ともいえる。言い換えれば、観光収入の最大化を意図的に放棄することで、自律的な生活の基盤となる複合的な生業形態を維持してきたのである。

こうした観光に対する姿勢は、経済人類学のなかで論じられてきたモラル・エコノミーにも通ずる。古典的な経済学において、人間は経済活動をする際に資本主義的原理（利益の最大化）にもとづいて行動することが前提視されてきた。それに対して、人類学者らは、資本主義的原理よりも、コミュニティの維持や伝統的価値観といった倫理的・道徳的な基準に重きを置くような経済が存在することを、さまざまな民族誌的事例から明らかにしてきた。そのようなローカルな倫理や道徳に即した経済のあり方が、モラル・エコノミーと呼ばれるものである。観光事業の拡大をめざすのではなく、観光を多様な生業形態のオプションに加え、さらなる生業の複合化を図るカレンの人々の姿勢もまた、一種のモラル・エコノミーと呼ぶことができるであろう。

新型コロナウィルスのパンデミックは、経済的に観光に依存してきた地域に甚大な影響をもたらした。それに対して、複合的な生業という焼畑耕作民のエートスを重視するカレンの場合、普段の観光収入はもともと少ないが、そうであるがゆえに一時的に観光客の流入がストップしたところで、深刻な打撃を受けることはなかったのである。

誤解のないように付け加えておけば、カレンの人々は、受け入れ頻度は少ないものの、CBT を通じて形成される観光客との交流を楽しむなど、CBT の活動に熱心に取り組んでいる。観光客にとってカレンの村での経験が「非日常」であるように、カレンの人々にとっても、たまに訪れる観光客との出会いは「非日常」的な経験でもあるのである。もっとも、受け入れ頻度が増せば、その「非日常性」は薄らぎ、ルーティン化された「労働」へと転化していくであろう。その意味で、「月１回でちょうどよい」という村人の語りには、「労働」への転化に抗う、「反労働」ともいうべき姿勢を見出すこともできる（須永 2012）。

以上、北タイ山村に暮らす先住民カレンを事例に、拡大再生産や利潤の最大化といった「事業の論理」とは一線を画した観光のあり方を紹介してきた。こうした観光実践は、決して辺境地域の特殊な事例ではなく、ポスト・コロナ時代の観光のあり方を模索していくための、豊かな示唆を含んでいるように思われる。

参考文献　◎須永和博（2012）『エコツーリズムの民族誌——北タイ山地カレンの生活世界』春風社。

18 観光心理学

観光地を訪れる人の心理と行動を考える

中村 哲

心理学とは、さまざまなデータを収集し、科学的な方法を駆使して心について研究し、その一般的な法則を解明しようとする学問である。そのなかで観光心理学とは、主として観光者の旅行前から旅行中、旅行後に至るまでの心理的なプロセス、行動を研究対象とする学問領域である。加えて、観光者と現地の住民、観光事業者との相互作用による影響も研究対象となっている。本章では、まず、観光者の旅行前から旅行中、旅行後に至る一連のプロセスを概観し、観光心理学の主要な概念を説明する。次に、観光地をとらえることと関連するテーマとして、観光地のイメージ、観光者が現地経験をSNS等で発信する動機について紹介する。最後に、観光心理学と観光地理学の接点について検討する。

1．観光者の行動のプロセス

●全体的な枠組み

観光心理学は、観光者の旅行前から、旅行中、旅行後に至るまでの心理や行動のプロセスを研究対象とする。最初に全体的な枠組み（図１）を確認する。旅行前はさまざまな意思決定が行われる。はじめに、これから旅行に行こうとする人（潜在観光者）が旅行に行くモチベーションを形成する。続いて旅行のための情報を探索する。そのうえで選択肢のなかから今回の旅行で訪れる観光地などの選択を行う。ただし、さまざまな制約によって旅行出発に至らないこともある。出発したあとの旅行中には、現地でさまざまな経験をする。旅行終了後には旅行中に経験したことへの評価が行われる。

●旅行前

最初に旅行という行動に向かわせる力であるモチベーションが生じること

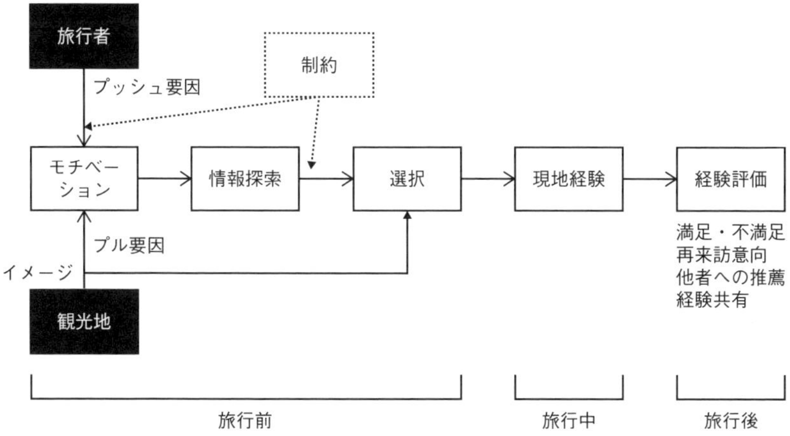

図1　旅行前・旅行中・旅行後の一連のプロセス（筆者作成）

からスタートする。旅行のモチベーションは2つに分けられる。1つは「プッシュ要因（動因・動機）」であり、観光旅行という行動に駆り立てる働きをする要因である。もう1つは「プル要因（誘因）」であり、来訪する具体的な観光地を選ばせるように働く要因である。旅行へのモチベーションが高まるに際しては、プッシュ要因が先に働いて旅行することが決まり、次に、プル要因が機能して、どこに行くのかが選定されることになる。潜在観光者が入手した情報などにもとづいて特定の観光地に対して抱くイメージがプル要因に影響する。

これまでに多くのプッシュ要因の分類の研究がなされてきた。フィリップ・L.ピアスは、旅行キャリア（経験値）の高低にかかわらず重要な動機として、新しいことや異なることを経験する「新奇性」、日常環境から逃れてくつろぐ「逃避・リラックス」、同行者との人間関係を強める「関係強化」の3つを示した（Pearce 2005）。林幸史・藤原武弘は、日本人海外旅行者の動機として、①新奇性や変化を経験することからの驚きや興奮を求める「刺激性」、②訪問国の文化への興味関心である「文化見聞」、③旅行先で出会う人々との交流を期待する「現地交流」、④日常生活での身体的疲労やストレスからの回復を求める「健康回復」、⑤自然と直接触れあう「自然体感」、⑥計画に未定の部分を残した旅行で遭遇する出来事などを楽しむ「意外性」、

⑦自己の内面的成長を求める「自己拡大」の７つを提示した（林・藤原 2008）。

旅行実施のモチベーションが発生したとしても、旅行への選好の形成を制限したり、旅行の実施を妨げたりするさまざまな制約がある。デュアン・W. クロフォードとジェフリー・ゴドベイはこれを３つに分類している（Crawford & Godbey 1987）。１つ目の「個人内制約」は、個人の心理状態に関するものであり、ストレスや不安、知覚スキルが該当する。海外旅行であれば現地の治安や言葉への不安などがある。２つ目は「対人的制約」であり、同行者の不在や、日程調整がつかないことを指している。３つ目は、「構造的制約」であり、金銭や時間の不足、予約できないことなどが当てはまる。

次の段階の情報探索では、まず、潜在観光者が旅行に行こうと認識した際に、満足するような選択肢が存在するのかを確認するために、頭の中の長期記憶に蓄えられた情報を探す「内部情報探索」が行われる。ここで情報が不十分だと感じた場合には、ガイドブックやウェブサイト、SNS などのさまざまな情報源に接する「外部情報探索」を行う。外部情報探索は２つに分けられる。１つは、「進行的探索」であり、特に旅行に行く予定はないが、普段の生活のなかで観光地に関するテレビ番組や動画、SNS の画像などを見て情報を集めることをいう。もう１つは旅行へのモチベーションが生じた結果、来訪先候補となる観光地の詳しい情報を集める「購買前探索」がある。

その次は選択の段階であり、選択肢の評価と決定が行われる。選択肢の評価の決定方略としては、大きく「相補型」と「非相補型」に分けられる。相補型とは、ある属性（観光地を構成する要素）の評価値が低くても、他の属性の評価値が高いことでカバーされる補償関係が成り立って総合的な評価がされる決め方である。一方、非相補型とは、属性間の補償関係がない決定方略であり、選択肢の属性のなかに要求水準を満たさないものがあれば候補から除外していく決め方をする。一般には、選択肢が少ない場合は相補型、選択肢が多い場合は非相補型の決定方略が採用される。観光地の選択では、非相補型よりも相補型の決定方略が用いられると考えられている。

●旅行中

旅行中の観光者の現地経験に関してはさまざまな研究があるが、ここでは、観光者が観光地を訪れた際の反応をみていく。エレン・ランガーは、外部からの刺激や状況に対する人の反応には2つの方向があるとする二重過程を提示し（Langer 1992）、ジャンナ・モスカルドはこの概念を観光地来訪者に適用した（Moscardo 2009）。1つは、過去に得た情報をもとに機械的に反応し、何も考えないで行動する「マインドレスネス」である。観光者がそもそも来訪場所に興味がないことや、疲れていること、現地の環境が単調な繰り返しである場合にこの状況に陥りやすい。もう1つは、現在の状況や環境に注意を向け、変化に柔軟に反応する「マインドフルネス」である。観光者が来訪場所に興味をもっており、疲労がなく、さらに現地の環境に変化がみられ、ガイドの説明がなされている状況になるとこの状態になりやすい。マインドフルネスな状態となった観光者は、観光地での経験をよく記憶していたり、満足したり、他者に薦めたりするなど、良い結果につながる傾向がある。

●旅行後

旅行後には、一連の経験が評価される。まず、観光者が観光地に対して抱いていた事前の期待と、観光者の観光地での実際の経験との相互作用の結果として、観光者の満足・不満足の評価がなされる。一般に事前の「期待水準」よりも現地経験の「知覚水準」のほうが上回っているか同等であれば満足の状態となり、逆に「期待水準」よりも経験の「知覚水準」のほうが下回る状態であれば不満足の状態となる。また、満足と評価した観光者が、来訪した観光地への再来訪の意向を示したり、他者にその観光地を勧めたりする。さらに、現地で経験したことをインターネット上に書き込み、共有や拡散を行う。ただし、観光者がある観光地を訪問したあとに満足の状態になったとしても、これが次の再来訪につながるとする考え方もある一方、再来訪につながらないとする見解もあることに注意が必要である。

特定の観光地への再来訪の影響要因の研究は多くある。まず居住地からの距離が挙げられる。これに加えてドュアルテ・B.モライスとチャン・H.リンの研究では、来訪者が構築する観光地に対する認知的・感情的なつながりである「観光地への愛着」も重要であるとしている（Morais & Lin 2010）。これには2つの要素がある。1つは「場所のアイデンティティ」であり、人が観光地に対して豊かな記憶と感情をもち、それを自己表現の中心に据えることを指す。もう1つは「場所への依存」であり、特定の活動のニーズを満たす資源があることやその場所のユニークな特質への愛着を意味する。

2．観光地のイメージに関する研究

観光心理学のなかでも観光地に関係する領域として、1970年代から現在までに多数行われてきた観光地のイメージに関する研究の知見を紹介する。

●イメージの概念

ウィリアム・C. ガートナーはイメージを、ある対象に対して人が抱く、信念、印象、考え、期待、感情の総体と定義している（Gartner 2000）。潜在観光者が来訪する観光地の選択をする際には、観光地のイメージの影響を受ける。観光地のイメージはモチベーションのプル要因の認知につながり、観光地に対して好ましいイメージを抱くことは来訪する意思決定に結びつく。

●イメージ形成にかかわる要因

イメージの形成に大きく関係するのが情報であり、ガートナーは情報の発信者を大きく3つに整理した（Gartner 1994）。1つ目の「誘引型」は、観光地に人を引き付ける必要のある主体であり、政府観光局やDMO（Destination Management/Marketing Organization）、旅行会社が当てはまる。2つ目の「自律型」は、必ずしも観光地に観光者を誘引する必要のない主体であり、具体的にはメディアが該当する。ガイドブック、番組、映画、ニュースなどの形で情報を発信している。3つ目は「無料型」であり、その観光地に来訪経験のある個人を指している。自分自身の経験だけではなく、他者の発信するブログやSNS、クチコミの評価コメントまで含まれる。近年ではオンライン上で個人が発信する情報の影響が強まっている。

●イメージの類型と形成

シャーロット・M. エクトナーとJ. R. ブレント・リッチーは、観光地のイメージを測定する際の表現のされ方を3つの軸で分類した（Echtner & Ritchie 1993）。1つ目は「属性－全体」であり、観光地を構成する要素か、全体的な雰囲気なのかの軸である。2つ目は「機能的－心理的」であり、直接観察可能か、抽象的で目に見えない特徴であるのかの軸である。3つ目は「共通 - ユニーク」であり、すべての観光地に共通するのか、ある観光地に特有のものであるのかの軸である。例えば、スペイン・カタルーニャ州のバルセロナのイメージとして〈サグラダ・ファミリア〉を想起した場合、属性、機能的、ユニークに該当する。同様に〈混んでいる〉というものであれば、全体、心理的、共通に当てはまると考えられる。

イメージ形成の研究では、「認知イメージ」と「感情イメージ」、「全体イメージ」の関係をとらえるものが多い。認知イメージとは、人が観光地の属性に対して知っていると思っていることであり、必ずしも事実とイコールではない。情報探索や以前の来訪経験の蓄積の総和である「熟知」の程度の高低がその形成に影響を与えている（Sun, Chi & Xu 2013）。感情イメージとは、観光地に対する人の快適・不快などの感情的な反応を示す。モチベーションや属性（性別、年齢、出発地など）、旅行経験の蓄積に影響される。全体イメージとは、観光地に対する全体的な評価・印象であり、ポジティブかネガティブなのかについて評定される。既存の多くの研究では、認知イメージが感情イメージに直接影響を与えること、認知イメージと感情イメージがそれぞれ全体イメージに直接影響を与えることが示されている。

●イメージの特徴

ガートナーは観光地のイメージの特徴として次の5点を指摘している（Gartner 2000）。第1に、人々がある観光地に対してもつイメージは地理的な居住地によって異なることである。第2に、ある観光地から離れたところに住む人ほど、その観光地に対してはっきりとしたイメージをもたなくなる。人間は未知の土地に対しては、場所の位置関係や距離を正確に理解しない地理的認識のいい加減さがあると指摘されており、そのことが災害時の風評被害につながると考えられている（関谷 2011）。第3に、イメージはゆっくり変化する。ある観光地で大きなイベントが開催されていない状況では、イメージを短期間に修正することは容易ではない。第4に、イメージはさまざまな手段を通して継続的に形成・修正される。第5に、ある場所が小さい場合には、そこのイメージは政治的な実態になってしまう。

●イメージの影響

人が旅行前に観光地に対して抱いたイメージは期待に影響しており、そのことが旅行後の満足・不満足の評価にかかわってくる。また、満足・不満足の評価を経由して再来訪意向や他者への推薦意向にも影響するとされている。

3．観光者が現地経験をSNS等で発信する動機

観光者が旅行中の経験をSNSやブログをとおして発信する動機を整理したい。1つ目は他人との「経験の共有」である。2つ目に自身の旅行中の経験を思い出す「回想」が挙げられる。3つ目は「再編成と理想化」であり、自身の経験を再構成して投稿する文章が理想とする旅行内容に昇華していることを意味する。4つ目の「強化と延長」は、旅行中の記憶が強化され、旅行気分が継続することを指す。5つ目は「自己のアイデンティティの構築」であり、投稿作業を通して自分の人間像を形成する。6つ目は単なる楽しみとして投稿を行う「娯楽」がある。7つ目は「報酬」であり、SNSであれば多数の「いいね」やコメントをもらおうとする行為が当てはまる。

4．観光地理学と観光心理学の接近

最近の動きをふまえて、観光心理学の視点から観光地をみていく場合、注意すべき点を指摘したい。第1に、観光地イメージの形成に寄与する情報の内容である。インスタグラム等のSNSに写真を公開する際に、何らかの加工を施す人が存在し、現実とは乖離した情報が流れ、形成するイメージが歪む可能性がある。第2に、観光者のモチベーションとの関連である。「関係強化」の動機が強くなることにより、来訪した場所の文脈とは切り離されたり、観光地特有のものとは乖離したりした行動をとることがみられる。

観光地理学と観光心理学については、本章で紹介した観光地のイメージの研究をはじめ、観光地の場所の評価、性格と観光地選択の関連など、隣接する研究は多く存在し、観光地の分析において多様な視座を提供している。この2つの分野が接近することにより、観光地をより深く読み解けるだろう。

課 題

1．（本章から考えてみよう）：京都、ヴェネツィアに対して抱くイメージを列挙し、これらを「認知イメージ」「感情イメージ」に区分しなさい。さらに、観光地のイメージ形成にあたって、来訪経験の有無、居住地からの距離が与える影響を指摘しなさい。

2．（調べて考えてみよう）：メガイベントの開催によって観光地のイメージが劇的に変化する可能性は高いが、具体的にどのように変化したのか、事例を１つ想定して調べなさい。また、イメージの急激な変化による観光地への影響について述べなさい。

文献案内

1．橋本俊哉編著（2013）『観光行動論』原書房。

現在入手可能な観光心理学・観光行動論の体系と研究が提示されている日本語の文献のうち、最新のものの１つである（初版完売につきオンデマンド版のみ）。

2．中村哲・西村幸子・高井典子（2014）『若者の海外旅行離れを読み解く――観光行動論からのアプローチ』法律文化社。

2000 年代後半にみられた日本人の若者の海外旅行離れを記録するとともに、旅行前の段階での意思決定と阻害要因についての実証研究を紹介している。

参考文献

◎関谷直也（2011）『風評被害：そのメカニズムを考える』光文社。

◎林幸史・藤原武弘（2008）「訪問地域、旅行形態、年令別にみた日本人海外旅行者の観光動機」『実験社会心理学研究』48(1)。

◎ Crawford, D. W., & Godbey, G. (1987) Reconceptualizing Barriers to Family Leisure. *Leisure Sciences* 9.

◎ Echtner, C. M., & Ritchie, J. R. B. (1993) The Measurement of Destination Image: An Empirical Assessment. *Journal of Travel Research* 31(4).

◎ Gartner, W. C. (1994) Image Formation Process. *Journal of Travel and Tourism Marketing* 2(2/3).

◎ Gartner, W. C. (2000) Image. in Jafari, J. ed. *Encyclopedia of Tourism*. London: Routledge.

◎ Langer, E. (1992). Matters of Mind: Mindfulness/Mindlessness in Perspective. *Consciousness and Cognition* 1(3).

◎ Morais, D. B. & Lin, C. H. (2010). Why Do First-time and Repeat Visitors Patronize a Destination? *Journal of Travel & Tourism Marketing* 27(2).

◎ Moscardo, G. (2009) Understanding Tourist Experience through Mindfulness Theory, in Kozak, M., & Decrop, A. eds. *Handbook of Tourist Behavior*. London: Routledge.

◎ Pearce, P. L. (2005) *Tourist Behaviour: Themes and Conceptual Schemes*. Clevedon, UK: Channel View Publications.

◎ Sun, X., Chi, C. G. Q., & Xu, H. (2013). Developing Destination Loyalty: The Case of Hainan Island. *Annals of Tourism Research* 43.

観光モチベーション・観光経験・観光地の開かれた関係

観光モチベーションは、人を特定の観光行動に向かわせる力である。内的状態としての欲求・動機であるプッシュ要因と、具体的な観光目的地を選ぶ段階で働くプル要因（観光地のイメージや魅力）が組み合わさり、人は具体的な観光行動を起こすと考えられている。観光心理学の嚆矢であり、プッシュ要因の体系化を試みたフィリップ・ピアスは、観光動機を５段階の欲求（リラックス、安全－刺激、関係性、自己発展、自己実現）から成る階層構造として Travel Career Ladder（TCL）を提唱し、のちに動態性・多次元性を強調した Travel Career Pattern（TCP）へ発展させた（Pearce 2005）。

観光地は人々から「選ばれる」ため、さまざまなマーケティング活動を行う。近年は画像や動画によるプロモーションが盛んで、日々私たちはあふれるばかりの観光地イメージに曝され、内的な欲求（プッシュ要因）を意識する以前に行先を決めてしまうことも多くなっているようだ。「自分の欲求」だと思っていたものが、じつは内面から立ちあがったものではなく、マーケティングによって外部から意図的に植え付けられたものでは、と立ち止まる隙さえ与えないほどに、観光地が発するメッセージは洗練され巧妙になっている。例えば、フォロワー数の多い個人を招待して自由に観光してもらい、SNS 上で発信してもらうインフルエンサー・マーケティングだ。いわゆるインスタ映え観光と呼ばれる現象が広がる一因ともなった。

旅行先や移動手段の選択肢が広がり、さまざまな観光情報を容易に入手できる手段も整い、自由に「自分らしい旅行」ができるようになったはずのいまでさえなお、私たちは観光産業の管理から自由にはなれないのかと思えてくる。観光地の側にとっても「映える」要素ばかりに光があたり、歴史性や地域性といったものが後退してしまう事態が起きてはいないだろうか。

しかし、こんな話があるかもしれない。ベトナムの古都ホイアンのランタン祭りのインスタ画像に惹かれて現地を訪れた人が、旧市街の来遠橋（通称日本橋）にたまたま目を留めた。この橋は有名な観光スポットなのだが、この人はここに来るまでその存在を知らなかった。400 年以上前のベトナムに日本人街が形成されていた事実に不思議に心が打たれた（「この人」は筆者である）。このような経験をした人はほかにもいるはずだ。予期せず揺さぶられた感情はその後の観光行動に変化をもたらすかもしれない。ある目的地へと向かわせた欲求が例えば〈関係性〉だったとしても、実際に現地を訪れたことで新たな関心が生まれ、次の旅では歴史・文化・自然などを学びたいという〈自己発展〉に駆られて目的地を選ぶかもしれない。あるいは、それは一時的な感情にとどまるだけで、将来の観光行動には何も影響しない可能性ももちろんあるだろう。

〈観光のモチベーション〉－〈観光行動〉－〈観光経験〉の間には必ずしも一貫性があるわけではない。無限の開かれ方がある。どのようなモチベーションが人を観光地へ運んだとしても、当初その人を惹きつけたプル要因以外のものを観ない・体験しないわけではない。わたしたちは機械ではないし、観光地はトゥルーマン・ショーやウェストワールド（いずれも人工的につくられた偽りの世界を描いた映画・ドラマ）の舞台ではないからだ。予期しなかった風景や出来事と遭遇し、思いがけない感情が生まれることがあるのだ。そうした観光経験が内面化されることによって、次なる旅に人を向かわせる欲求はこれまでとは違う次元に変化する可能性がある。マーケティングに影響を受けたわたしたちの観光経験はしばしば想定内に閉ざされているかもしれないが、それでもその仕掛けに気づいたとき、管理に抗い自由に観光地を読み解く力が甦ってくるのではないか。まるでトゥルーマン・ショーの主人公が台本を無視して自分の人生を生きようと決意したように（残念ながら映画ではその試みは虚しい結末を迎えるのだが）。

ピアスは人の成長を促す観光の力を信じた人だった。マーケティングに身を委ねようが、まずは現地に赴くことが重要なのだ。そこで何かを見て触って嗅いで体験するのはその人自身である。そのときに内側から湧き上がってくる感情はまぎれもなくその人自身のものだ。その感情に敏感でいることによって、産業に完全には管理されない、その人自身の観光の体験が生まれ、観光地はその人自身の読解へと開かれるだろう。ワンのいう実存的真正性とも通じるものだ（Wang 2000）。

本コラムを執筆中の2020年夏。COVID-19感染拡大のもとでオンライン観光がさかんに行われている。独自の魅力や利点はあるのだが、運営者に管理されたツアーの性質が強く、想定からはみ出す観光経験の可能性は小さいようにも思われる。しかし、やがてはズレさえも仕込まれたツアーが登場するのかもしれない。

観光心理学が精緻化をめざしてきた観光行動モデルが予測不能な、不揃いで豊かな経験を紡ぎだす可能性が現代の観光に――それがどのような形態であるとしても――残され、今夏急逝したピアスが信じた観光の力がそこに宿り続けることを期待して本コラムを結びたい。

参考文献
◎ Pearce, P. L. (2005) *Tourist Behaviour: Themes and Conceptual Schemes.* Channel View Publications.
◎ Wang, N. (2000) *Tourism and Modernity: A Sociological Analysis.* Pergamon.

19 観光歴史学

帝国日本と空間を越える観光

千住 一

「過去」を再構成し、その背景を分析するのが歴史学の根幹だとするならば、観光歴史学は観光にかかわる過去を再構成し、その成果を歴史学で培われてきた諸概念から解釈することで、「観光とは何か」という問いを深めていく営みだといえる。本章では、帝国日本を事例に、「空間」をまたいで躍動する観光の変遷を、近年の歴史学で注目されているグローバル・ヒストリーやポストコロニアリズム、そして帝国主義といった観点から検討する。

1．グローバル・ヒストリーとポストコロニアリズム

地理学が「空間」を主題とする学問であるならば、歴史学にとってのそれは「時間」であろうが、従来の歴史学は「時間」に拘泥するあまり、「空間」を固定化されたものと認識したり、「空間」をまたいで発生した事象を等閑視しがちであった。こうした見方に異議を唱えたのが「空間論的転回」であり、歴史学の文脈では、これまで自明視されてきた「国家」や「国境」という枠組みを越えた出来事の歴史的変遷に関心が払われるようになっていく。

そうした潮流の１つが「グローバル・ヒストリー」と呼ばれる営みである。従来の「世界史」のように国単位でなく地球規模で歴史を記述し把握しようとするこの立場では、例えば「海域」、「環境」、「疫病」といったトピックに焦点が当てられる。本章で取り上げる日本の「開国」によって生起した西洋と日本の接触や、日本による植民地獲得を契機とする日本と当地の関係は、グルーバル・ヒストリーの関心の範疇にあるといってよかろう。

また、植民地獲得の背景にあった帝国主義と観光の関係性も本章で検討される。宗主国・日本から各植民地に持ち込まれた観光は日本による統治を強化したのか否か、あるいは、観光は植民地でどのような位置づけにあったの

か。このような問いは、旧植民地が日本からの支配を脱した現代においてもなお継続される。植民地時代と脱植民地時代の連続性に着目する立場を「ポストコロニアリズム（ポストコロニアル理論）」と呼ぶが、こんにちの観光の場面においてこれら2つの時代はどのように結びつけられ、ツーリストはそれをどのように消費しようとするのか。換言するならば、現代観光を通じて過去の「支配 - 被支配」の関係がいかに再生産されているのか。帝国主義と観光の相関について、いくつかの事例に言及しながら迫ってみたい。

2．西洋から日本へ

江戸末期、日本はアメリカと1854年に和親条約、1858年に修好通商条約を締結し、次いで、同様の条約をオランダ、ロシア、イギリス、フランスと結ぶ。その結果、開港、開市、外国人居留地の設置などが定められ、日本の鎖国体制に終止符が打たれた。こうした日本の「開国」は、観光の歴史的展開を考えるうえで極めて重要な出来事を誘発することとなる。日本を訪れたり日本に居住する外国人たちが、日本中を旅行するようになったのである。

外国人たちは、それまで日本に存在しなかった「まなざし」で新たな日本の姿を「発見」していく。著名なところでは、宣教師として1873年に来日したアレキサンダー・クロフト・ショーが避暑地としての軽井沢を、同じく宣教師として1888年に来日したウォルター・ウェストンが日本アルプスを「発見」する。軽井沢はそれ以降、現在に至るまで日本有数のリゾート地として発展し続け（桐山・吉村 2012）、ウェストンは著作を通じて日本アルプスの存在を世界に広めただけでなく、レジャーとしての登山を日本に定着させる役割を担った（小泉 2001）。

また、外国人が多く来日するようになると、西洋式の設備をともなうホテルの必要性が日本国内で高まる。富田昭次によると、日本で最初にホテルを名乗った宿泊施設はオランダ人が経営する「横浜ホテル」で、1860年の時点で営業していたことが確認できる（富田 2003）。その後、横浜にはホテルが建設され続け、10年間で約40軒が開業した。なお、日本人によって建てられた最初のホテルは、1868年に落成した「築地ホテル館」である。

横浜と築地、つまり外国人居留地が置かれた場所で誕生した日本のホテルは、外国人たちの行動範囲の拡大とともに居留地外へと進出していく。例えば、涼を求めて外国人が訪れていた日光では、1873年に「金谷カッテージ・イン」が開業する。のちに日光金谷ホテルとなるこのホテルは、ヘボン式ローマ字の考案者・ヘボン博士が創業に関係し、また、北海道をめざして旅行中であったイザベラ・バードが1878年に投宿したことでも知られる。

軽井沢にもホテルが集積していく。1894年にのちの万平ホテルである「亀屋ホテル」が、1899年に「軽井沢ホテル」が、1906年に「三笠ホテル」が開業し、外国人が夏を過ごすリゾート地としての地位が確立される。事実、1932年発行の『全日本旅行事典』で軽井沢は「外人村」とまで評されているが（上村編 1932）、日本人が軽井沢を訪れなかったわけではない。老川慶喜によれば、外国人に続いて日本人の上流階級が軽井沢に別荘を所有するようになり、1919年には西武グループ創業者・堤康次郎が、当時都市部で勃興していた新中間層向けに低価格での別荘販売を開始している（老川 2017）。

このように開国を契機に外国人が持ち込んだ避暑やリゾートは、日本で定着し日本人もそれを受容していった。これはウェストンを嚆矢とする日本アルプス登山においても例外でなく、例えば、ジャパン・ツーリスト・ビューローが発行していた日本人向け旅行案内書『旅程と費用概算』1926年版には、「日本アルプス登山」の項に以下の記述がみえる。「雪渓ノ両側ノ山腹ニハ種々ノ高山植物咲キ乱レ白馬特有ノ美観ヲ呈シテ居ル」、「旅館ニテ案内者人夫、登山注意等一切ノ世話ヲシテ呉レル」、「良道路開通シ下駄穿ニテモ登山シ得、頂上ニ小舎アリ設備完備ス」（ジャパン・ツーリスト・ビューロー 1926）。西洋由来のレジャーである登山を日本人が享受し、また、利用者の利便性をより高めるためのインフラや施設が整えられていった様子が見て取れよう。

3．日本から植民地へ

脱亜入欧をめざす日本は、19世紀末から複数の戦争とかかわっていく。1894年勃発の日清戦争、1905年勃発の日露戦争、1914年勃発の第一次世界大戦がそれであり、いずれの戦争にも勝利した日本は、台湾、満洲、樺太、南洋群島といった植民地を獲得したほか、1910年には韓国を併合する。こうした一連の出来事を観光の文脈から解釈するならば、日本は新たな観光資源や観光地、観光開発の対象を手に入れたといえる。

まず、1895年から日本が領有を開始した台湾の事例を確認しよう。以下は「阿里山」について1927年に記された文章である。「登山の愛好者たる欧米遠来の客は勿論内地母国の観光客や其の他あらゆる台湾視察の旅客はその旅行日程に阿里山視察を組入れない人は殆ど稀である、それほど阿里山は我台湾にとつては唯一の名所になつた」（台湾総督府営林所 1927）。

阿里山とは、台湾南部の都市・嘉義の東方に広がる山々の総称である。台湾総督府営林所が発行した小冊子『阿里山登山者のために』の「はしがき」に掲げられた上記の文章は、西洋から日本に持ち込まれた山岳に対するまなざしが、日本の植民地たる台湾においては「内地母国の観光客」、すなわち日本人ツーリストを１つの媒介として発動していたことを教えてくれる。

曽山毅によると、阿里山で観光開発が活発化したのは1920年代以降のことである（曽山 2003）。この頃から登山客を中心に来訪者が急増し、鉄道の終着駅付近には「阿里山倶楽部」や「阿里山ホテル」といった宿泊施設が整備される（ただし、これらの施設は和室が多数を占めていた）。加えて、1927年に台湾日日新報社が主催した「台湾八景」の１つに阿里山が選定されたり、1937年には阿里山一帯が「新高阿里山」として国立公園に指定されるなど、まさに阿里山は日本統治下において観光地として整備、開発されていった。

さて、開国を契機に日本に根付いたホテルは、日本が植民地を獲得すると当地に導入されていく。満洲を例にとろう。日露戦争の結果、長春以南の東清鉄道などをロシアから獲得した日本は、その経営のために南満洲鉄道株式会社（以下、満鉄）を1906年に設立する。満鉄は、1907年に大連に、1908年に旅順と長春に、1910年に奉天と星ヶ浦に「ヤマトホテル」を開業する。自らが経営する路線の主要駅に、西洋由来のホテルを置いたのである。

もっとも、大連や旅順で開業したヤマトホテルは既存の西洋建築物をホテルに転用したり、増改築したものであった。それに対し長春では、1910年に新たにホテルが建設されている（大連と奉天ものちにホテルを新築する）。当時、世界的に流行していた建築デザインを取り入れた長春ヤマトホテル（図１）について、富田昭次は、満洲における日本の「権力の象徴として建設された」と指摘する（富田 2003）。かつて西洋から日本に持ち込まれたホテルという存在が、植民地では統治者たる日本の権力を表象する装置として機能したのである。

ところで、先に星ヶ浦でもヤマトホテルが開業したと書いた。以下に掲げるのは、星ヶ浦ヤマトホテル（図２）のパンフレットに記された一文である。「大連市の都心たる大広場にある大連ヤマトホテルより星ヶ浦ヤマトホテル迄五哩、ホテル無料バスにて十五分にて到達し得る地点にして大連の南方に当り海水浴場及公園地を包含する星ヶ浦遊園地の大半を占め、眺望絶佳、夏涼しく、冬暖かき避暑、避寒地として東洋有数の理想的リゾートホテルであります」。

図１　「長春ヤマトホテル」の絵はがき（筆者所蔵）

図２　「星ヶ浦ヤマトホテル」のパンフレット表紙（筆者所蔵）

パンフレットによると、星ヶ浦ヤマトホテルはバンガロー式のホテル本館、避暑客の長期滞在用に建設された分館、計 46 棟の貸別荘などからなり、近郊にはゴルフコースが備えられていた。前節で、開国にともなって来日した外国人たちが避暑の習慣を持ち込んだことで、日光や軽井沢がリゾート地化していった点を指摘したが、満洲を植民地として経営していく過程で、今度は日本人が当地にリゾートという概念を導入していったのである。

4．植民地時代から脱植民地時代へ

1945年、日本はアジア太平洋戦争に敗北し、それまで有していた植民地を手放す。戦後に各植民地がたどった経緯はさまざまであるが、観光というフィルターを通すと、断絶していると理解されがちな戦前と戦後、つまり植民地時代と脱植民地時代の間には連続性がみられることに気づく。

台湾の中心都市・台北の北部に位置する北投温泉は、日本による統治開始以降、本格的に開発が行われた。曽山毅によると、1913年に西洋式の「北投温泉公共浴場」が公園とともに整備され、1930年代半ばには33軒の旅館が営業するほどの活況を呈していた（そのうち4軒が台湾人による経営だったとされる）（曽山 2003）。そうした北投も戦後になると廃れていくが、1994年のある出来事を機に状況は一変したという。

かつての公共浴場、現在の「北投温泉博物館」の日本語パンフレットには次のような記述がみえる。「戦後、「北投温泉公共浴場」は時に流れ《ママ》ながら管理部門も変わり活気を失い、荒廃する一方でした。1994年北投小学校の教師と児童たちが郷土学習の中でこの荒廃した公共浴場を発見、浴場を守ろうと陳述書を書きました。1997年に政府から第三級古跡に指定する旨の公告が発布されました。1998年には「北投温泉博物館」が設立されました」。

すなわち、1994年に地域住民によって「発見」され文化財化したかつての公共浴場は、博物館へとリノベーションされ、植民地時代を含めた北投温泉の歴史や文化を来館者に伝える施設へと変貌したのである。こうした経緯をたどった博物館に対しパンフレットは、「台湾で初めて地域住民の力によって保存された古跡」や「北投文化のシンボル」といった位置づけを与える。

博物館に日本語のパンフレットが常備されていることからもわかるとおり、この施設は現代の日本人ツーリストが向ける「まなざし」の対象にもなっているが、それはどのような視線なのだろうか。例えば、「東京人的台湾散歩」という特集が組まれた雑誌『東京人』2014年8月号では、「日本統治時代の名建築を歩く。」という記事のなかで北投温泉博物館が取り上げられている。この特集のねらいはこうだ。「羽田から飛行機に乗ること約三時間、台北市内の松山空港から飛び出すと——《ママ》。活気ある街の人いきれに圧倒され、湿気を含んだ空気にはマンゴーや牛肉麺の匂いが混じり、鼻腔を刺激される。ふと、通りの向こうに目をやると、木造の日本家屋や赤レンガの近代建築など、日本の名建築をしのぐほど素晴らしい建物が、今でも大切に活用されている。日本と台湾の間にある、数々の物語を訪ねる」。

従来のステレオタイプな枠組みでなく、「今でも大切に活用されている」「日本の名建築をしのぐほどの素晴らしい建物」を手がかりに、日本とかつての植民地という関係性に由来する「物語」を現代において消費しようとする視線は、先に取り上げたヤマトホテルに対しても向けられる。つまり、日本統治時代に満洲各地に建設されたヤマトホテルの建物は、今日においてもなお、「大連賓館」(旧大連ヤマトホテル)や「遼寧賓館」(旧奉天ヤマトホテル)の施設として利用され、宿泊客を迎え入れているのだ。

試みに、旧満洲、すなわち現在の中国東北地方を扱った『地球の歩き方——大連　瀋陽　ハルビン』の2019－20年度版をひもとくと、「昔の面影をよく残して改修工事が行われたので、ルネッサンス様式の外観やロビーの装飾、重厚な階段や廊下などは昔のままだ」(大連賓館)、「改修後もオリジナルな建築様式を維持し、往時の優雅さを今にとどめている」(遼寧賓館)、「中国の経済発展で老朽化が目につくものの、20世紀初頭のモダニズム空間の魅力は色褪せることはない」(コラム「ヤマトホテルの過去と現在」)などとあり、旧ヤマトホテルが植民地時代と脱植民地時代を架橋していることがわかる。

5．空間を越える観光

ここまで、開国によって西洋から日本に流入した避暑、登山、ホテル、リゾートが、日本による植民地獲得を契機に当地へ導入された事例を確認した。また、形式的には脱植民地化が果たされたこんにちにおいても、日本の旧植民地という過去が、観光の文脈を経由することで一定の価値を帯び、それを日本のツーリストが消費しようとする局面が存在することを指摘した。冒頭で整理したように、前者はグローバル・ヒストリーの、後者はポストコロニアリズムの議論に棹さすものであり、帝国主義は両者にかかわる視点として存在する。最初に示した観光歴史学が措定する問いに戻ると、観光は帝国主義の産物であり、帝国主義を持続させる回路でもある、というこたえをいったんは導き出せよう。しかし、同じことが例えば大英帝国でも、あるいは次世紀においてもいえるだろうか？　観光歴史学の射程は広くそして深い。

課　題

1．(本章から考えてみよう)：観光は帝国主義を強化するものとして、植民地時代においてもこんにちにおいても機能しているのだろうか、考えてみよう。

2．(調べて考えてみよう)：軽井沢、日本アルプス、阿里山、星ヶ浦といった観光地が、戦後どのような経緯をたどったのか、こんにちの状況も含めて調べ、それぞれにどのような違いがあるのか考えてみよう。

文献案内

1．大澤広晃 (2019)『帝国主義を歴史する』清水書院。

植民地獲得をはじめとする帝国主義の諸相と特徴を、日本のみならず世界の豊富な事例に言及しながら解説する入門書。当然、ポストコロニアリズムの視点も含まれる。

2．水島司 (2010)『グローバル・ヒストリー入門』山川出版社。

疫病、開発、環境、ファッション、市場、海域などといった具体的な事例を通じて、グローバル・ヒストリーという考え方の射程や意義、可能性についてまとめた入門書。

3．ウルリケ・シャパー (2017)「グローバル・ヒストリーから見た観光史研究」羽田正編『グローバル・ヒストリーの可能性』山川出版社。

グローバル・ヒストリーの一領域としての観光の可能性について、「移動(mobility)」、「グローバルな力関係」、「出会い」の3点から、近年の研究動向を整理し直した論考。

参考文献

◎上村益郎編 (1932)『全日本旅行事典』旅行研究会。

◎老川慶喜 (2017)『鉄道と観光の近現代史』河出書房新社。

◎桐山秀樹・吉村裕美 (2012)『軽井沢という聖地』NTT出版。

◎小泉武栄 (2001)『登山の誕生』中央公論新社。

◎ジャパン・ツーリスト・ビューロー (1926)『旅程と費用概算』ジャパン・ツーリスト・ビューロー。

◎曽山毅 (2003)『植民地台湾とツーリズム』青弓社。

◎台湾総督府営林所 (1927)『阿里山登山者のために』台湾総督府営林所。

◎富田昭次 (2003)『ホテルと日本近代』青弓社。

台湾における「近代建築物」の活用と歴史認識

日本による植民地統治を50年にわたって経験した台湾では、日本統治期（1895～1945年）に行政機関、学校、図書館、博物館、駅舎、工場などの近代建築物が島内各地に建設された。現存するもののなかには「文化資産保存法」にもとづき「古蹟」に指定され保護対象とされるとともに、観光に活用されているものも少なくない。台北市内の台湾総統府（旧台湾総督府）や国立台湾博物館（旧総督府博物館）のように現在も日本統治期とほぼ同じ用途に使用されている建物もある。また、資料館や記念館、展覧会場などの公的な施設としての利用も数多くみられる。

ここで台湾の近代史を簡単に整理しておこう。台湾は清国に約200年間統治され、この間に福建などの中国南部から多くの入植者があり、台湾における漢文化の基底が形成された。そして日清戦争の結果、台湾は1895年に日本の領土となり、50年間にわたる植民地統治の期間に日本を経由して欧米の近代文明が導入された。近代建築物はその代表である。日本の敗戦後、台湾は戦勝国である中華民国に接収される。共産党との内戦に敗れた中華民国（国民党）は台湾に撤退し、独裁政権が統治する戦後の台湾の歴史がはじまった。その後、台湾の人々の努力と幾多の犠牲があって、経済成長を果たし、今日の民主化された台湾社会が築かれたのである。

台湾では現存する近代建築物は日本時代のものが圧倒的に多いが、それは台湾の近代という時代区分と日本統治が大きく重なるからである。こうした日本統治期の近代建築物の残存状況は、日本統治を肯定視する「親日台湾」という価値観に結びつけられがちであるが、はたしてそのように考えてよいのだろうか。

1990年代に入ると台湾の人々は次第に台湾の文化や歴史について表現できるようになった。1980年代までの国民党政権は台湾固有の歴史や文化について語ることを抑圧してきた。実効支配するのは台湾島のみであるにもかかわらず、国民党政権こそが中国全土を代表する正統政権であるとする公式的な立場にとって都合の悪い言論を弾圧したのである。自由に台湾の歴史について語れるようになると、いったんは分断された清国統治、日本統治、国民党統治という歴史認識は台湾近現代史として連続して並置されることとなった。

それでは、台湾の人々にとって日本時代の建築物はどのような意味をもつのであろうか。もちろん世代や歴史に対する興味の度合いによってその受け止め方は一様ではない。主流的な考え方として、日本による植民地統治は中国本土とは異なる台湾独自の歴史であり、日本時代の建築物は積極的に「古蹟」に指定していくべきとする主張がある。他方で日本統治は否定すべき過去であり、日本時代の近代建築物を「古蹟」に指定すべきではないと考える人々もいる。ところが、日本統治期の「古蹟」周辺に居住する人々は「古蹟」指定の理由を明確に認識していないことが多いという。日本統治に由来するという史実は問われず、単に古い建物が指定されたという印象をもつ人が少なくないようだ（上水流 2011）。「近代台湾」を出自とするノスタルジックな空間としてとらえられているのではないだろうか。

これまで台湾では近代（おもに日本統治期）に建てられた建造物・施設は資料館や記念館として活用されることが多かったが、近年、商業・集客施設としての活用が注目されている。台北市内には日本統治時代に建設され1987年まで稼働していた酒造工場の跡地をアート・イベント空間として再生した「華山1914文化創意産業園区」や、日本統治期から1998年までタバコ工場だった施設を再生活用した「松山文創園区」がある。中部の主要都市である台中には1919年に創業した清酒工場が戦後は専売局酒造工場として操業されていたが、その跡地を再生活用した「台中文化創意産業園区」がある。このほかに清国統治期から漢族系住民の商業地区として繁栄した台北市の迪化街に残る清国期建設の商店、第二次大戦後に中国大陸から蔣介石とともに脱出してきた兵士・公務員の集合住宅地「眷村」、こうした場所も集客・商業施設として再生利用されている。日本時代の官舎や商店などの小規模建築物をカフェなどの商業施設として再生する動きも台湾全土でブームとなっている（藤巻 2019）。

これらのなかには一角に歴史的関連資料を展示しているケースも見受けられるものの、来訪者の多くは歴史を学ぶためではなく、「レトロ」な空間で観たり遊んだり消費したりすることを目的に訪れている。「親日台湾」を信奉する日本人の期待とは裏腹に、これらの建築物によって台湾の人々に喚起される日本統治という歴史認識は希薄である。われわれ日本人が台湾に残された日本時代の近代建築物に接するときに、それが現地を実際に訪れる場合であれ、なんらかのメディアをとおしてであれ、まず台湾近現代史に対する謙虚な理解が必要である。そして、日本統治期の建築物に対して日本の功績として安易に評価することや「親日台湾」を投影することは慎むべきであろう。

参考文献
◎上水流久彦（2011）「台北市古蹟指定にみる日本、中華、中国のせめぎあい」（植野弘子・三尾裕子編『台湾における〈植民地〉経験　日本認識の生成・変容・断絶』風響社）。
◎藤巻正己（2019）「〈観光のまなざし〉が向けられる〈ダークな記憶装置〉としての日本統治期の建造物と旧「眷村」――台湾のツーリズムスケープ瞥見（1）」『立命館大学人文科学研究所紀要』121。

20　観光計画学

人の住む地域に対する観光開発とその矛盾

藤木庸介

今日、「観光計画学」という言葉に対する一般に共通した定義はない。ここでの「観光計画学」とは、強いていえば、都市計画学にもとづく、観光地の計画といえようか。「観光を計画すること」と「観光地を計画すること」は、意味するところが異なる。前者は観光を行う人の行動を計画することに対して、後者は人が観光を行うための場所を計画することである。本章は後者の「観光地を計画すること」を対象とするものである。このことを念頭に、本章は既存の地、特に従前より人の住んでいた地域に対する観光開発を論考しようとするものであり、これを本章における「観光計画学」とする。

1．エスニック・ツーリズムとその矛盾

既存の地にある特有な対象を観光資源として観光地を計画しようとするもののうち、特に地域住民が古から永い時を経て築いてきた文化、すなわち、地域に特有の習俗や習慣、歴史的町並み、伝統的民家、民族衣装、伝統食、などといった有形・無形の生活文化を観光資源とした観光の形態がある。またこうした観光形態のことを「エスニック・ツーリズム」と呼ぶ。

いまでは交通インフラの整備などによってかなり少なくなったが、エスニック・ツーリズムの対象になる地域は、その多くが主要都市から遠く離れた辺境の地である。辺境地であるがゆえに、都市部からのさまざまな影響をさほど受けずにすみ、特有の生活文化を色濃く残す。といえば聞こえはよいが、要するに、主要都市部を中心とするさまざまな経済活動と、それによってもたらされた現代的な生活スタイルへの移行から取り残された地域である。

このような確たる経済基盤をもたない地域に対する地域振興の切り札として、戦略的に用いられるのがエスニック・ツーリズムである。ほかに何があ

るわけでもないが、都市生活者からみれば、自らの生活とは異なる特有の生活文化が残されている。これを観光資源にした観光開発、すなわち地域振興を目的とした経済活動である。ここでは便宜的に、ツーリストを受け入れるサイドを「ホスト」、エスニック・ツーリズムを行おうとするサイドを「ビジター」として、それぞれからみたエスニック・ツーリズムのメリットを概観してみよう。

ホストからみれば、当地における人々の普段の生活そのものが観光資源であるから、特段に新たな観光資源を創出することなく、観光収入を得ることが見込まれる。一方、ビジターからみれば、自らの日常とは異なる文化に触れ、驚きや感動を得ることができるチャンスである。まさに、観光の醍醐味を味わうことができる。こうしてみると、エスニック・ツーリズムはホスト・ビジター双方にメリットのある観光形態であるように思える。

しかし、地域住民の生活文化は、本来、ビジターに対して開かれているものではない。こうした生活文化を観光客に開くことは、同時に、地域住民の生活領域に観光客が入り込むことを意味する。すなわち、地域住民における日常生活は、観光のインパクトを直接受けることになり、従来の生活文化に影響を及ぼすことになる（藤木 2016）。こうしたことをふまえながら、次節より、中国中央政府による戦略的な観光開発が行われ、飛躍的な観光客の増加を獲得した、中国雲南省麗江市旧市街地のケースについてみていきたい。

2．中国雲南省麗江市旧市街地の概要

中国雲南省麗江市旧市街地（以下「麗江旧市街地」）（図１・２）については、拙著（山村ほか 2007）をはじめ、すでにさまざまな媒体で紹介されているので、ここでは概要のみを述べるにとどめる。

麗江旧市街地は当地の先住少数民族である「ナシ族」の主要居住都市である。およそ800年前の宋代末に建設がはじまったといわれ、現在のチベットにあたる吐蕃と雲南省南部との間における主に茶葉を扱った交易の要衝として発展した。なお、茶葉は馬で運ばれたことから、この交易ルートを「雲南・チベット茶馬古道」と呼び、同じく吐蕃と四川省成都までの交易ルート

図１　麗江旧市街地の位置

図２　麗江旧市街地鳥瞰（2005年3月筆者撮影）

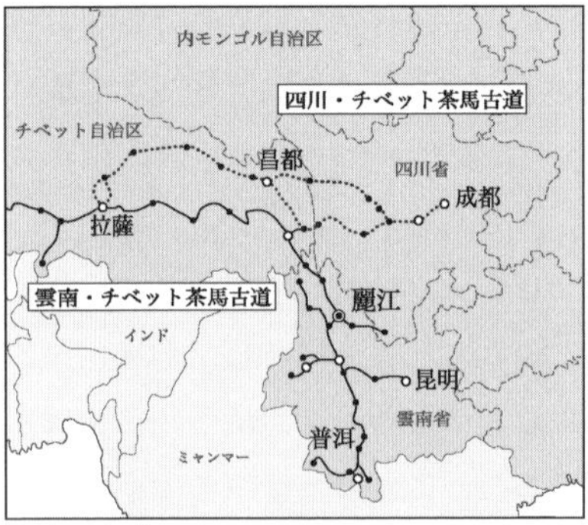

図３　茶馬古道のルート

である「四川・チベット茶馬古道」（図3）とともに、現在、これらの古道をめぐる観光ツアーなどが組まれている。茶馬古道は独自の生活文化をもつ数々の少数民族が居住する地域を貫いており、交易を介した文化的交差とその展開は、麗江旧市街地に特有の文化形成をもたらした。

こうした歴史的背景と当地における建造物群などが評価され、1997年、麗江旧市街地は世界文化遺産に登録された（World Heritage Committee 1997）。ただし、この世界遺産への登録は、純粋に麗江旧市街地における文化遺産の維持・保全を目的としたものではない。当地における経済活動をにらんだ中国中央政府が、戦略的に計画し、世界遺産への登録を誘導したものである。次節では、その計画をみていこう。

3．麗江旧市街地の観光開発

鄧小平による1978年末以降の改革開放路線は、中国の主要沿海都市に大きな経済的発展をもたらしたが、一方で沿海部と内陸部の経済格差を著しく拡大させた。現在、中国全土には中国政府が正式に認定しているだけでも、55の少数民族が居住しており、その多くが、内陸部の貧困地域に居住する。中国中央政府は、こうした経済格差の是正を目的に、少数民族文化を観光資源としたエスニック・ツーリズムを、内陸部における経済発展の切り札として推進しようとしたのである。

これにともない、麗江旧市街地の歴史的建造物が中国中央政府により評価され、まずは1986年、日本の内閣にあたる中国国務院により麗江旧市街地は「歴史文化名城」に批准された。次いで、1995年の「第9次5カ年計画」で、雲南省を含む西南および南部地域の重点産業として観光業が指定された。

雲南省政府も、1994年に「雲南省西北部観光計画会議」を麗江で開催し、「旅游大省計画」を策定する。この計画では、雲南省北西地区を「重点観光開発地区」とし、特に麗江を東南アジア・アジア太平洋地区における国際観光都市として開発することが示され、旧市街地内の伝統的建造物保護を強化し、世界遺産登録と観光開発をすすめることなどが可決された。

このように、麗江旧市街地における観光開発とその主軸となる世界遺産登録へ向けた動きがはじまった（山村ほか 2007）。そして3年後の1997年、麗江旧市街地と周辺集落における歴史的都市景観、ならびにこれを構成する建造物群、都市の地理、歴史的背景が評価され、“The Old Town of Lijiang（中国語標記「麗江古城」）”として、世界文化遺産への登録が決定した。

4．世界遺産登録後の麗江旧市街地

麗江旧市街地は、1985年までは外国人の立ち入りが原則として禁止されており、その後も世界遺産登録が行われるまでは、一般の旅行者からすれば中国の一辺境地にすぎない地方都市であった。しかし、行政主導による戦略的観光開発は、麗江旧市街地の世界遺産登録を導き、これが観光ブランドとなって、当地は世界的な観光地に急成長を遂げることとなる。

現在のところ、麗江市政府は、麗江旧市街地に対する入り込み客数、並びに、観光収入を公表していない。しかし、以前に筆者らが入手した資料では、1995年にはわずかに約70万人であった旅行者数は、2007年には5倍以上の約370万人に増加している。また、これにともなう観光収入は1995年の総額約1.6億元（日本円にして約24億円）に対し、2007年には24倍以上の約39億元（同・約585億円）へと激増している（山村ほか 2007）。

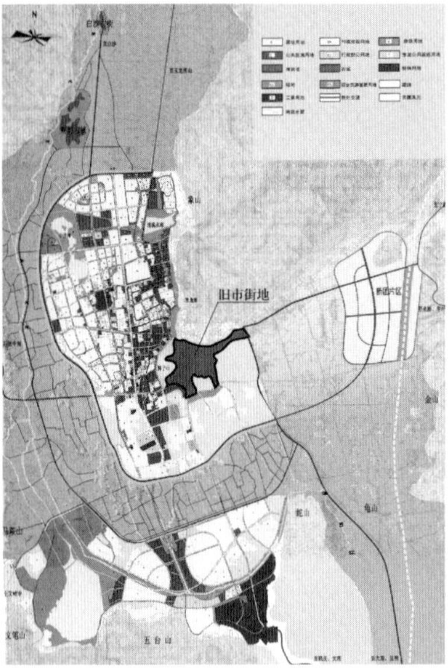

図４　旧市街地を中心とした新たな都市計画（『明日麗江』をもとに作成）

一方、こうした麗江旧市街地における観光業の隆盛を見越していた麗江市政府は、将来に向けた新しい観光都市の建設計画として、2003年９月に『明日麗江』を発表する。これは、麗江旧市街地を観光の中心としながらも、周辺エリアに新たに建設する新市街地の計画を示すものである（図４・旧市街地を中心とした新市街地の建設計画が示されている）。具体的に、新市街地には、行政・ビジネス・研究教育・住民居住といった機能を配置し、これを人口集中エリアとして賑わいを創出する。他方では、リゾート・レジャー・バケーション・娯楽といった多目的観光エリアを、新市街地の外縁部に設ける。すなわち、世界遺産である麗江旧市街地を中心に、住民居住サービスと国際観光都市としての機能拡充を狙う大規模な都市計画である。

『明日麗江』は2020年までの計画を示すものであるが、筆者が最後に麗江を訪れた2017年時に目視をした限り、この計画はほぼ完了しているように思われた。そして、旧市街地における観光客の賑わいに加え、新市街地の賑わいは、筆者が最初に麗江旧市街地を訪れた2000年代初頭からは、想像もつかぬ様相となっている。

こうして、中国の一辺境地にすぎなかった麗江旧市街地は、中国政府指導の戦略的観光開発により、いまや、自他とも認める世界的な国際観光都市となった。経済的にみて世界的な大成功事例といえよう。

５．エスニック・ツーリズムの影響

一方で、本来、観光対象であったナシ族の人々を中心とする旧市街地住民の生活文化は、現在、どのようになったのであろう。

ここに、1997 年の世界遺産登録時に、麗江旧市街地・新義社区（図 5）にあった「重点保護民居」7 件と「一般保護民居」15 件の計 22 件について、2004 年時、並びに 2017 年時の使用用途を調査したデータがある（表 1）。

新義社区は麗江旧市街地において、最も観光客が集中するエリアである。また、世界遺産登録に先立つ 1997 年 3 月、旧市街地の保護を強化するために、麗江納西族自治県政府（当時）は、「重点保護民居（特に優先的に保護が必要な歴史文化的価値の高いもの）」52 件と「一般保護民居（重点保護民居に準じて保存を優先するもの）」88 件を指定した。「民居」は「民家」を意味し、本章で言及する「重点保護民居」並びに「一般保護民居」とは、ここで指定された民家を指す。

表 1 より、2017 年時において、調査対象民家 22 件のうち、本来の使用用途であった専用住宅として使用されていた事例は、百歳坊 56 の 1 事例のみであり、またここに住む住人は従前からの住民ではなく、観光業従事のために他地域から移ってきた人である。四方街 17 の建替工事中事例、密士巷 74 の空き家事例、並びに、百歳坊 33 の市政府関連事務所を除き、ほか 18 件はすべて、住宅ではなく観光関連施設として使用されていた。また、2005 年時の調査において、民家が消失していた積善巷の 4 つの事例の敷地は、麗江旧市街地北側入口に続く公共広場に取り込まれて整備され、そこに民家があった痕跡をいまは読み取ることができない。

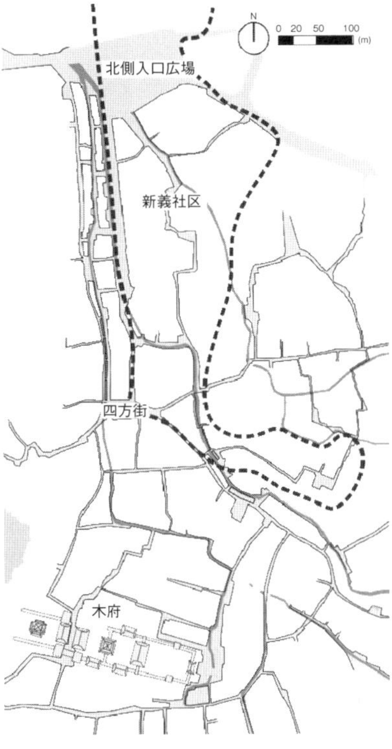

図 5　麗江旧市街地中心部における新義地区の位置

以上に述べた調査の結果より次のこ

表１　新義社区における調査対象民家の使用用途と変遷

	地番	1997 年時の用途	2005 年時の用途	2017 年時の用途
重点保護民居	積善巷 21	専用住宅	民宿	民宿
	積善巷 34	専用住宅	民宿	民宿（建替済）
	密士巷 47	ホテル	★消失	土産物屋（新築済）
	密士巷 53	専用住宅	喫茶店	民宿
	密士巷 14	専用住宅	民宿	民宿（15 番地と統合）
	四方街 1	専用住宅	レストラン	レストラン
	四方街 17	専用住宅	レストラン	建替工事中
一般保護民居	積善巷 106	住宅＋薬局	★消失	公共広場として整備
	積善巷 105	専用住宅	★消失	公共広場として整備
	積善巷 101	専用住宅	★消失	公共広場として整備
	積善巷 85	専用住宅	★消失	公共広場として整備
	積善巷 63	専用住宅	市政府関連事務所	ナシ族文化観光施設
	積善巷 4	ホテル	ホテル	土産物屋
	積善巷 25	専用住宅	民宿	民宿
	密士巷 48	ホテル	★消失	土産物屋（新築済）
	密士巷 43	街道辨事処	ホテル	ホテル
	密士巷 74	民間音楽隊ホール	病院	空き家
	密士巷 78	専用住宅	専用住宅	土産物屋（改築済）
	百歳坊 33	写真館	市政府関連事務所	市政府関連事務所
	百歳坊 35	専用住宅	専用住宅	民宿
	百歳坊 56	専用住宅	観光向け文化広報施設	専用住宅
	百歳坊 50	専用住宅	専用住宅	民宿

とがわかる。じつは、現在の麗江旧市街地には、従前からの住人はもうほとんど住んでいない。また、現在もかろうじて旧市街地内に居住する人々は、その多くが旧市街地外縁部の比較的観光客が少ないエリアの居住者か、あるいは高齢者である。特に後者の場合には、転居したくても転居する体力や資金力のない方々である可能性が想われる。

6．エスニック・ツーリズムがもたらしたもの

中国政府主導の戦略的観光開発は、当地に大きな経済的発展をもたらした。一方で、旧市街地に従前から住んでいた住民は、その多くが新市街地や別の土地に転居してしまった。観光地化された騒々しい旧市街地では、もはや生活していくのは困難なうえ、自らが住んでいた伝統的民家を観光産業従事者に賃貸すれば、相応の収入を得ることもできるからである。そして、旧市街

地では他地域から流入した当地に縁もゆかりもない観光産業従事者が、観光客相手の経済活動を行っている。従前からの住民が、こうした観光産業に直接従事することはほとんどない。

この事象の評価について、筆者の私見を述べることは控えよう。これまでに述べてきたように、ここには功罪の双方が存在するからである。しかし、これだけは述べておこう。住民生活が行われていないエリアに、地域住民の生活文化など存在するはずがない。本来のエスニック・ツーリズムの意義は、少なくともここでは取り違えられてしまったことに間違いはない。

一度崩壊してしまった地域コミュニティーを再生させることは非常に困難である。少なくとも、麗江旧市街地において、従前にみたナシ族の生活習慣やコミュニティーが再び元に戻ることはないであろう。今後における観光計画学の考察に向けて、麗江旧市街地の事象からわたしたちが学ぶべきことは多い。

課　題

1．（本章から考えてみよう）：麗江旧市街地における観光開発が現地にもたらした功罪とは、それぞれどのようなものか、本文の内容をふまえたうえで、この観光開発を評価し、意見を述べなさい。

2．（調べて考えてみよう）：麗江旧市街地以外の場所におけるエスニック・ツーリズムの現状を、事例として地域を具体的に挙げて調べ、意見を述べなさい。

文献案内

1．山村高淑・張天新・藤木庸介編（2007）『世界遺産と地域振興』世界思想社。

麗江旧市街地を事例とした観光開発と文化遺産保護について、徹底した現地調査をもとに考察を行った日本で最初の書籍。

2．藤木庸介編著（2010）『生きている文化遺産と観光』学芸出版社。

文化遺産観光をとりまく各地の実態をリポートし、観光開発と文化遺産保護の共生について考察を行う。

3．藤木庸介・北山めぐみ・張天新・山村高淑（2020）「観光開発が歴史的市街地の伝統的民家に与えた影響――2017年時における中国雲南省麗江市旧市街地を事例として」『人間文化』48、滋賀県立大学人間文化学部。

麗江旧市街地の2017年時における伝統的民家の実態をリポートした最新の研究実績（2020年時）。

参考文献

◎藤木庸介（2016）「エスニックツーリズムと居住文化」（藤木庸介編『住まいが伝える世界のくらし』世界思想社）。

◎山村高淑・張天新・藤木康介編（2007）『世界遺産と地域振興』世界思想社。

◎World Heritage Committee（1997）*Justification for Inscription: The Old Town of Lijiang. Report of the 21st Session of the Committee, 1997.* UNESCO（WHC-97/CONF.208/7）

◎《明麗麗江》書冊編委会（2003）『明日麗江』

観光地づくりにおける「協働」

みなさんは「協働」という言葉にどれほどなじみがあるだろうか。協働という言葉を比較的目にするようになったのは1990年代末頃であり、広く認知されるようになったのは2000年代に入ってからである。「共同」と「協同」、そして「協働」。言葉の意味の違いはさておき、ここでは「協働」という言葉の普及の背景から、この言葉が意味するところをとらえ、観光とのかかわりを考えてみたい。

協働とは、同じ目的のために力をあわせて働くことである。共同ではなく、協働という言葉が広く認識されるようになった時期は、まちづくりは行政だけがやるものではなく、民間事業者や市民もそれに積極的にかかわるものであるという人々の意識と実態が広がった時期でもある。いまの時代、まちづくりというと市民がかかわるものだという認識は一般的になっているようだが、日本におけるまちづくり、すなわち道路や公園などの公共施設をつくったり、ゴミ収集や福祉サービスを提供したりすることは、行政の役割であるというのが一般的な理解であった。

ところが、高度経済成長の終焉から低成長期、そしてバブルとその崩壊を経て、行政の役割が縮小されるようになると、自分の住んでいるまちの機能や環境を自分たちのニーズにあうものにするべく、市民自らが動きだし、次第にまちづくりへの市民のかかわりが広がってきた。こうした動きはNPO（特定非営利活動法人）など市民団体の法人化を可能にする諸制度にも後押しされた。また、行政サービスの民営化が進んだことも、次第に民間事業者の「社会的」役割が意識化されることにつながった。こうしてまちづくりには、まちの機能を維持する、住みやすいまちにするという同じ目的のもと、行政、民間、市民の三者が力をあわせることが必要とされ、それを表す言葉として協働が定着していった。

協働は、まちづくりの文脈においては、関係者が同じ目的（目標）に向かってコミュニケーションを図りながら利害調整をし、その実現を図っていくプロセスであり、その主体間の関係性でもある。とはいえ、仮に同じ目的をもちえたとしても、利害関係が必ずしも一致しない主体（アクター）間が協力して、事を成すのは、言うは易し行うは難しである。実際協働すること自体が目的になりかねないのが多くのまちづくりの実情であろう。

地域経済が低迷するなか、地域再生や地方創生政策、観光立国政策に後押しされ、全国各地で観光振興がまちづくりの１つのテーマとなった。従来型の名所旧跡といった観光資源に乏しいまちでも、行政も民間事業者も、そして一部の市民も、まちの地域資源を観光資源とするべくいっせいに動き出した。いわゆる官民協働のまちづくりである。地域資源をみんなで発掘し、それを観光資源に磨き上げ、他所へその魅力を発信する。目的がはっきりしているので、協働は一見成立しやすい。そして、そうした取り組みが功を奏せば、観光客がやってくるという誰の目にも明らかな成果となるので、取り組みは多くの人の理解や共感を得やすいといえよう。ところが、協働の成果が大きすぎると、場合によってはまちが負担する社会的コストのほうが大きくなり、協働の意義に揺らぎが生じる。特に観光から得られる経済的恩恵が、観光関連産業従事者など一部の人に偏っていると、関係者に相互に不信感が生まれ、協働は破綻に陥ることもある。

そもそも観光は交通機関や宿泊施設、飲食業や小売業など当該観光地の異なる事業主体の意識的あるいは無意識的相互連携で成立している。その意味では「協働」とはいわずとも、民間事業者の間でも協力しあうことが多かれ少なかれ必要であった。しかし先述のように観光振興が各地で進められるようになると、民間事業者間の協力関係だけでは、観光客争奪戦を勝ち抜けなくなった。行きたいと思わせる観光地としてのイメージ形成や、まちぐるみで観光客を歓迎している演出が不可欠となり、民間事業者間だけでなく行政や市民をも巻き込んだ協働関係を構築せざるをえなくなっているのである。

観光振興という取り組みが広がるなかで、協働はもはや行政の役割を補完するために生み出された関係性というよりも、地域住民の自らのまちへの積極的な関与を促進する装置であり、かつその目的に公共性や社会性だけでなく、市場性をも含む関係性に変化したといえよう。

最後に、視点を変えて、観光が従来型のまちづくりの協働関係、すなわち主体（アクター）間の協力関係の輪を広げる可能性について指摘して筆をおこう。

観光振興には、観光客すなわち地域外の人の視点やニーズを何らかの手段でまちのあり様に反映することが求められ、外部の視点や「ヨソ者」の関与が重要だと指摘されている。実際、ヨソ者の観光商品開発等への巻き込みをうたう事例をたびたび目にする。しかし、ヨソ者はそうした観光振興を行うまちのあり様にどれほど影響を及ぼしているだろうか。そこではヨソ者との協働はどれほど必要とされているだろうか。そして観光客はヨソ者として協働のアクターになりえるだろうか。

こうした疑問に明確に答えることは難しいが、少なくとも観光はヨソ者をまちづくりの協働の１アクターとして巻き込んでいく契機を提供することができるのではないだろうか。それは単にヨソ者にまちを相対化する装置としての役割を期待するのではなく、また観光客をすでにある移住者として受け入れるというかたちでもない。観光が地域内アクターの関係を外に開き、各々のまちへの主体的関与を高めていくような、新しい協働のあり方の提示につながることが期待される。

あとがき

序章で紹介したように、1990年代に入ってから英語圏で観光研究が盛んになっている。こうした影響を受けて日本においても観光研究が活発化しており、とりわけ2012年に設立された観光学術学会の学会誌・大会では、文化論的転回以降の潮流をふまえた研究が多数発表されている。しかしながら地理学に目を向けると、英語圏では学際的潮流と連動した地理学者による観光研究が多数みられるものの、日本における研究成果は限定的である。観光地理学に関する書籍も、そもそも他の近接領域に比べて数が少ないうえに、文化論的転回以降の学術的な知見を取り入れたものはわずかであり、このような潮流をふまえた入門書に関しては管見の限り皆無である。

以上の課題について特に考えるようになったのは、私（神田）が2017年4月に立命館大学文学部の地域研究学域・地域観光学専攻に赴任してからである。それまでの10年間は和歌山大学の観光学部に在籍し、日本における観光学の振興という点から、先の観光学術学会の設立・運営にできる限り力を注いできた。しかしながら、地理学を中心とする教育・研究が行われる職場に身を置いたことをきっかけに、観光に関する教育・研究について、特に地理学という観点から考える必要に迫られたのである。先述のように、近年の観光地理学の視座や実践についての入門書が存在しないことは、大きな課題の1つであると思われた。また、観光学術学会で活躍する地理学を専門とする観光研究者の数が少ないことから、教育体制を整えるなかで、若手研究者の育成にも心を砕く必要性があると感じざるをえなかった。私は『観光の空間——視点とアプローチ』（ナカニシヤ出版、2009年発行）を編集してはいたが、それは文化論的転回以降の観光地理学に特に焦点を当てたものではない。このような状況のなかで、現代の観光地理学について紹介する入門書の出版が企図されたのである。

本書の第Ⅰ～Ⅲ部の章・コラムの多くは、文化地理学者など、観光地理学以外の領域を主たる専門とする地理学者によって著されている。第Ⅳ部については、近接分野の研究者によるものとなっている。こうした構成は、トランスディシプリナリーないしはポストディシプリナリーと呼ばれる学問の状況と連動した、現代の観光地理学の様相をよく表していると思われる。序章において紹介した2012年発行の英語圏における観光地理学についての書籍（*The Routledge Handbook of Tourism Geographies*）も、執筆者の研究分野としては類似した構成となっている。またわれわれが編集した本書では、現代における学問の特徴をふまえ、広く知のネットワークを拡げるとともに思考を深める学びの起点となることを企図し、「文献案内」や「課題」といったコーナーを設置している。そうすることで、観光地理学について学びたい初学者や、関連する卒業論文の執筆を行う学部生にとって、役立つものになることをめざしたのである。加えて、近年の学生の関心、そしてこれからの観光研究における主たる問いを想定すると、現代の新しい観光のあり方を考察する書籍にすることも重要であると考えられた。そのため本書では、現代の観光地理学の姿を示すとともに、観光地に焦点を当てるなかで、現代における観光現象の様相も理解できることをめざすことになった。こうして、現代の観光地理学へのまさに「誘い」となる書籍が出来上がったのである。

また本書は、現代の観光地理学について考えその内容を充実させていくための、最初の一歩となる書籍でもある。本書の企画段階では、先述の2012年に発行された観光地理学についての書籍を意識していなかったが、そちらをふまえると、内容・構成などについて、さらに検討することができるように思われた。また、本書では移動論的転回にかかわる議論を受けた研究をあまり所収することができなかった。現在、現代のツーリズム・モビリティーズに関する書籍を別に編集しており、当面は近刊のそちらを参考にしていただきたいが、移動などの新しい観点を十分に紹介する観光地理学の書籍についても将来的に考える必要がある。加えて、本書でも一定程度COVID-19の問題について触れたが、この影響で変化する観光についてもより深く考察していくことが求められよう。観光地理学にかかわる教育・研究の進展をめざしていくため、本書を契機として今後さらなる展開を図っていきたい。

最後に、本書の出版にあたっての御礼を述べることにしたい。まず、本書の執筆者の方々に、各人の主たる専門でない方が多かったにもかかわらず、多分なご協力をいただいたことに感謝したい。特に私の怠慢から出版スケジュールが遅れたにもかかわらず、いつも快くご対応いただいたことは非常にありがたいことであった。また、編者の任を引き受けていただいた森本泉氏と山本理佳氏にも御礼申し上げたい。両氏の活躍なくしては、本書は陽の目を見ることがなかったと思われる。そして何より、出版事情が厳しい折にもかかわらず、本書の刊行をご快諾いただいた株式会社ナカニシヤ出版に心から謝意を表したい。特に同社の酒井敏行氏には、遅れがちな私の作業を適切にサポートすることで、本書の発行を実現していただいた。こうした、本書の出版にご協力いただいた皆様に対して、ここに重ねて深甚なる御礼を申し上げる。

2021年9月吉日

神田孝治

索　　引

執筆者紹介（五十音順、◎は編者）

荒山正彦（あらやま　まさひこ）
関西学院大学文学部　教授
旅行文化史研究・人文科学

池田真利子（いけだ　まりこ）
筑波大学芸術系　助教
人文地理学・都市地理学

遠藤英樹（えんどう　ひでき）
立命館大学文学部　教授
観光社会学・ポピュラーカルチャー研究

大城直樹（おおしろ　なおき）
明治大学文学部　教授
文化地理学・地理思想史

◎**神田孝治**（かんだ　こうじ）
立命館大学文学部　教授
文化地理学・観光地理学・観光学

澁谷和樹（しぶや　かずき）
立教大学観光学部　助教
観光地理学・観光行動研究

鈴木涼太郎（すずき　りょうたろう）
獨協大学外国語学部　教授
観光研究・観光文化論

須永和博（すなが　かずひろ）
獨協大学外国語学部　教授
文化人類学・観光研究

関戸明子（せきど　あきこ）
群馬大学共同教育学部　教授
歴史地理学

千住　一（せんじゅ　はじめ）
立教大学観光学部　教授
観光歴史学・日本近代観光史

曽山　毅（そやま　たけし）
跡見学園女子大学観光コミュニティ学部
教授
観光歴史学・観光交通論

髙井典子（たかい　のりこ）
神奈川大学国際日本学部　教授
観光行動・国際観光研究

高岡文章（たかおか　ふみあき）
立教大学観光学部　教授
観光社会学

滝波章弘（たきなみ　あきひろ）
東京都立大学都市環境学部　准教授
フランス語圏研究・文化地理学

橘　セツ（たちばな　せつ）
関西国際大学現代社会学部　教授
イギリス研究・文化地理学・歴史地理学

中村　哲（なかむら　てつ）
玉川大学観光学部　教授
観光行動論・観光心理学

成瀬　厚（なるせ　あつし）
独立研究者
人文地理学

畠中昌教（はたなか　まさのり）
久留米大学経済学部　准教授
スペイン研究・観光地理学

濱田琢司（はまだ　たくじ）
関西学院大学文学部　教授
文化地理学・地域文化・工芸研究

藤木庸介（ふじき　ようすけ）
滋賀県立大学人間文化学部　教授
建築計画・都市計画・文化遺産観光

藤巻正己（ふじまき　まさみ）
立命館大学部文学部　名誉教授
エリアスタディ（マレーシア・台湾）・
社会地理学

堀田祐三子（ほりた　ゆみこ）
和歌山大学観光学部　教授
都市計画・都市政策

松村嘉久（まつむら　よしひさ）
阪南大学国際観光学部　教授
観光まちづくり・観光地理学

森　正人（もり　まさと）
三重大学人文学部　教授
文化地理学

◎**森本　泉**（もりもと　いずみ）
明治学院大学国際学部　教授
ネパール地域研究・文化地理学

薬師寺浩之（やくしじ　ひろゆき）
奈良県立大学地域創造学部　准教授
地理学・観光学・東南アジア地域研究

安江枝里子（やすえ　えりこ）
杏林大学外国語学部　准教授
文化地理学・観光風景論

山口　晋（やまぐち　すすむ）
目白大学社会学部　准教授
文化社会地理学・都市研究

◎**山本理佳**（やまもと　りか）
立命館大学文学部　准教授
文化地理学・文化遺産研究

吉田道代（よしだ　みちよ）
和歌山大学観光学部　教授
オーストラリア研究・社会地理学・観光学

李　小妹（り　しょうめい）
横浜市立大学国際教養学部　客員研究員
中国研究・人文地理学

現代観光地理学への誘い

観光地を読み解く視座と実践

2021年12月15日　初版第1刷発行
2024年 4 月25日　初版第2刷発行
（定価はカヴァーに表示してあります）

編　者　神田孝治・森本　泉・山本理佳

発行者　中西　良
発行所　株式会社ナカニシヤ出版
〒606-8161 京都市左京区一乗寺木ノ本町15番地
TEL 075-723-0111　FAX 075-723-0095
http://www.nakanishiya.co.jp/

装幀＝白沢　正
印刷・製本＝創栄図書印刷

ISBN978-4-7795-1605-4　　C1025

レジャーの空間
—諸相とアプローチ—

神田孝治　編

「余暇＝レジャー」のさまざまな側面と、それを読み解くための25のアプローチ。「空間」に着目し、日常性と非日常性をあわせもつ「レジャー」を、スポーツなど具体的な事例をもとに解説。

二九〇〇円＋税

ここからはじめる観光学
楽しさから知的好奇心へ

大橋昭一・山田良治・神田孝治　編

観光学の初歩の初歩を、「観光の経営」「観光による地域再生」「観光と文化」の三つの観点から30のキーワードを集めてわかりやすく紹介。観光に関心を持つすべての人のための最初の一冊。

二六〇〇円＋税

観光空間の生産と地理的想像力

神田孝治　著

人は何を求めて旅をするのか。楽園、郷土、国家、恋愛、自由……。戦前から現代まで、わたしたちは「観光地」に何をみたのか。観光と空間イメージの相互作用を探求する。

二六〇〇円＋税

観光学ガイドブック
新しい知的領野への旅立ち

大橋昭一・橋本和也・遠藤英樹・神田孝治　編

「観光学ってどんな学問？」「どういう視点をもって研究すべき？」そんな迷いを解決する観光学の案内書！研究の視点と方法や、観光の歴史・最新の状況がわかる、学びの羅針盤となる一冊。

二八〇〇円＋税